Kripto Üçgeni

DOĞAN KİTAP TARAFINDAN YAYIMLANAN DİĞER KİTAPLARI

Devletin Derinliklerinde
Kırcı / 5-6-2 Tamam Reis
Sınır Ötesi Savaşın Kurmay Günlüğü
Madalyalı Mahkûm
İsmet Paşa'nın Kürt Raporu
33 Kurşun
Belgelerle Ergenekon
Apo Olayının Perde Arkası
Ölüm Kuyuları

Taşeron Mesih
Son Babalar
MGK
Okyanus Ötesindeki Vaiz
Belgelerle, Dünden Bugüne 28 Şubat
Balyoz'da Kumpas
Kırmızı Klasör
Kod Adı Mürted

KRİPTO ÜÇGENİ

Yazan: Saygı Öztürk
Editör: Onur Kaya

Yayın hakları: © Doğan Egmont Yayıncılık ve Yapımcılık Tic. A.Ş.
Bu eserin bütün hakları saklıdır. Yayınevinden yazılı izin alınmadan kısmen veya tamamen alıntı yapılamaz, hiçbir şekilde kopya edilemez, çoğaltılamaz ve yayımlanamaz.
1. baskı / Kasım 2017
4. baskı / Kasım 2017 / ISBN 978-605-09-4729-8
Her 2000 adet bir baskı olarak kabul edilmektedir.
Sertifika no: 11940

Kapak tasarımı: Erbil Kargı
Baskı: Ana Basın Yayın Gıda İnş. San. Tic. A.Ş.
B.O.S.B. Mermerciler Sanayi Sitesi 10. Cad. No. 15 Beylikdüzü - İSTANBUL
Tel. (212) 422 79 29
Sertifika No: 20699

Doğan Egmont Yayıncılık ve Yapımcılık Tic. A.Ş.
19 Mayıs Cad. Golden Plaza No. 3 Kat 10, 34360 Şişli - İSTANBUL
Tel. (212) 373 77 00 / Faks (212) 355 83 16
www.dogankitap.com.tr / editor@dogankitap.com.tr / satis@dogankitap.com.tr

Kripto Üçgeni

Saygı Öztürk

İçindekiler

Emin Çölaşan'ın önsözü.. 11
17 Aralık: Adalet Bakanı İstanbul'daki soruşturmayı sordu.............. 15
Hangi soruşturma, hangi selamet?... 28
Söz Savcının: Asrın yolsuzluğunda, asrın hukuksuzluğu yapıldı....... 30
Rıza Sarraf, "O bakana iyi yatırım yapalım" diyor............................ 33
Suçlanan eski bakanlar için hutbede söylenenler
    camiyi karıştırdı... 36
İşte belgesi: Hangisine inanalım... 38
Lükste sınır tanımıyorlar, bakana yeni bir uçak daha...................... 41
Erkek deveyi, dişi deve yaparlar ve ona da el koyarlar.................... 44
O tutanağı düzenleyen Başsavcı'nın başına neler geldi neler........... 46
Savcının okuduğu 3847 sayılı kripto... 52
Kriptolu telefon Bilal Erdoğan'da ne geziyor?.................................. 55
Erdoğan'ın banka hesabına giren bürokrata
    önce Ergenekoncu sonra FETÖ'cü suçlaması............................. 58
O komutanı önce Cumhurbaşkanlığı'na aldılar. Ya sonra?............... 63
28 Şubat'ın bilinmeyen konuşması: Aczmendiler arasında
    asker var mıydı?.. 66
O davanın CD'si de sahte çıktı... 69
Erbakan, Bakanlar Kurulu'nda kararları övdü................................. 72
Yunanistan'a yapamadık, gücümüz Suriye'ye yetti......................... 74
İşte gerçek durum: Pilotlarımızın yarısı gitti................................... 77
Erdoğan ve Başbuğ arasındaki "Kozmik Oda" tartışması................. 80
Kozmik Oda'nın sırları araştırılırken ilginç sorular yöneltildi............ 83
Kozmik Oda'yı arayan hâkimin imzalamadığı belge........................ 86
Dibe vuran operasyonlar ve polisin mavi sessizliği......................... 89
PKK silahı bırakır sandılar... 92

Askerin suyunu, elektriğini kesiyorlar ve devlet
bu duruma seyirci 95
Milli Güvenlik Siyaset Belgesi'nden PKK çıkarıldı,
iç tehdidin adı değişti 98
MGK "Tehcir"i niçin güncelledi? 101
MİT Müsteşarı Hakan Fidan'ın ifadeye çağrılmasında
neler yaşandı neler... 104
"Başkanım dinlediniz mi, Ahmet Şık benim için neler söyledi?" 114
Adalet Bakanı, MİT TIR'ları için Başsavcıyı aradı:
Arama yapamazsınız! 117
Sıcak olay yaşanırken, MİT TIR'ları için savcılar ne dedi? 123
Hâkim ve savcıları şikâyet rekoru 135
MİT TIR'ları dosyalarında ilginç bilgiler var 138
Milletvekili Enis Berberoğlu'nun tutuklanacağının
ayak sesleri duyuluyordu 142
Askere "Suriye'ye gir" emri verildi 155
"Girelim"le olmuyor, bunlara da hazır olun! 159
Önemli uyarı: Kara bela Türkiye'yi sarıyor 162
"Bunlara hazır olun", "Kara bela Türkiye'yi sarıyor" 165
Cevaplandırılamayan Suruç soruları 168
Devletin "sakıncalı" piyadeleri 171
Adamı horoz gibi öttürürler 174
Şaşırtan karar: 63-54-49 177
Size çok çarpıcı bir bilgi aktarmak istiyorum 180
Başının üstünden kurşun geçmeyenler 183
Adalet Bakanlığı'nda kurulan masa 185
Başkomutan olmadan önce "Hava harekâtları hikâye" diyordu 188
Güneydoğu havası ve kesilen yollar 191
Bunlar neyin hazırlığı? 194
O yarbay aynen şunları söyledi 197
Bakın şu rezalete, ilçenin içinde, askerin karşısında PKK kampı 199
Böylesi ne duyulmuş ne de yaşanmıştı 203
Bizi kandırmayın, Vali Yardımcısı her şeyi anlattı 206

Bakmayın siz o kutlamalara, "gazi"yi yasadan bile çıkardılar 210
13 polisimizin şehit edilmesinde ihmaller zincirine bakın 213
Cumhurbaşkanı'na aynen böyle dedi: Cezaevinde gibiyiz 216
İşte bunlar da sizin eseriniz 219
Türkiye, El Kaide örgütüyle böyle tanıştı 222
Komutanın mektubu sitem doluydu 225
Orası da olmuş Kobani 228
"Ülkeyi bu hale getirdik, başınızın çaresine bakın" 231
Yakalama kararından önce bombayı patlattı 234
Döneme göre örgüt, döneme göre rapor 237
Taktik şu: Önce suça ortak ediyorlar 240
Tehlike görüldü, o eğitim başlatıldı 243
"Ucu açık operasyon" dönemi 246
"Özerklik" diyenlerin abarttığına bakmayın 249
Sur'u, bir de operasyon yapanlardan dinleyelim 252
O silah ve kayıp cesetler 255
İşte Güneydoğu gerçeği: Bir tek tankları yok 258
Operasyonlar ne zaman bitecek? 261
Bölücü örgütün "3Ç" planı 264
Aşiret reisi Cizre'yi anlattı 267
Kenan Evren, bu zalimliği gerçekten yaptı mı? 270
Melih Gökçek gözaltındayken onu kim serbest bıraktırdı? 273
Vefatından önce Kamer Genç'i sevindiren yargı kararı 275
Sürgünlere uğradı, devletine küsmedi ve "hain" sayısını açıkladı ... 278

Emin Çölaşan'ın önsözü

Günün birinde Saygı Öztürk yanıma geldi...
"Abi ben yeni bir kitap yazdım, her zamanki gibi önsözünü senin yazman gerek!.."
Ne de olsa ben onun maaşlı, profesyonel ve kadrolu önsöz yazarıyım!
Kitaplarını yayınevine göndermeden önce bana verir, okurum. Zaten elime aldıktan sonra bırakmam mümkün olmaz.
Ellerine sağlık derim ama Saygı'nın acelesi vardır...
"Abi çok acele yaz lütfen zira hemen baskıya girmek üzere."
Saygı benim arkadaşım, dostum. İmza attığı gazetecilik olaylarını hayranlıkla izlediğim meslektaşım.
Bugüne kadar hangi kitabı çıktıysa, hepsinde benim önsözüm var.

* * *

Bu kitap için fazla söze gerek yok.
Bu adeta polisiye bir roman.
AKP döneminde devletin nasıl yönetildiğini gösteren, çok ilginç bir belgesel.
Özellikle 17-25 Aralık 2013 olaylarını hepimiz anımsıyoruz.
O süreçte öyle şeyler yaşandı ki, unutulması ve belleklerden silinmesi asla mümkün olmayacak.
Üstelik bazı kritik bilgi ve belgeler, yaratılan bu korku ve baskı ortamında henüz yayınlanamıyor!

* * *

Bu kitapta perde arkası anlatılan olayların çoğu Başbakanlık-Adalet Bakanlığı ve o zamanki adıyla Hakimler Savcılar Yüksek Kurulu (HSYK) üçgeninde geçiyor.

Buna Güneydoğu'daki anlamsız "Çözüm Süreci"ni ve bu süreçteki olayları da ekleyin.

Güneydoğu'da hükümetin emriyle asker kışlasına, polis karakollara çekilmiş ve meydan PKK'ya bırakılmıştı.

Adana'da MİT TIR'ları olayları yaşanmıştı.

Ankara ve İstanbul'da inanılmaz olaylar oluyordu...

Baskılar, pazarlıklar... MİT Müsteşarı savcılar tarafından ifadeye çağrılıyor, bunu önlemek için hükümet acele yasa değişikliği getiriyordu.

Ülkemizi 15 Temmuz 2016 darbe girişimine götüren olaylar işte böyle başlamıştı.

Bu sürecin en önde gelen aktörlerinden biri, o günlerde HSYK 1. Daire Başkanı olan İbrahim Okur. O şimdi tutuklu.

Bazıları yurtdışına kaçtı, bazıları tutuklandı. İktidarla FETÖ arasında kavga çıktı, darbe girişimi yaşandı, cezaevleri on binlerce tutukluyla dolduruldu.

* * *

Evet, unutulması mümkün olmayan 17-25 Aralık süreci!..

Bakanlara ve bazı bakan çocuklarına verildiği iddia edilen rüşvetler... Bu iddialar patladığı günlerde Ankara'da devlet katında, hükümette ve özellikle yargıda yaşanan telaş ve panik...

Gerilimli saatler, gerilimli günler, kavga dövüşle geçen haftalar...

Birbirinden haberi olmayan, birbirine kazık atmaya çalışan kamu görevlileri ve özellikle yargıda yaşananlar...

Panik içerisinde bir iktidar...

Türkiye Cumhuriyeti bugüne kadar böylesine asla tanık olmamıştı.

Şunu hepimiz iyi bilelim.

Türkiye 15 Temmuz darbe girişimine boşuna gelmedi.

Yüzlerce inanılmaz olay yaşanırken bazı kamu görevlilerinin içinde olduğu tuzaklar ve tezgâhlar vardı.

* * *

Saygı bütün bu olayları dantel gibi işleyip örmüş, ortaya yine "Acayip (!)" bir kitap çıkarmış...

Bu kitap bir roman değil ama roman gibi.

Bunu iki gün içerisinde, baskıya gönderilmeden önce okuyan ilk kişi olarak Saygı'yı kutladım.

Okumaya başladığınız anda bana hak verecek, çok şey öğrenecek ve siz de kutlayacaksınız.

Ellerine sağlık Saygı, daha nice kitaplara.

17 Aralık: Adalet Bakanı İstanbul'daki soruşturmayı sordu

Tarih 17 Aralık 2013, saat 08.00 civarıydı. Hâkimler ve Savcılar Yüksek Kurulu (HSYK) Birinci Daire Başkanı İbrahim Okur, makam otomobiliyle daireye giderken gazete okuyordu. "Hele şükür yargıyla ilgili olumsuz bir durum yok" diye düşündü. Olumsuzluk olmadığına göre onun için sıradan bir gün başlıyordu. Gazetenin sayfasını çevirip okumak istediği yazarın yazısını ararken telefonu çaldı. Arayan Adalet Bakanı Sadullah Ergin'di. Bakan, "İstanbul'da arkadaşlar soruşturma başlatmışlar, ben Hatay'dayım, bilgi alıp bana dönebilir misin?" dedi.

İbrahim Okur, daha daireye ulaşmadan cep telefonuyla Savcı Fikret Seçen'i aradı, "İstanbul'da önemli bir soruşturma varmış, neyle ilgili?" diye sordu. Seçen, böyle bir soruşturmadan bilgisinin olmadığını, araştırıp bilgi vereceğini belirtti. Aradan yarım saat geçti. Fikret Seçen, İbrahim Okur'a şu bilgiyi aktardı:

"Zekeriya Öz'e bağlı bürodan, Rıza Sarraf isimli bir işadamı, Beyoğlu Belediye Başkanı ve bazı Bakan çocuklarıyla ilgili operasyon yapılıyor. İlgili savcılara ulaşamadım. O yüzden ayrıntılı bilgi alamadım."

Okur, Bakan Sadullah Ergin'i arayıp bilgi vermek istedi. Fikret Seçen'den aldığı iki satırlık bilgiyi aktarınca Ergin, bunu kendisinin de bildiğini, başka ayrıntı olup olmadığını sordu. Okur'da başka bir bilgi yoktu. Kendisi de böyle bir soruşturma yapıldığını o gün öğrenmiş oldu.

Müsteşar fotoğraflarla HSYK'ya geldi

Adalet Bakanlığı Müsteşarı Birol Erdem, Başbakanlık'a çağrılmıştı. Oradan çıkınca HSYK'ya geldi. Kurul, toplantı halindeydi. Elinde, Başbakanlık için emniyet tarafından hazırlanmış "bilgi notu"nun örneği ve ekinde çok sayıda fotoğraf vardı. Birlikte incelediler. Bu kadar kapsamlı bir çalışmanın ancak yabancı servis desteğiyle hazırlanmış olabileceğini değerlendirdiler. Ortalık toz dumandı. Bir şeyler yapılması gerekiyordu.

Aynı gün akşam saatlerinde Kurul'da Müsteşar Birol Erdem, İbrahim Okur, üyeler H. Koç, R. Aytin, A. Aydın, İ. Aydın ertesi gün yapılacak müfettiş alımı için isimler üzerinde çalışıyordu. Beklenmemesine rağmen Adalet Bakanı Sadullah Ergin, HSYK binasına geldi ve orada bulunan makam odasına geçti. Müsteşar, İbrahim Okur'a "Birlikte geçelim" dedi ve Bakan Bey'in makamına girdiler. Birol Bey'in, gündüz getirdiği bilgi notu üzerinden operasyonu değerlendirmeye başladılar. Ellerindeki tek bilgi, Başbakanlıktan getirilen bu bilgi notuydu. Sadullah Ergin fazla kalmadı, "Başbakan'a gidiyorum" dedi. Ergin, Başbakanlık konutuna geçti, HSYK üyeleri de dağıldı. O sırada, Bakanlar Kurulu'nun toplanacağına ilişkin haber kanallarında altyazı geçiyordu.

18 Aralık: Başbakan'la, kriptolu telefonla konuştu

18 Aralık sabahı, HSYK üyelerinden B. Çiçekli, T. Gökçe ve A. Berberoğlu, Okur'un odasına geldiler. Konuyu bu soruşturmaya getirip "önemli iddialar bulunduğunu, Başsavcı Turan Çolakkadı'nın pasif olduğunu, bu soruşturmayı yürütemeyeceğini söyleyip değiştirilmesinin uygun olacağını" dile getirdiler. Okur, "böyle bir şeyin mümkün olamayacağını, Turan Bey'in kıdemi ve tecrübesi ile İstanbul için denge unsuru olduğunu" belirtti. Açıkçası söylenenlerden pek hoşlanmamışlardı. Bu üç üye ve Genel Sekreter M. Bayram odadan ayrılırken, Okur'u öğle yemeğine davet ettiler. Yemekte de aynı konuyu açtılar. Okur, böyle bir değişikliğin olamayacağını söyledi.

O günün akşamı müsteşarın makamındayken Özel Kalem Müdürü Hasan Doğan kriptolu telefonu getirdi. Aranan kişi Başbakan Recep Tayyip Erdoğan'dı. İstanbul'da bulunan Başbakan Erdoğan'ın yanında Efkan Ala ve Sadullah Ergin vardı. Başbakan'la görüşürken, bazen hayret ifadelerini dile getiriyordu. Konuşma bittiğinde müsteşara, "olayın görünen boyutu dışında arka planı olduğunu anladım. Zekeriya Öz'ün Kısıklı'ya baskın yapıp Bilal Erdoğan'ı almaya gelebileceği endişesi vardı" dedi.

Bu görüşmeden sonra Okur, Müsteşar Birol Erdem'in makam telefonundan bağlatıp Başsavcı Turan Çolakkadı'yla konuştu. Ona, "Zekeriya Öz'ün yanlış bir iş yapmasına müsaade etmemesini, gerekirse emniyete bu soruşturmada kendi imzası olmayan, tek imzalı talimatları yerine getirmemesi noktasında yazı yazmasını" söyledi. Turan Bey, işte o gece böyle bir talimat verdi.

19 Aralık: Adli Kolluk Yönetmeliği değiştirilecek

Emirler birbirini izliyordu. Hükümet, Adli Kolluk Yönetmeliği'nde değişiklik yapmak için harekete geçti.

Adli Kolluk Yönetmeliği daha önce varılan mutabakat gereği HSYK Genel Kurulu tarafından çıkarılmıştı. Okur, müsteşara "Adalet ve İçişleri Bakanlıkları'nın böyle bir yetkisi olmadığını, savcıların adli soruşturma konusunda valiye bilgi verme düzenlemesinin kuvvetler ayrılığı prensibine aykırı olacağını, ayrıca bu yönetmelik değişikliğiyle yapılabilecek bir şey olmadığını" söyledi. O da "Başbakanlıktaki toplantıda bunu ifade edeceğini" belirtti.

20 Aralık: Bu soruşturma dosyası para karşılığı kapatılacak

20 Aralık Cuma sabahı HSYK'nın bir üyesi, Daire Başkanı İbrahim Okur'un odasına geldi. İbrahim Bey'e, "Çok önemli şeyler oluyor, dışarıdan duyunca ben de şoke oldum" dedi. İbrahim Okur, üyenin ne diyeceğini merak ediyordu. Telefonu kaldırdı, "Kızım kimseyi bağlama" dedi. Üye şunları söyledi:

"Yargıtay üyeliğinden emekli olup CHP'de danışman olarak çalışan bir arkadaşım haber getirdi. Para karşılığı bu soruşturmanın kapatılacağını söyledi. Ben inanmadım ama isimler de şunlar..."

İki önemli isim vermişti. Okur, "Verdiğiniz iki ismi de tanırım. Soruşturma dosyasını para karşılığı kapatacak insanlar değil. Asla böyle bir şey yapmazlar, dürüst insanlardır" dedi. HSYK üyesi, bu bilginin MİT'ten gittiğinin kendisine söylendiğini aktardı. Üye, ismi geçenlerden kıdemli olanının görevden alınmasını önerdi.

Bu tür ihbarlar çok oluyordu. Başkan, "Acele etmeyelim, bu işin içinde başka şeyler olabilir" dedi ve konu kapandı.

Aynı gün, Başsavcı Vekili Zekeriya Öz'ün ifadeye çağırdığı bir emniyet şube müdürü için İstanbul Emniyet Müdürü'nün, "Ne için çağrıldığını bildirirseniz, gönderip göndermeyeceğimizi bildiririz" mealinde bir yazı gönderdiği basına yansıdı. Bu yazıyla ilgili arka planda aslında, Başsavcı Turan Çolakkadı'nın nasıl bir cevap vermesinin uygun olacağı söylenmiş ama emniyetin bu bilgilendirmeye göre değil, kendi kafalarına göre cevap verdiği bilgisi Adalet Bakanlığı'na ulaşmıştı.

Bu konunun duyulması ve Adli Kolluk Yönetmeliği değişikliği sebebiyle hâkim ve savcılar arasında ciddi bir rahatsızlık yaratmaya başladı. Bazıları HSYK yetkililerini telefonla arayarak bazıları da internet ve sosyal medya üzerinden "Artık bir posta memurunu bile ifadeye çağıramayacağız, HSYK neden sessiz?" gibi tepkiler yükseldi. Yargıçlar ve Savcılar Birliği Derneği'nden de (YARSAV) benzer eleştiriler geldi.

23 Aralık: Turan Çolakkadı'nın yerine Fikret Seçen Başsavcı yapılmak istendi

Yeni haftaya başlarken Adalet ve İçişleri Bakanlıkları'nın HSYK tarafından çıkarılmış bir yönetmelikte değişiklik yapması, ifadeye çağrılan Emniyet şube müdürünün savcılığa ifadeye gönderilmemesi yüzünden genel bir huzursuzluk vardı.

23 Aralık 2013 Pazartesi sabahı HSYK Üyesi Nilgün Hanım, Başkan İbrahim Okur'un odasına geldi. Yaşanan durumu değerlendiriyorlardı. İki savcının rüşvet karşılığı 17 Aralık dosyasını kapatacağı yine gündeme geldi. Geçen Çarşamba günü de HSYK'nın üç üyesi isimleri geçen bu kişilerin değiştirilmesini istemişti. Bu işte bir iş vardı. Nilgün Hanım kendisine ulaşan iddia nedeniyle Turan Bey'in değiştirilmesi teklifine sıcak bakarsa, sürpriz bir şekilde Başsavcı Turan Çolakkadı görevden alınıp yerine Fikret Seçen Başsavcı yapılabilirdi. Okur, Nilgün Hanım'a, "Bu konuyu inceledikten sonra gerekirse bir açıklama yapıp kamuoyunu ve yargıyı rahatlatırız" dedi. Çünkü Salı günü daire toplantısında bir sürpriz yaşanabilir diye endişeleniyordu.

Aynı gün saat 11.00 sularında, Okur'un odasına gelen HSYK Başkanvekili Ahmet Hamsici'ye durumu anlatıp "Bir adım atalım" dedi. Daha önce başkanvekiline yetki devriyle verilen basın açıklaması yetkisini Bakan Bey geri aldığı için, cep telefonundan Bakan Sadullah Ergin'i arayıp durumu özetledi. Bakan Bey de "Bir hazırlık yapıp bana gönderin, sonra konuşalım" dedi.

Bunun üzerine A. Hamsici, Okur'un odasına M. Bayram'ı çağırttı, "Yönetmelik değişikliğiyle ilgili bir basın açıklaması hazırlayın, bana, Bakan Bey'e ve İbrahim Bey'e maille ulaştırın" dedi. Pazartesi akşam saatlerinde Bakan Bey'e gönderilmesi gereken açıklama örneğinin gönderilmediği anlaşılmıştı. İbrahim Okur, kendisine gelen açıklama örneğini bakanın elektronik posta adresine gönderdi.

Açıklama örneğini yeniden okumaya başladığında, "Eyvah" dedi. Açıklamada, "Sayın Başbakan'ın Giresun'da yapmış olduğu konuşmanın 'Yargıya sesleniyorum, yürütmeye bunu söylüyorsunuz, siz de içinizdeki kirlileri temizleyin çünkü siz de pırlanta, tertemiz değilsiniz, bizim de bildiklerimiz var' şeklinde konuşması nedeniyle aşağıdaki açıklamanın yapılmasına ihtiyaç duyulmuştur" ifadesiyle başladığını gördü.

Oysa, onların istediği bu değildi. Açıklamanın doğrudan Başbakan'ı hedef aldığını görünce oturup bu giriş ve içeriği kendince düzeltti. 23 Aralık 2013, saat 21.49'da gönderdiği elektronik postaya, Bakan Ergin 24 Aralık 2013 saat 08.41'de, "Ankara'ya geldim. Vicahi görüşelim. Bu haliyle yapmayın bu açıklamayı" diye karşılık verdi.

24 Aralık: HSYK adına açıklama yapılması da sancılı oldu

Salı sabahı daire toplantısı başlamadan, İbrahim Okur, Nilgün Hanım'a "Açıklamayı hazırladık. Öğleyin Bakan Bey'le görüşeceğiz" dedi. O sırada diğer üyeler de böyle bir açıklama yapılacağını duydu. Bu açıklama gizli saklı bir çalışma değildi. Bir gün önce verilen talimat üzerine basın bürosu veya görüş-genelge bürosu tarafından hazırlanıp elektronik posta olarak iletilmişti. İbrahim Okur da, girişi ve içeriği yumuşatmıştı. Bakan Bey'le görüşmeyi Ahmet Hamsici yaptı, metin Bakan Bey'e gönderildi.

24 Aralık Salı günü öğle yemeğinde İbrahim Okur, Bakan Bey'le birlikteydiler. Bakana, düzelttiği metni verdi. Bakan metni okuyunca, "Önceki HSYK Üyesi Kadir Özbek'in açıklamaları gibi olmuş. Ben bunu açıklamam" dedi. Okur da "Bu açıklamayla hem yargı teşkilatındaki huzursuzluğu gidereceğiz hem de Nilgün Hanım'ın farklı saiklerle de olsa karşı tarafa geçmesini önleyeceğiz" dedi. Bunun üzerine genel kurul kararı olarak açıklamanın yapılmasına karar verildi.

Çarşamba günü genel kurul vardı. Orada görüşülüp kabul edilirse, bildirinin yayımlanması öngörüldü. Bakan Bey kabine değişikliği olabileceğini, bildiriyi bir gün daha bekletip bekletemeyeceğini Okur'a sordu. Okur, HSYK Genel Kurulu'nun 15 günde bir olduğu için Çarşamba günü görüşülmesi gerektiğini anlattı. Bunun üzerine Bakan, Başbakanlık Özel Kalem Müdürü Hasan Doğan'ı arayıp "Köşk'ten randevu talebi olup olmadığını" sordu. Henüz olmadığını öğrenince de "genel kurulda Birol Bey'in muhalif kalması, muhalefet şerhi için bir gün süre istemesi ve Perşembe günü genel kurul kararının açıklanması" hususunda uzlaşmaya varıldı.

25 Aralık: Toplantıda kadın üye, müsteşara çok sert çıktı

25 Aralık 2013 Çarşamba sabahı genel kurul toplantısının sonunda Ahmet Hamsici durumu anlatıp sözü İbrahim Okur'a bıraktı. Okur, bildirinin son halini Genel Sekreter'e verdi, bilgisayara yüklettiği metin perdede görüldü. Okur, sözcüklere vurgu yaparak tane tane okuyordu. Kurulun görev alanına giren bir hususta, iki bakanlığın yönetmelik değişikliği yapamayacağını düşündüğü için bunu hazırladıklarını, Bakan Bey'le de görüştüğünü ifade etti.

HSYK Üyesi ve Adalet Bakanlığı Müsteşarı Birol Erdem "İki bakanlığın yönetmelik değişikliği yapabileceğini düşündüğünü, bu nedenle muhalefet yazacağını" söyledi. Nilgün Hanım, Birol Erdem'e oldukça sert bir tepki gösterdi, "Bu konuda HSYK'nın çıkardığı bir yönetmelik var, yetki HSYK'da; ayrıca bu yazıyı gördünüz mü? Emniyet müdürü, savcının çağırdığı kişiyi ifadeye göndermiyor ve böyle bir yazı yazabiliyor" dedi.

Üyelerden Halil Koç ve İsmail Aydın "metindeki Anayasa'ya aykırı ibaresinin sert olduğunu söyleyip bunun çıkarılmasını" istediler. Önerileri kabul görmeyince onlar da bu noktada muhalif kaldılar. Rasim Aytin de onlara katıldı. Ahmet Karayiğit de başka bir sebeple muhalif kaldı ve karar 5'e karşı 13 oyla alındı. Öğleden önce karar verildi ve muhalefet şerhi için Müsteşar ve HSYK üyesi Birol Erdem'e bir gün süre tanındı.

Bu kararın alınmasından sonra saat 14.00 civarında, CNN Türk Ankara Temsilcisi Hande Fırat, İbrahim Okur'u telefonla arayıp "İkinci dalga operasyon başladığına ilişkin haberler var. Bu doğru mu?" diye sordu. Okur, bilgilerinin olmadığını söyleyince Hande Fırat, "*Radikal* gazetesinin internet sayfasını açın" dedi. Gerçekten de orada böyle bir haber yayımlanmıştı.

Başsavcı: Savcı Muammer Akkaş beni atlattı, kendisine de ulaşamıyorum

Bu haber üzerine Okur, hemen Başsavcı Turan Çolakkadı'yı arayıp ne olduğunu sordu. Başsavcı, böyle bir şey olmadığını, araştırıp döneceğini söyledi. Saat 16.00'ya kadar dönmeyince tekrar aradı. Yanında Ahmet Hamsici de vardı. Turan Çolakkadı şunları anlatıyordu:

"Bir gün önce Savcı Muammer Akkaş'ın elinde bir dosya olduğunu öğrendim. Kendisini çağırıp bilgi istedim. Yetki ve görev yönünden sorun olabileceğini, Başsavcı Vekili Oktay Bey'le birlikte dosyayı inceleyip bana gelmelerini, birlikte bir değerlendirme yapmadan harekete geçmemesini söyledim. Akkaş da 'Tamam' deyip yanımdan ayrıldı. Bir daha gelmedi. Bu haberi aldıktan sonra da kendisine ulaşamadım. Emniyet ve Savcılık kaleminden öğrenebildiği kadarıyla Muammer Akkaş, bu dosya için beni atlatarak harekete geçti. Arama, el koyma ve gözaltı kararları alıp kolluğa yolladım. Evrak içeriğiyle ilgili bende de ayrıntılı bilgi yok."

İşte, bu sözü edilen dosya ise Başbakan'ın oğlu Bilal Erdoğan'ın da adının geçtiği ve kamuoyuna "25 Aralık Dosyası" olarak yansıyan dosyadan başkası değildi.

O gece kabine değişikliği yapıldı ve Bekir Bozdağ Adalet Bakanlığı'na atandı. Gece davet üzerine İbrahim Okur, Başbakanlık'a gitti. Başbakan Binali Yıldırım, bakanlar Bekir Bozdağ, Efkan Ala, Eski Bakan Sadullah Ergin, Müsteşar Birol Erdem, Özel Kalem Müdürü'nün internetten aldığı çıktılar üzerinden durum değerlendirmesi yapıyordu. Hem görev hem de yetki yönünden sorunlu bir soruşturma olduğu açıkça görülüyordu. Konu CMK 250 veya TMK 10 kapsamında olmadığı halde, soruşturma TMK 10 savcılığınca başlatılmış, Mardin, İzmir gibi farklı illerdeki işler soruşturma kapsamına alınmış görünüyordu.

O toplantıda, soruşturmanın Savcı Muammer Akkaş'tan alınması kararı çıktı

Bu toplantıda Turan Çolakkadı'nın yetersiz kaldığı değerlendirildi ve değiştirilmesi istendi. Okur, "bunun doğru olmayacağını, geçen hafta üç üyenin de aynı talebi ilettiklerini, böyle bir teklif kabul edilse bile yerine gelecek kişi noktasında sıkıntı olacağını" söyledi. Bunun üzerine Başbakan, "Nilgün Hanım senin sözünden çıkmazmış" deyince, "pek çok konuda birlikte hareket ettiğini, ama bunun sözünden çıkmaması nedeniyle değil, vicdanının sesini dinlemekten kaynaklandığını, aklına yatmazsa farklı davranabileceğini, nitekim gün içinde Adli Kolluk Yönetmeliği'yle ilgili açıklama konusunda Birol Bey'e en sert tepkiyi Nilgün Hanım'ın verdiğini" söyledi.

Başbakan, "Ne açıklaması, ne açıklaması?" diye sordu. Okur, "Adli Kolluk Yönetmeliği'yle ilgili bir açıklama hazırlıklarının olduğunu, bunun doğrudan Sayın Başbakan'ı hedef alacak şekilde kaleme alındığını, kendisinin müdahale edip sadece Kurul'un yetkisini hatırlatan ve suç işleyen savcılara gereğinin yapılacağı ihtarını içeren bir metne dönüşmesini sağladığını" söyledi. Bu konu üzerinde çok durulmadı.

Gecenin sonunda Turan Bey'in göreve devamının uygun olacağı, sadece soruşturmanın Savcı Muammer Akkaş'tan alınmasının yeterli olacağı herkesçe kabul gördü. Bunun için Müsteşar Erdem ve HSYK Daire Başkanı İbrahim Okur'un İstanbul'a gitmesi, orada görülmesi yanlış olacaktı. Okur, Başsavcı Vekili Oktay Bey'in yakın arkadaşı olan HSYK Üyesi Rasim Aytin'i göndermeyi önerdi. Bu da kabul edildi.

26 Aralık: MHP'li Oktay Vural telefonla aradı: Bu işin takipçisi olacağız

Sabah, HSYK üyesi Rasim Aytin, özel uçakla İstanbul'a gönderildi. Başsavcı Turan Çolakkadı ve Başsavcı Vekili Oktay Erdoğan'la görüştü, başsavcılığı atlatarak apar topar işlem yapan Savcı Muammer Akkaş'tan dosyanın alınmasını sağladı. Dosyanın alınması fikri de İbrahim Okur'dan gelmişti.

26 Aralık 2013 Perşembe sabahı Başsavcı soruşturmayı Muammer Akkaş'tan aldı ve ortalık biraz yatıştı. HSYK'da daire toplantısı yapılıyordu ama hep soruşturma ve soruşturmanın savcıdan alınması konuşuluyordu. Televizyonda bu konudaki haberler eksik olmuyor, adliye ve HSYK önünden muhabirler canlı yayınlarını sürdürüyordu.

Müsteşar Birol Erdem, saat 16.30 civarında, HSYK bildirisine olan muhalefet şerhini gönderdi. Hemen ardından "kararı yayınlayın" emri verildi. Ahmet Hamsici, Rasim Aytin, Halil Koç ve İsmail Aydın birlikte Birol Erdem'in odasına geçiyordu. İbrahim Okur'un telefonu çaldı.

Arayan Gazeteci-Yazar Taha Akyol'du. Ne olup bittiğini sordu. Telefonu kapatmıştı ki ardından MHP Grup Başkanvekili Oktay Vural aradı. Soruşturmanın Savcı Muammer Akkaş'tan alınmasının nedenini sordu. Oktay Vural, söylenenlerle tatmin olmadı, "Bu işin takipçisi olacağız. Olayın üstü kapatılmak isteniyor" dedi. Okur ise "böyle bir şey olmadığını, HSYK olarak yönetmelik değişikliğine ilişkin bir karar aldıklarını ve birazdan yayınlanacağını" belirtti.

Böylesi ilk kez oluyordu: Savcı, adliye önünde bildiri dağıtıyordu

Yapılan açıklamanın yansımalarını görmek için Birol Erdem'in odasındaki televizyonu açtılar. Televizyonda Savcı Muammer Akkaş adliye önünde göründü. Basının önceden bilgilendirildiği anlaşılıyordu. Savcı Muammer Akkaş, hem konuşuyor hem de hazırladığı bildiriyi dağıtıyordu. HSYK yöneticilerini adeta buz kesmişti. Tam bu sırada, HSYK'nın bildirisi de altyazı olarak akmaya başladı. Böylesi ilk kez yaşanıyordu.

Savcı Akkaş'ın bildiri dağıtacağından HSYK yetkililerinin haberi yoktu. HSYK'nın yapacağı açıklama Akkaş'a acaba el altından mı haber verilmişti? Onu da bilmiyorlardı. HSYK bildirisi bir gün önce alınmış ve Perşembe günü yayınlanacağı, tüm üyeler ve Genel Sekreterlikçe bilinen bir durumdu. Bunlardan birisi Akkaş'a haber uçurmuş olabilir miydi? Aralarında bunu da konuştular.

Televizyonlarda Muammer Akkaş'ın haberinin veriliş şekli ve altyazılardan sanki soruşturmanın kapatılmak istendiği ve bu sebeple savcıdan alındığı izlenimi uyandırılıyordu. HSYK üyeleri bu durumdan rahatsızdı. Bir üye, tanıdığı bir televizyon yöneticisini aramak istedi. Tam bu sırada HSYK Genel Kurul Kararı'nın yayınlanması da bu algıyı güçlendirecek endişesine kapıldılar. Açıklama yapılmış ve geri dönülmesi imkânsız hale gelmişti.

Bu saatten sonra ne yapabileceklerini Birol Bey'in odasında kısa bir süre değerlendirdiler ve Başsavcı Turan Çolakkadı'nın çıkıp basın açıklaması yapmasının ve soruşturmayı neden bu savcıdan aldığının kamuoyuna duyurulmasının uygun olacağına karar verdiler. Turan Bey'i arayıp savcının kendi yazılı ve sözlü talimatlarına aykırı davrandığı için soruşturmadan alındığını açıklamasını istediler. Çolakkadı, "O zaman ben yazılı açıklama hazırlayıp basına vereyim" dedi.

Çolakkadı bunu söyleyince İbrahim Okur, "Yazılı açıklama geç olur. Hemen sözlü açıklama yapın" dedi. Açıklamada hangi hususlara yer vermesi gerektiğini telefonda izah etti.

İbrahim Okur, televizyonların tanıdığı Ankara temsilcilerini telefonla arıyor, canlı yayın araçlarını Başsavcı'nın toplantısına yönlendirmelerini, bunun için İstanbul'daki yetkililerini uyarmalarını sağlıyordu. Yarım saat içerisinde Turan Çolakkadı kameralar karşısındaydı.

Başsavcı, soruşturmayı talimatlara aykırı davrandığı için bu savcıdan aldığını açıklıyordu.

Soruşturmaları üst makamlara bildirmek yönetmelik değişikliğiyle zorunlu oldu

HSYK Genel Kurul kararı, Muammer Akkaş'ın soruşturmadan alınması, 25 Aralık'taki ikinci dalga operasyonu üst üste gelince HSYK'nın Hükümete karşı bildiri yayınladığı, bunun bir yargı darbesi olduğu yorumları da yapıldı. HSYK yetkilileri bu durumu şöyle savunuyordu:

"HSYK Genel Kurulu 6087 sayılı Yasa'nın 7. maddesinin kendisine tanıdığı yetkiye istinaden, hukuki bir açıklamada bulundu. Yasa, HSYK Genel Kurulu'na böyle bir yetki veriyor."

Yapılan açıklamanın yasal dayanağı olduğunu bilen Hükümet daha sonra kanunun bu fıkrasında bir değişiklik yapılmasını önerdi ve TBMM yasa değişikliğiyle bu yetkiyi HSYK'dan aldı ve Bakanlık'a verdi. Hükümetin bu yasa değişikliğinden önce, Danıştay Onuncu Dairesi söz konusu Adli Kolluk Yönetmeliği'nin yürütmesini durdurmuştu. Yürütmeyi durdurma kararına yapılan itiraz da Danıştay İdari Dava Daireleri Kurulu tarafından reddedilmişti. Bu karar, yetkinin HSYK Genel Kurulu'nda olduğunu gösteriyordu. İki bakanlığın çıkardığı söz konusu yönetmeliğin Danıştay tarafından iptal edilmiş olması da Bakanlıklar'ın yetkisiz işlem yaptıklarının ve yetkinin o tarih itibarıyla HSYK'da olduğunun bir başka kanıtı olarak gösteriliyordu.

Türkiye Barolar Birliği, Yargıçlar Sendikası, Liberal Demokrat Parti ve Ankara Barosu yürütmenin durdurulması ve iptali talebiyle dava açtı. Yönetmeliğin "telafisi mümkün olmayan sonuçlara neden olacağı" gerekçesiyle yürütmeyi durdurma kararı veren Danıştay Onuncu Dairesi, "adli kolluk görevlilerinin, kendilerine yapılan bir suça ilişkin ihbar veya şikâyetleri, el koydukları olayları, yakalanan kişiler ile uygulanan tedbirleri derhal en üst dereceli kolluk amirine bildireceğine" ilişkin hüküm ile cumhuriyet savcısının soruşturmaları, cumhuriyet başsavcısına bildirmesini zorunlu kılan hükmün yürütmesini, davalı İçişleri ve Adalet Bakanlığı'nın savunmaları alındıktan veya yasal cevap verme süresi geçtikten sonra bu konuda yeniden bir karar verilinceye kadar durdurdu.

Dairenin 1'e karşı 4 üyenin oy çokluğuyla aldığı kararın gerekçesinde, Adli Kolluk Görevlileri'nin adli olaylarla ilgili konuları sıralı amirlerine, cumhuriyet savcılığının da cumhuriyet başsavcılıklarına bilgi verme yükümlülüğünün yargılama alanına ilişkin bir konu olması nedeniyle yönetmelikle düzenlenmesine olanak bulunmadığı belirtildi. Kararda, "Yönetmelik hükümleri kuvvetler ayrılığı ilkesine aykırı biçimde ceza soruşturma sürecine ilişkin usul kuralları içermekte, adli makamların görev ve yetki alanlarına ilişkin düzenleme getirmektedir. Aynı zamanda Ceza Muhakemesi Kanunu'nun 157. maddesinde yer alan soruşturma gizliliği kuralını da zedeleyecek nitelikteki hükümler, idari düzenleme yetkisinin aşılması nedeniyle yetki yönünden açıkça hukuka aykırı bulunmaktadır" ifadesine yer verildi.

O açıklama, özellikle Muammer Akkaş'ın alınmasına mı denk getirildi?

Aradan yıllar geçti. HSYK'nın yapısı değiştirildi. 15 Temmuz 2016 darbe girişiminden sonra HSYK'nın o dönemki daire başkanı ve bazı üyeleri tutuklandı. Eski Daire Başkanı İbrahim Okur, o günlerde yaşananları şöyle yorumluyor:

"O kargaşa sırasında kendimizi ifade etme imkânımız olmadı ve bu açıklamayla ne amaçladığımızı, Birinci Daire'de nasıl bir tehlikeyi bertaraf ettiğimizi kimseye anlatamadık. Muammer Akkaş'ın yaptığı yazılı açıklama 25 Aralık ikinci dalga operasyonuyla ilgiliydi. Bu açıklama özellikle HSYK açıklamasının yapılacağı güne denk getirilmiş, bu da HSYK içinde Akkaş'a sızdırılmış, böylece HSYK açıklamasının içeriğinin okunması engellenmiştir. Tehlikenin bertaraf edilmesi için hazırlanan bu kurul kararı, maalesef şeklen hükümet karşıtı algısına dönüştürülmüştür.

Bunun üzerine bir de 25 Aralık gecesi Başbakanlık'ta bu açıklamayla ilgili olarak 'Sizi hedef alan bir açıklama kaleme alınmıştı, sizi hedef almasını engelledim, sadece yönetmelik değişikliğiyle ilgili' şeklindeki beyanımın 'Açıklamayı engelledim' şeklinde anlaşılması olayı eklendi. Böylece benim o gece engellediğimi söylediğim bir açıklamaya ertesi gün imza attığım ve bu şekilde Sayın Başbakan'ı yanılttığım izlenimi de oluştu.

Oysa böyle bir şey söylemedim, söylemem de mümkün değil. 23 Aralık'ta Bakan Bey'le görüşülmüş, metin 24 Aralık'ta Bakan Bey'e gösterilmiş ve genel kurulda görüşülmesi üzerinde mutabık kalınmış, 25 Aralık sabahı genel kurulda görüşülüp ertesi gün yayımlanmasına karar verilmiş bir açıklamayla ilgili 26 Aralık gününün ilk saatlerinde 'böyle bir şey vardı ama ben engelledim' demek için sadece yalancı değil aynı zamanda akılsız olmak gerekir. Zira söz konusu olan şey sümen altında kalacak bir evrak değil, basına yapılacak bir açıklama, yani gizlenemeyecek bir şeydir.

O gece orada bulunanlar da bu yanlış anlaşılmanın düzeltilmesi için çaba sarf etmediler ve konu böylece kaldı. Bu olaydan sonra hükümete yakın medya beni hedef almaya ve asılsız haberlerle saldırmaya başladı. Ben 17 Aralık soruşturmasını o sabah beni arayan Sayın Bakan'dan, 25 Aralık soruşturmasını ise Hande Fırat'ın telefonundan sonra aradığım Turan Çolakkadı'dan öğrendim. Öncesinde bu soruşturmalara ilişkin bir bilgim yoktu. Bu soruşturmaların, içerikleri itibariyle doğrudan hükümeti hedef aldıklarını, yetki ve görev yönünden de sorunlu olduklarını, özellikle 25 Aralık'ta Başsavcı'nın atlatılarak apar topar işlem yapıldığını, sulh ceza hâkimliğinin böyle kapsamlı bir evrakta yarım saat içerisinde kararlar aldığını görünce tedbirlerin alınmasını sağladım. Bu iki soruşturmanın zamanlaması ve yapılış şekli itibariyle organize bir çalışma olduğu, eşzamanlı olarak emniyet ve yargı içerisindeki Fethullah Gülen cemaatine mensup kişilerin harekete geçerek hükümeti köşeye sıkıştırmaya çalıştıkları kanaatine ulaştım."

Hangi soruşturma, hangi selamet?

Öyle bir ülke haline getirildik ki, yolsuzluk, rüşvet batağına girenlerin üzerine gidilemiyor. Öyle bir ülke haline getirildik ki, terör örgütü yolları kesip kimlik kontrolleri de yapsa, polisin mahallelere girişini de engellese, kendilerine göre karakollar kurup vatandaşı sorgulasa da üzerine gidilemiyor. Asker, saldırıya uğrar endişesiyle "çarşı iznine" gönderilemiyor. Siyasetçi ve yakınlarının, terör örgütlerinin üzerine gidenler de sıkıntıya giriyor. Açıkçası olayların üzerine gitmeyenler bürokraside yükseltiliyor, gidenlere hayat zindan ediliyor, mesleklerinden koparılıyorlar.

Bakanların, çocuklarının karıştığı 17 Aralık rüşvet-yolsuzluk soruşturmasını Cumhuriyet Savcısı Celal Kara yürütmüştü. Ne oldu Celal Kara'ya? Önce Afyonkarahisar'a sürüldü, sonra açığa alındı. Ardından hakkında yakalama kararı çıkarılınca, yurtdışı çıkış yasağı konmadan Sarp sınır kapısından Gürcistan'a gitti ve bir daha da izine rastlanamadı. Dönemin başbakanının oğlu ve bazı işadamlarının isimlerinin karıştığı 25 Aralık soruşturmasını Cumhuriyet Savcısı Muammer Akkaş yürütmüştü. Akkaş da önce İstanbul'dan Edirne'ye verildi, sonra açığa alındı. O da Celal Kara gibi izini kaybettirdi.

Operasyonu sızdırsalardı

Bunlarla da kalınmadı. Büyük bir emek, sabır, özveriyle bakan çocuklarının karıştığı öne sürülen rüşvet olaylarını belgeleyen emniyet mensupları ise ya cezaevinde ya da meslekten çıkarıldı. Bu emniyet mensupları, gizlilik içinde çalışmasa, yürütülen soruşturmayı önceden bakanlara, çocuklarına bildirmiş olsa, bugün onlar cezaevinde değil, belki çok önemli görevlere getirilmiş olurdu. Yalnız emniyet mensupları için değil, açığa alınan cumhuriyet savcıları için de durum aynı. Onlar, yürüttükleri soruşturmaları bakanlara "çıtlatmış" olsalardı durumları farklı olabilirdi.

Önce açığa alınan savcılar ve kapatılan soruşturmalar

17-25 Aralık soruşturmalarının üzerinden tam bir yıl geçtikten sonra, o olayları soruşturan Cumhuriyet Savcıları Celal Kara, Muammer Akkaş ve Mehmet Yüzgeç, HSYK'nın ilgili dairesince açığa alındılar. Savcı Zekeriya Öz'ün açığa alınmasının nedeni ise ünlü işadamı Ali Ağaoğlu'nun davetiyle yurtdışı gezisine çıkması.

HSYK'nın daha önceki yaygın uygulamalarına baktığımızda, hakkında soruşturma açılan cumhuriyet savcılarının açığa alınmadığı anlaşılıyor. En fazla, görev yaptığı ilden alınıyor, geçici olarak başka bir ile gönderiliyordu. Ama buna da uyulmadı. Savcılar zaten İstanbul'dan uzaklaştırılmışlardı. Bununla yetinilmeyip bu kez "soruşturmanın selameti" için açığa alındılar.

Devlette, "soruşturmanın selameti" sözcükleri sıkça kullanılır ve soruşturmaya müdahale etmemeleri, belge karartmamaları, görevliler üzerinde baskı kurmamaları için ya görev yerleri değiştirilir ya da açığa alınırlar.

Peki, soruşturmaları ellerinden alınan, il dışına gönderilen savcıların karartacağı, müdahale edeceği soruşturma kalmış mı? Soruşturmaları ellerinden alınan savcının yerine, bu soruşturmayı yürütmesi için savcı görevlendiriliyor. O savcı da, "kovuşturmaya yer olmadığı"na karar veriyor. Bazı siyasetçiler ve emniyet mensupları, bu karara itiraz etti ama değişen bir şey olmadı. Dosyalara takipsizlik kararı verildi, paraları faiziyle birlikte kendilerine iade edildi.

17 Aralık olaylarının bir parçası olan 4 bakanla ilgili TBMM'de oluşturulan Soruşturma Komisyonu'nda 9'u AKP'li, 4'ü CHP'li, 1'i MHP'li üyeler belgeleri inceledi, şüphelilerin lehinde olacak bütün tanıkları dinledi. Dinlenmeyenler cezaevine konulan ya da meslekten çıkarılan emniyet mensuplarıydı. AKP oylarıyla, dönemin bakanları Muammer Güler, Zafer Çağlayan, Egemen Bağış'ın Yüce Divan'a sevk edilmemesi kararlaştırıldı. Genel kurulda da AKP oylarıyla Yüce Divan yolu kapatıldı.

Söz Savcının: Asrın yolsuzluğunda, asrın hukuksuzluğu yapıldı

Celal Kara, 18 yıllık cumhuriyet savcısıydı. Bunun 6 yılını "özel yetkili savcı" olarak geçirdi. Yani terör ve organize suçları soruşturdu. Elinden binlerce uyuşturucu, silah, terör, organize suç örgütü dosyası geçti. Kendisine, "En iddialı, en kapsamlı, en çok belgeli dosyanız hangisidir?" diye sorduğunuz zaman hiç düşünmeden "Rıza Sarraf, üç bakan ve çocuklarıyla ilgili dosyadır" diyor.

Peki, bu nasıl kapsamlı ve kanıtlı bir dosyadır ki soruşturma görevi verilen yeni cumhuriyet savcısı "kovuşturmaya gerek olmadığı"na karar veriyor, TBMM'de oluşturulan Soruşturma Komisyonu'nun AKP'li üyelerinin tamamı "bakanları aklayan" karara imza atıyor? Siyasetçiler konuştu, o hep sustu. 17 Aralık soruşturmasını başlatan, bakan çocuklarını gözaltına aldırınca soruşturmadan alınan Cumhuriyet Savcısı Celal Kara, (yurtdışına kaçmadan önce) bize şunları anlattı:

"Çok iddialı konuşuyorum; 18 yıllık meslek hayatımda bu kadar delilli, mesnetli dosya görmedim. En dolu dosyadır. Dahası, insanlık tarihinde gelmiş geçmiş en kapsamlı dosyadır. Daha ötesi yoktur. 25 Aralık soruşturmasının da bu kadar dolu olduğunu sanmıyorum. Dosyamda hiçbir usulsüzlük olmamasına rağmen asrın yolsuzluğunda yapılanlar da bana göre asrın hukuksuzluğudur.

Savcının takipsizlik kararında, 'Bu kadar basit gerekçeyle hâkim dinleme kararı vermemesi gerekir' diyor. Hâkim dinleme kararı verdiyse, buna savcının karışma yetkisi yok. 'Delil yetersizliği'ni gerekçe gösterip takipsizlik veremiyor, 'usulsüz delil elde edilmiş' diyor. 32 ayrı hâkimden karar alınmış. İddialı olarak söylüyorum: Usulsüz delil elde edilmiş değil. Dosyamda, bir tane bile usulsüz delil yok. Dinleme kararı, dinlemenin uzatılma kararı alınmış, hepsi elden geçirilmiş. Takipsizlik kararını da usulsüz dinlemeden veriyor. Çünkü sığınacak başka bir şey yok. Bu da dayanaksız bir gerekçedir."

Delil türü ve sayısı böylesine kapsamlı olan dosya yoktur

"Savcının 'takipsizlik' kararıyla o dosya ebediyen kapatılmış olmaz. Dönem değişir, bir sayfalık belge o dosyanın yeniden açılmasını sağlar. TBMM'de komisyon üyelerine baskı yapıldığına ilişkin basında hayli haber yayımlandı. Ben baskıyla değil, gönüllü bir anlaşmayla karar verildiği kanısındayım. Bir soruşturma dosyasında bulunabilecek en fazla delil ve delil türü, sayısı, 'şu da olmalıydı' denebilecek her belge bol bol mevcut. Aramalarda, tapelerde (telefon dinleme CD çözümleri), takiplerde ulaşılan belgeler arasında yok yok. Delil yönünden zerre kadar sıkıntı olmayan, örnek bir dosya hazırlamıştık. O yüzden üstüne basarak bir kez daha söylüyorum: İnsanlık tarihinin en delilli, en mesnetli soruşturma dosyası Rıza Sarraf ya da diğer adıyla Reza Zarrab, bakanlar, çocukları ve banka genel müdürü dosyasıdır."

Bana göre dosyada yer alanların hepsinin sonu çatır çatır mahkûmiyetle biterdi

"Eğer dosya elimizden alınmasaydı, iddianame hazırlayıp mahkemeye sevk etmiş olsaydık, dosyamızda şüpheli olarak yer alanların hepsi çatır çatır mahkûmiyet alırdı. İşte, böyle olacağı bilindiği için dosyanın elimden alındığını düşünüyorum. Şüphelilerin çok güvendikleri hukukçuların da davanın mahkûmiyetle biteceğini söylediği yolunda duyumlarım vardı. İşte, bundan sonra dosyanın takipsizliğe gideceğini tahmin ediyordum ve nitekim de öyle oldu. Çünkü bu dosya için hiçbir hâkim beraat kararı veremezdi.

Böyle bir takipsizlik gerekçesi olur mu? Tam 4 sayfa Reza Zarrab'ın cari açığı kapatması övülüyor. Bana göre hukuk metninde böyle bir şey olamaz. Cari açığı kapatıyorsa bu işlenen suçu ortadan kaldırmaz."

Dosyam kapı gibi sağlam

"Teknik yönden dosyanın aleyhine söyleyecekleri bir şey yok. Dava mahkemenin önüne gitseydi, tartışılmaya başlansaydı nereye gideceği belliydi. Şuna herkes inansın ki, dosyam 'kapı gibi sağlam'dır. En ufak bir hukuk hatası olmadığı konusunda iddialıyım.

Nasıl ki dosya için takipsizlik kararı verileceğini bekliyorsam aynı durumun TBMM Soruşturma Komisyonu'nda da, bakanların Yüce Divan'a sevk edilmeyeceğini tahmin ediyordum. Sonuçta çıkan karara da şaşırmadım."

Rıza Sarraf,
"O bakana iyi yatırım yapalım" diyor

TBMM Soruşturma Komisyonu, AKP'li 9 üyenin oyuyla 4 eski bakanı Yüce Divan'a göndermemeye, ses kayıtlarının imhasına karar verdi. 9 Ocak 2015'te konuyu şöyle gündeme taşıdım:
Polisi en çok mutlu eden, şüpheliyle ilgili önemli sayılabilecek suç kanıtı elde ettiği zamandır. İğneyle kuyu kazarak, büyük bir gizlilik içinde ve sızdırmadan hazırlanan bu kapsamlı dosyada yer alan kanıtların yok edilme girişimi bu çalışmada emeği olan herkesin yüreğini burkuyor. Çünkü onlar dönem değiştiğinde bu dosyaların yeniden gündeme geleceğini çok iyi biliyor. İşte yüreği buruk bir polis müdüründen belgeler, bunların toplanması ve emniyetteki havayı dinliyorum:
"Başka bir yolla delil elde edilemeyeceği anlaşılıyorsa dinleme-izleme kararı alınır. Örneğin kişi vergi mükellefidir, para trafiğinde önemli bir akış yok ama anormal para kazanıyor. İş hacmiyle gelirinin orantısızlığını Mali Suçları Araştırma Kurulu (MASAK) uzmanı görebilir ama o kişi için 'suç işledi' diyemez. Çünkü kişinin ekstra gelirini kayıtlarda göremez. Bundan sonrası polisiye işi... Ortada önemli bir kaçakçılık faaliyeti olduğu anlaşılır. Savcılığa yazarsınız, hâkime gidersiniz ve dinleme kararlarının gerekçelerini de anlatırsınız. Soruşturulacak kişi bu parayı nasıl kazanıyor, etrafındakiler ne iş yapıyor. Dinlemeden, izlemeden bunu delillendiremezsiniz.
Reza Zarrab'ın konuşması dinlendiğinde bakanın isminin baş harfini vererek 'Ona iyi yatırım yapmamız gerekiyor' dediği duyuluyor, paranın hangi kutu içine konulacağını bile söylüyor. Bizim bunu öğrenmemiz, suç işlendiğini kanıtlamaya yetmez. Belki o an öyle konuşur, sonra vazgeçebilir. O zaman polise düşen 'pa-

rayı verdin' diyebilmek için bunun belgelenmesidir. Kiminle, ne zaman, hangi yolla paranın gönderildiğini de ortaya koymak durumundayız. Nihayet bunları belgeledik."

Polisin 5N1K kuralı

"Para çok fazla olduğu için mali hesaplar birbirine karışmasın diye rüşvet için her ay mali bilanço tutuyorlar. Çünkü bazı bakanların kime ne gittiğini araştırdığını Reza biliyor. Sadık adamlarıyla paraları gönderiyor. Para trafiğinde yer alan bazı kişilerin telefon numaraları, elektronik posta adresleri belirleniyor. Adam, telefonda mailinin şifresini söylüyor. Mahkeme kararıyla, Telekomünikasyan İletişim Başkanlığı'dan (TİB) elektronik postalarına ulaştık. Elde ettiğimiz bilançoların aynısını arama sırasında da bulduk. Orada kime ne verildiği tek tek ve ayrıntılı olarak yazılı...

Takipsizlik veren savcı, 'elektronik postalara o bilgileri polis eklemiş de olabilir' dedi. Ama biz böyle suçlanırken, kâğıt dökümlerinde de aynısı yer alıyordu. Açıkçası, gazetecilikte 5N yani 'ne, nerede, ne zaman, niçin, nasıl' ve 1K yani 'kim' sorularının hepsinin cevabı her yönüyle fezlekemizde verildi. Tutanaklarda, tapelerde olmayan yok."

Bizimle gidecek sırlar

Telefon dinlemelerinde, fiziki takiplerde polis hiç beklemediği, tahmin etmediği olaylarla da karşılaşabiliyor. Dinlemelerde, fiziki takiplerde kişinin özel yaşantısıyla ilgili de ister istemez önemli bilgilere sahip oluyorsunuz.

Bugün soruşturmanın başındaki cumhuriyet savcılarına, polislere casusluk dahil olmak üzere tam anlamıyla "itibar suikastı" yapılıyor. Ama onlar bugüne kadar kişileri, özel yaşantılarıyla vuracak hiçbir açıklamada bulunmadı. Meslek ahlakı ve namusu da bunu gerektirir. 17 Aralık soruşturması sırasında, Mali Şube Müdür Yardımcısı olarak görev yapan, beş arkadaşıyla birlikte meslekten çıkarılan Yasin Topçu, "İtibar suikastı yapacak olsak bizim de söyleyecek çok şeyimiz olur. Ama biliniz ki onlar bizimle mezara gider" diyor.

Çocuk gibi seviniriz

Konuştuğum bir başka müdür kendi dünyalarını anlatıyor:
"Polisin araştırmalarının ardında büyük emek, özveri, sabır vardır. Kendilerini aylarca, belki de yıllarca peşinde koşturan kişiyle ilgili önemli bir kanıt elde edildiği zaman yalnız o bilgiye, belgeye ulaşan polis değil, bağlı olduğu şubede de bayram havası eser. Çocuklar gibi sevinirler. Ama o sevinçleri hep kısa sürer. Çünkü şüphelinin avukatının buna nasıl itiraz edebileceğini değerlendirir ve o yüzden şüphelinin lehinde ve aleyhinde olan her şeyi toplarlar."

Şimdi gelelim, savcılığın 17 Aralık soruşturmasıyla ilgili takipsizlik, TBMM Soruşturma Komisyonu'nun da bakanları Yüce Divan'a göndermeme kararından sonra tapelerin imha edileceğine ilişkin gelişmelere... Unutmayalım, savcılık tarafından verilen takipsizlik kararı nihai karar değildir. O dosyalara dava aşamasında girecek çok önemli belgelerin bir kısmı da bugün birilerinin elinde olabilir, dönem değişince takipsizlik verilen, Yüce Divan'a gönderilmesine gerek duyulmayan dosya da yeniden açılabilir.

Suçlanan eski bakanlar için hutbede söylenenler camiyi karıştırdı

Diyanet İşleri Başkanlığı'nın AKP'nin bir organı gibi çalıştırıldığına ilişkin çok yorumlar yapıldı. Camilerde imamın vaaz verip ortalığın bir anda karıştığı zamanlar oldu. Cemaatin bazısı imamın yanında, bazıları ise karşısında oluyor. Cami içindeki tartışmalar öyle büyüyor ki, kimisi "Bu imamın arkasında namaz kılmam" deyip camiyi terk ediyor.

Bakanları Yüce Divan'a sevk etmeyen AKP'liler "Bakanlar 'çaldım' dese bile inanmam" görüşünde... Bazı imamlar da, "Çalsa bile onlara itaat edin" diyor. Bununla ilgili cami kavgalarına çok örnek var ama biz dilekçeye dökülmüş, Diyanet İşleri Başkanlığı'na ulaştırılmış öğretmen sendikası Türk Eğitim-Sen'in Genel Sekreteri Musa Akkaş'ın camide yaşananları anlattığı dilekçeyi okuyalım:

"Ankara İncesu Hüdaverdi Camii'nde cuma namazını kıldım. Camiye girdiğimde namazın başlamasına on dakika kala bir vaizi dinledim. Konusu yöneticilerle alakalıydı.

Vaiz, 'Ülke yöneticilerine itaat etmek Kuran'ın emridir. İsterse bu bir Mecusi olsun, itaat edeceksiniz. Veda hutbesine de baktığınızda bunu görürsünüz' dedi. Bu sözler üzerine cami cemaati arasında sesler yükselmeye başladı, tepki gösterenlerin ikişer üçer ayağa kalktıklarına tanık oldum. Sesler alabildiğine yükseldi, karşılıklı olarak büyük tartışmalar yaşandı.

'Burası cami, siyaset kurumu değil, ülkeyi yönetenler ahlaksızlık, hırsızlık yapıyorsa, adaletsiz davranıyorsa yine mi itaat edilecek?', 'Bizim dinimiz haksızlık karşısında susan, sağır ve dilsiz şeytandır buyuruyor. Bu söylediklerinizle çelişiyor' diye karşılıklı tartışmaya dönüştü.

Hükümeti eleştirmeyi günah sayan imamlar var

"Vaiz 'Evet, ülkeyi yönetenlere itaat edeceksiniz, bunu Kuran emrediyor' diye ısrarını sürdürdü. Sesler bu defa daha da yükselmeye başladı. Ezan okunmasına rağmen tartışma devam ediyordu. Bu tablonun camilerde yaşanmaması lazım. Önümüzdeki zamanda bu tartışmaların başka camilerde de yaşanacağı endişesini taşıyorum.

Günümüzde toplumun ortak değerleri vardır. Bu dindir, camilerdir. Camilerde böylesi tartışmaların yaşanması toplumu ayrıştıracaktır. Toplumun din adamlarına bakışı değişecektir. Bu olayların yaşanmaması için tüm din görevlilerinin uyarılması hususunda bilgilerinizi ve gereğini arz ederim."

Sanmayın ki bu tartışmalar sadece Ankara Hüdaverdi Camii'nde yaşanıyor. İmamların göreviymiş gibi, hükümetin eleştirilmemesi için cemaate sürekli telkinde bulunuluyor. Hükümeti eleştirmenin günah olduğu anlatılıyor. Artık ortak değerlerimiz camileri bile siyaset arenasına çeviriyorlar. Kaçak olduğu bile öne sürülen 1 milyon liralık makam aracı tahsis edilen Diyanet İşleri Başkanı bu olup bitenler karşısında sessiz kaldı.

İşte belgesi: Hangisine inanalım

17-25 Aralık soruşturmasının hemen ardından Emniyet'te "Paralel Devlet Yapılanması", dönemin Başbakanı tarafından açıklandı. İşte, o tarihten bu yana yüzlerce emniyet mensubu meslekten çıkarıldı, cezaevine atıldı, birçoğunun hayatı karartıldı. Tabii ki haksızlık, hukuksuzluk yapanlardan hesap sorulmalı. Ama adli ve idari yönden hesap sorulurken de, onların yaptığı öne sürülen haksızlık, hukuksuzluklar yapılmamalı.

Ankara Cumhuriyet Başsavcılığı Anayasal Düzene Karşı İşlenen Suçlar Soruşturma Bürosu tarafından Emniyet Genel Müdürlüğü'ne gönderilen 5 Ocak 2015 tarihli yazıda, kamuoyunda "Paralel Devlet Yapılanması" olarak adlandırılan örgütlenmenin Türkiye genelindeki bütün faaliyetlerinin incelenmesi istendi.

6 aydır aranıyor

Arşiv kayıtları incelendi. Fethullah Gülen hakkında İstanbul 1. Sulh Ceza Hâkimliği'nin 19 Ocak 2014 tarihinde 2014/3025 sayılı kararıyla "Silahlı Terör Örgütü Kurma ve Yönetme" suçundan, İstanbul 3. Sulh Ceza Hâkimliği'nin 22 Ocak 2015 tarihinde 2015/144 sayılı kararıyla da "Silahlı Terör Örgütü Kurma veya Yönetme, Türkiye Cumhuriyeti Hükümetini ortadan kaldırmaya veya görevini yapmasını engellemeye teşebbüs etme, devletin gizli kalması gereken bilgilerini siyasal veya askeri casusluk amacıyla temin etme" suçlarından "yakalama" emri çıkarıldığı anlaşıldı. Fethullahçı yapılanmayla ilgili 53 sayfalık not, Emniyet Genel

Müdür Yardımcısı Zeki Çatalkaya imzasıyla Ankara Cumhuriyet Başsavcılığı'na 4 Mart 2015 tarihinde gönderildi.

Her dönemde farklı rapor

Emniyette cemaatçi yapılanmaya ilişkin fezleke, dönemin Ankara Emniyet Müdürü Cevdet Saral, yardımcısı Osman Ak, İstihbarat Şube Müdürü Ersan Dalman tarafından DGM Savcılığı'na 1999 yılında gönderildiğinde, bugün kendilerini bir numaralı "cemaat düşmanı" olarak tanıtanlar, o günlerde "Asla böyle bir yapılanma yoktur. Bunlar tamamen emniyet teşkilatını yıpratmak amacıyla kasıtlı olarak çıkarılmaktadır" diyorlardı. Bunları yazdığım için hakkımda onlarca suç duyurusunda bulunuyorlardı.

1999 yılında İstihbarat Dairesi Başkanlığı'nın raporu, 2006 yılında Emniyet İstihbarat Dairesi Başkanlığı'nın raporu, 2011 yılında yine aynı daire tarafından hazırlanan ve genel müdür yardımcısı imzasıyla Cumhuriyet Savcılığı'na gönderilen raporu, soruşturmaların engellenmesi sonucunu getirmişti. Doğan Kitap tarafından yayımlanan *Okyanus Ötesindeki Vaiz* isimli kitabımda kimlerin imzalarıyla soruşturmaların sekteye uğratıldığını belgeleriyle ortaya koydum.

Şimdi anlaşılıyor ki, raporlar, ifadeler döneme göre değişebiliyor. O yüzden cumhuriyet savcılarının görevi daha da zorlaşıyor, daha ayrıntılı araştırma yapmaları gerekiyor.

Devlete olan güven sarsılıyor

Mülkiye Başmüfettişi Ferda İleri, Mülkiye Müfettişleri Mustafa Yavuz, İlhami Doğan ve Polis Başmüfettişi Necat Özdemiroğlu, Hanefi Avcı'nın kitabında öne sürdüğü konuları araştırmak ve soruşturmakla görevlendirildi.

Şimdi Emniyet Genel Müdür Yardımcılığı görevinde bulunan, emniyetin savcılığa gönderdiği "Paralel Devlet Yapılanması" raporunda imzası bulunan dönemin Ankara Emniyet Müdürü Zeki Çatalkaya da müfettişlerin sorusu üzerine şunları söylemiş:

"10 yılı emniyet müdürlüğü olmak üzere 35 yıldır Emniyet'te görev yapıyorum. Hanefi Avcı tarafından yazılan kitabı okudum.

Kitapta, Fethullah Gülen cemaatinin Emniyet Teşkilatı içerisindeki yapılanması iddiasıyla ilgili söyleyeceklerim şunlardır:

Müdürlüğüm ve öncesinde cemaat yapılanmasına ilişkin herhangi bir bilgi, bulgu veya bir ihbara rastlamadım. Bu konularda adli ve idari soruşturma da yapılmamıştır. Cemaat yapılanması olsaydı mutlaka benim bilgim olurdu ve gerekli işlemleri yapardım. Diğer yandan birimlerde görevlendirilen personel bizzat benim emir ve talimatlarım doğrultusunda liyakat, çalışkanlık ve başarılı olmak kıstasları göz önüne alınarak seçilmiştir. Bugüne kadar herhangi bir cemaat mensubundan ne telkin ne de tavsiyede bulunulmuştur. Şayet yasal hiyerarşik yapının dışında bir yapının varlığını hissetsem, yasal işlem yaptırırdım."

Şu anda bağlı olduğu birimler itibarıyla etkili olan isimlerden Genel Müdür Yardımcısı Mustafa Gülcü ise o dönem hakkındaki bir davayı gerekçe gösterip "Cemaatle ilgili konuşmak istemiyorum" demiş. Bir gün önce farklı, bugün farklı konuşanların raporları devlete olan güveni sarsıyor. Buna hakkınız var mı?

Lükste sınır tanımıyorlar, bakana yeni bir uçak daha

Çoğu yoksul ailelerden gelen siyasetçilerimizin daha mütevazı olması, devletin bir kuruşunun bile keyfi harcanmasına engel olması beklenir. Onların bu tutumu da topluma, kamu kuruluşlarının yöneticilerine örnek olur. Ama bugün baktığımızda tam tersi gelişmeler yaşanıyor. Lüks, şatafat gırla gidiyor.

Cumhurbaşkanı'na saray da yapılır, Diyanet İşleri Başkanı'na 1 milyon liralık otomobil de tahsis edilir, bazı bakanlarımız için kiralanan lüks otomobiller her yıl değiştirilir, hizmette kullanılması gereken ambulans uçaklar, yangın söndürme helikopterleri amacı dışında, bakanların gezilerinde kullanılır.

Başbakanlık Müsteşarlığı yanı sıra, Diyarbakır, Batman gibi illerde valilik yapmış olan Efkan Ala'nın İçişleri Bakanlığı'na getirilmesi, Güneydoğu olaylarına daha farklı bakılacağı beklentisi yaratmıştı. Ama bu beklentilerin boş olduğu kısa sürede anlaşıldı. Başbakan'a yakın, diğer bir ifadeyle önceki görevi nedeniyle "sır kâtibi" olması Efkan Ala'yı, milletvekili olmamasına rağmen İçişleri Bakanlığı'na taşımıştı.

Sağlık Bakanlığı'nın ambulans helikopterleri var. Ama bu helikopterler, ambulans hizmetinden çok bürokratların bir yerden bir yere gidişinde kullanılıyor. Bakıyorsunuz, kurumlarla sözleşme imzalanırken, bunların VIP hizmetine göre düzenlenmesi de isteniyor. Orman Bakanlığı, yangın söndürmek amacıyla helikopter kiralıyor. Ama bakıyorsunuz bunlar için de VIP hizmeti vermeleriyle ilgili tasarım yapılması sözleşmenin zorunlu maddeleri arasında yer alıyor.

Aslında bakanların uçak kiralama yetkileri yok. Ama gelin görün ki bunun çözümünü de bulmuşlar. Kimisi bunu bankalara ödetiyor, kimi işadamları da uçaklarını bakanlara tahsis ediyor. Dahası, onları umre için ailece yurtdışına götürenler bile çıkıyor.

Daire Başkanı, helikopterle kamyonun üzerinden alçak uçuş yapıyordu

Emniyet Genel Müdürlüğü Havacılık Dairesi Başkanlığı, 19 Ekim 1981 tarihinde kuruldu. Daha çok havadan trafiği denetlemek amacıyla 18 adet SA-318C Alouette helikopteri alındı. Bu helikopterler E-5 Karayolu üzerinde uçuyor, hatalı buldukları araçları trafik ekiplerine bildiriyorlardı. Bir trafik kazası halinde, olay yerine iniyor, yaralılar götürülüyordu. O günlerde "Gökten ambulans indi" haberleri sıkça gazetelerde yer alıyordu.

İşte, böyle bir yol denetimi sırasında kamyon şoförü uyarılıyor ama şoför hatalarını sürdürmeye de devam ediyordu. Dönemin Trafik Dairesi Başkanı Abdullah Aldoğan'ın tepesi attı, pilottan helikopteri iyice alçağa indirmesini istedi. Helikopter neredeyse kamyonla aynı hizada gidiyordu. Kamyon şoförü, birden tepesinde helikopteri görünce yoldan çıktı ve şoförün yanına gidildiğinde onun baygın olduğu görüldü. Emniyette bu ilginç olay hep anlatılır.

Emniyetin elinde şimdi çok daha gelişmiş helikopterler ve yetişmiş kıymetli pilot ve yardımcı personel bulunuyor. Bu helikopterler asayiş, kaçakçılıkla mücadele, trafik denetimi başta olmak üzere çok amaçlı olarak kullanılıyor. Ama VIP tasarımlı Sikorsky helikopterleri bulunduğunu da hatırlatalım.

Öyle bir uçak alındı ki...

MİT'in de, Ulaştırma Bakanlığı'nın da jetleri var. Bakanlar arasında "Benim uçağım şu kadar mil yapıyor, benim uçağım seninkini geçer" sohbetleri yapılıyor dersem, şaşırmayın. Şimdi, bütün gözler Efkan Ala'nın döneminde Emniyet Genel Müdürlüğü'ne alınan, tabii ki daha çok İçişleri Bakanı'nın gezilerine tahsis edilen uçakta...

Emniyet Genel Müdürlüğü'nün yaklaşık 9 milyon dolara aldığı King Air-350 tipi jet uçağı 1400 mil yapıyor. Birçok Bakanlık kendisine uçak alırken, en çok uçak lazım olabilecek İçişleri Bakanlığı'na bağlı Emniyet Genel Müdürlüğü'nün de varsın uçağı olsun.

Tamam ama emniyetin uçağı bulunurken, 2015 model Citation XLS uçağı almasına ne demeli... 7-8 kişilik, son teknoloji ürünü bu uçağın piyasa fiyatı 13 milyon 750 bin dolar... Bu uçakla 1850 mil kat edilebiliyor.

Peki; Emniyet Genel Müdürlüğü'ne diye alınan, bakanın seyahatlerinde kullanacağı bir uçak yetmiyor muydu da, 2015 model yeni bir uçak daha alındı. Bunun nedenini Bakanlık Basın Müşavirliğinden bile öğrenmek mümkün olmadı. Seçim dönemi yaklaşıyor, bakın siz o uçakların ne amaçla kullanılacağına...

Erkek deveyi, dişi deve yaparlar ve ona da el koyarlar

Devletin dili değişti. Telefon konuşmalarında, yüz yüze görüşmelerde "günaydın", "iyi günler" demek artık hoş karşılanmıyor. Eğer devlette işiniz varsa baştan kaybediyorsunuz. Bunların yerine "selamünaleyküm", "hayırlı günler" dememiz gerekecek. Günümüzde bunlar da yetmiyor. Her müdür, bürokrat o göreve getirilmesinde etkili olan milletvekilinin cep telefonuna "hayırlı cumalar" yazıp göndermekle, hatta bunun önüne, arkasına güzel sözler yazmakla kendini yükümlü görüyor.

Hükümet yetkilileri, hemen her konuyu dine bağlamak konusunda son derece mahir. O yüzdendir ki geçmişten sıkça örnekler veriliyor. Cuma hutbeleri adeta AKP'nin propagandasına dönüşüyor. Yolsuzluk iddialarıyla ilgili olarak emekli müftü, CHP Milletvekili İhsan Özkes'in sıkça anlattığı öyküyü dinleyelim:

"Hz. Ali halifedir. Ancak Şam Valisi Muaviye, Hz. Ali'nin hilafetini tanımadığı gibi kendi hilafetinin alt yapısını hazırlamaktadır.

Kufe şehri, Hz. Ali taraftarlığı ile öne çıkarken Şam vilayeti de Muaviye taraftarlığında öncüdür. İşte bu süreçte bir Kufeli, Şam sokaklarında devesiyle dolaşmaktadır. Kufeli'nin farkına varan bir Şamlı, Kufeli'ye tebelleş olur, elindeki deveyi sahiplenmek ister ve 'Bu dişi deve benim' der.

Kufeli 'Bu deve benim devem, sana vermem. Ayrıca benim devem dişi değil erkektir' der. 'Benimdi', 'senindi', 'dişiydi', 'erkekti' tartışması büyür. Sonunda iş Şam Valisi Muaviye'ye intikal eder. Muaviye her iki tarafı dinler ve 'Bu dişi deve Şamlı'nın' diye kararını verir. Toplanan halk da 'Bu dişi deve Şamlı'nın' diye hep bir ağızdan söyler.

Muaviye, Kufeli'yi yanına çağırır ve kulağına şunları söyler: 'İkimiz de biliyoruz ki bu deve Şamlı'nın değil senindir ve dişi değil erkektir ama Şam'da ben ne dersem o olur. Benim dediğimin aksine bir görüş olamaz. Kimse devenin erkekliğini görmez, ben 'dişi' dersem öyle görür, öyle bilir. Git, Ali'ye gördüklerini anlat. Erkek deveye 'dişi' diyecek on binlerce adamım var.'"

İhsan Özkes, bunları anlattıktan sonra "1400 yıl önce nasıl ki erkek deveye 'dişi' diyen bir muktedirin dediğini aynen tekrar edenler varsa, bugün de bir muktedirin 'yargılanmadan aklanacaklar' dediği 4 eski bakan yargılanmadan aklanıyor" diyor.

Ayet, AKP'lilere göre farklı mı?

Her cuma günü hutbe sonunda şu ayet okunur: "Allah adaleti, ihsanı, akrabaya vermeyi emreder. Edepsizlikten, fenalıktan ve azgınlıktan men eder. Öğüt almanız için size böyle öğüt verir."

Adalet ile başlayan böyle bir ayetin adaletsizliğe delil olarak gösterilmesini, emekli müftü İhsan Özkes "din cahilliği" olarak niteliyor, "Kendi kesesinden, kendi mal varlığından akrabaya vermeyenlerin, devlet kesesinden ve devlet makamından akrabanın korunup kollanmasını ve torpili bu ayete dayandırması dine, imana sığmaz. Torpili, adam kayırmayı yasaklayan Allah'ı torpile dayanak kılmak, ayeti çarpıtmak ve saptırmaktır. AKP Milletvekili Mehmet Metiner ise "Adaleti emreden ayet, adaletsizliğe delil gösteriliyorsa, böylece Allah'ın ayetine karşı geliniyorsa biz ne yapalım" diyor.

Milletvekili İhsan Özkes'ten söz ettikten sonra onun, halkın nasıl kandırıldığını belgelerle ortaya koyan ve Tekin Yayınevi'nden çıkan "Dünden Bugüne Cami Yalanları" kitabının da raflarda yerini aldığını hatırlatalım. Ama bir şey daha söyleyelim: Milletvekilliği döneminde AKP'ye karşı en etkili muhalefet yapan İhsan Özkes, seçimde yeniden aday gösterilmeyince partisine küstü ve bir dönem en çok eleştirdiği AKP'ye toz kondurmamaya çalıştı, sarayın sürekli davetlileri arasında yer aldı.

O tutanağı düzenleyen Başsavcı'nın başına neler geldi neler...

İzmir Cumhuriyet Başsavcısı Hüseyin Baş, yürütülen bir soruşturma ile ilgili olarak Adalet Bakanlığı Müsteşarı Kenan İpek (15 Ekim 2017'de görevden alındı) tarafından kendisine iki kez telefon edildiğini, "Cumhuriyet savcısını değiştir, tüm kararları iptal et, bu soruşturmayı durdur, bunu yapmazsanız sonuçlarına katlanırsınız" dediğini tutanağa bağladı. Bu skandalı, CHP Genel Başkanı Kemal Kılıçdaroğlu, belgesiyle birlikte açıkladıktan 2 saat sonra Başsavcı, İzmir'den alınıp Samsun'a atandı. Daha sonraki süreçte Gaziantep'e gönderildi, 15 Temmuz darbe girişiminden sonra da meslekten ihraç edildi.

"Çıkar amaçlı suç örgütü kurmak, yönetmek, örgüte üye olmak, rüşvet, ihaleye fesat karıştırma, irtikâp, nitelikli dolandırıcılık" soruşturması kapsamında mahkemeden arama ve şüphelilerin yakalanması için karar alındığı aşamada, Müsteşar Kenan İpek devreye girdi. Görev yeri jet hızıyla değiştirilen İzmir Cumhuriyet başsavcısı Hüseyin Baş, bu kitap için şunları söyledi:

Hukuktan, bugüne kadar ayrılmadım

"Devletin ve milletin hizmetinde bir hukukçu olarak çeyrek asırdan fazla çalıştım. Meslek hayatımda hukuk dışına çıkmadım. Bunun için kimseden takdir beklemedim. Yasadışı hiçbir şey yapmadım. Kamu görevlisi olarak devletimiz nerede görevlendirdiyse orada görevimi en iyi şekilde yapma gayreti içinde oldum. Görevin altı üstü olmaz. Önemli olan görevinizi yasalar, kurallar içinde yerine getirmeniz. Ben, meslek hayatım boyunca yasaların dışına taşmadım, kurallara uydum.

İzmir'den alınıp Samsun'a verildiğim için kimseyi suçlamıyorum. Haksızlığa uğradım diye kimseye karşı kırgınlığım, küskünlüğüm olmadı. Son dönemlerde bazı görev yeri değişikliği cemaatle ilişkilendirildi. Ben cumhuriyet savcısı ve hukuk adamı olarak kaldım.

Resmi yollarla HSYK'ya gönderdim

CHP Genel Başkanı Kemal Kılıçdaroğlu'nun açıkladığı tutanak, sayın müsteşarın telefonlarının ardından tarafımca düzenlenmiştir. Yaşadığım böyle bir olayı Hâkimler ve Savcılar Yüksek Kurulu'nun (HSYK) yetkililerinin de bilmesi gerekirdi. Benim, böyle bir olayı bildirmem gereken yer HSYK olduğu için resmi bir yazıyla tutanağı HSYK'ya gönderdim. Ancak, bu belge CHP Genel Başkanı'na nasıl ulaştı bunu ben bilmiyorum. O tutanağı her hangi bir basın mensubuna, siyasetçi ya da bir başka birine ben vermedim."

Bağımsızlık, yargının namusudur

Türkiye'nin tanınan hukukçularından eski Anayasa Mahkemesi Başkanı Yekta Güngör Özden, dönemin başsavcısı Hüseyin Baş'ın tutanak düzenlemesine destek veriyor ve yaşanan "tutanak olayını" şöyle değerlendiriyor:

"Yargının bağımsızlığı, yargının namusudur, devletin onurudur. Görevini yapan ve çirkin bir aykırılığı, bağımsızlık tutkunu olarak tutanağa bağlayan Başsavcı Hüseyin Baş'ın bu hareketinden dolayı övülmesi gerekirken, yer değişikliğiyle cezalandırılıyor. Başsavcı bu tutumuyla kendini değil, yargının bağımsızlığını koruyor."

Ankara Adliyesi'ne sıkça gideriz. Adliye içinde yapılan onarım, tadilatlar açıkçası binanın kasvetli havasını hayli değiştirmiş. Ama yargı mensuplarını binanın görünümünden çok, yargının getirildiği durum etkiliyor.

Sıkça "Hukukun çivisi çıktı. Hak, hukuk, adalet kavramları yok artık. Keşke ülkemizde hakkın, hukukun, adaletin hâkim olduğu günleri görebilsek" sözlerini duyuyorsunuz.

Gön: Yakup Saygılı

Sn. Erdal AKSÜNGER
CHP Milletvekili
Meclis Yolsuzlukları Araştırma Komisyonu Üyesi
TBMM - Bakanlıklar / ANKARA

Sn. AKSÜNGER
  Komisyondaki çalışmalarınızı ilgiyle takip ediyorum. 21/11/2014 tarihinde EK-1'deki dilekçe ile komisyona ifade vermek için hazır olduğumu bildirmiştim. 27/11/2014 tarihinde de çalışma süresi azaldığından, EK-2'deki dilekçeyi resmi yazışma sistemi üzerinden ve bugün de fakslayarak Meclis Yolsuzluklar Araştırma Komisyonuna gönderdim.

  Komisyondaki mücadelenize rağmen iktidar milletvekillerinin çoğunluğu sebebiyle komisyona ifade verme isteğimizin reddedileceğinin farkındayım. Bu sebeple bu tarihi sorumluluğa kayıtsız kalmamak, kısıtlı imkanlara rağmen birşeyler yapmış olmak için bu dilekçeleri size de gönderiyorum.

  Dilekçede bahsettiğim ekleri, cezaevinde cuma günleri APS hizmeti olmadığından gönderemiyorum. Söz konusu ekleri gelecek hafta içi gönderebilirim veya avukatımdan temin edebilirsiniz.

Arz ederim. 28/11/2014

Silivri 6 Nolu Ceza İnfaz Kurumu
A-2.

(Önceki Mali Şube Müdürü)

MECLİS YOLSUZLUKLARI ARAŞTIRMA KOMİSYONU BAŞKANLIĞINA
TBMM – BAKANLIKLAR/ANKARA

İstanbul Cumhuriyet Başsavcılığının yürüttüğü ve kamuoyunda 17 Aralık operasyonu olarak bilinen 2012/120653 sayılı soruşturma kapsamında, Rıza SARRAF ve bağlantılı suç örgütleri ile ilgili çalışma, o dönem Şube Müdürü olduğum İstanbul Emniyet Müdürlüğü Mali Suçlarla Mücadele Şube Müdürlüğü tarafından yapılmıştır. Şu anda üzerinde çalışma yapmakta olduğunuz 309 sayfalık ana evrakta imzam bulunmaktadır.

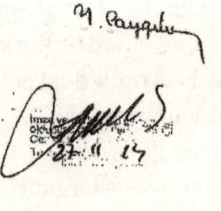

Soruşturmayı baştan sona yürüten ve bu sebeple derhal görevden alınan, meslekten ihraç edilen ve cezaevine atılan bir birey olarak; Meclis iradesine olan saygım ve milletimize karşı olan sorumluluğum gereği, komisyonunuzun Silivri kampüsüne gelmesi durumunda, tüm açıklığıyla 17 Aralık süreci ile ilgili ifade vereceğimi bildiririm. 20/11/2014

Silivri 6 Nolu L Tipi Cik
A-2 İstanbul
TCKN: 65742406808

"Sıfırlama" yapılırken o paralara niçin el konulamadı?

Eski Bakanlar Zafer Çağlayan, Muammer Güler, Egemen Bağış, Erdoğan Bayraktar mahkemeye gitmeden, Soruşturma Komisyonu ve TBMM Genel Kurulu'nda AKP oylarıyla aklandı. Bakanlarla ilgili görüşmeler yapılırken 17 Aralık operasyonunun adli kolluk sorumlusu Yakub Saygılı, kendisinin dinlenmesi için çok uğraştı ama olmadı. Komisyonda soracaklarını bazı milletvekillerine de bildirdi. İşte o sorulardan bazıları:

1- Dönemin İçişleri Bakanı Muammer Güler, dönemin İstanbul Emniyet Müdürü Hüseyin Çapkın'ı 22 Kasım 2013 günü saat 11.10'da makamında ziyaret etmiştir. Ziyaretinde yanında getirdiği ihbar mektubu kimle ilgilidir? Bu ziyarette hangi telkinlerde bulunmuş ve emirler vermiştir? 25.11.2013 tarihinde, saat 15.18'de İl Emniyet Müdürü Hüseyin Çapkın, Mali Şube Müdürü'nü arayarak konu ile ilgili neleri iletip ne talimatı vermiştir?

2- Rıza Sarraf 2010 yılında Mali Şube Müdürü'nü makamında neden ziyaret etmiş ve neler teklif etmiştir? Emniyet'in hangi birimlerine ne kadar hibede bulunmuştur? Bundan maksadı nedir?

3- Operasyon tarihinden 8 ay önce MİT tarafından Başbakan'a iletilen rapor kim tarafından kaleme alınmıştır? Bu suçları tespit eden birim aynı zamanda savcılığa veya adli kolluk birimine bu suçları bildirmiş midir? Bunları Başbakan'a bildirmiş midir?

4- Rıza Sarraf'ın 2010 yılında, yolcu beraberinde Dubai'ye gönderdiği yüzlerce kilogram altına Atatürk Havalimanı'nda müdahale edildiğinde neler yaşanmıştır? Gümrük görevlileri altın çantalarını açmaya neden korkmuşlardır?

5- MİT, 17 Aralık dosyasında adı geçenlerden hangilerini dinlemiş ki bu kadar detaylı bir rapor yazılabilmiştir. Konunun TİB'de araştırılması gerekir.

6- Kaçakçılık ve Organize Suçlarla Mücadele (KOM) Daire Başkanı, Teknik Şube Müdürü'ne, İstanbul Mali Şube Müdürü'ne neden "Geçmişte ve günümüzde Rıza Sarraf'ın telefonu dinlendi mi?" diye sormuş ve ilgili bilgileri istemiştir. Bu talimatı kendisine kim vermiştir?

Polis Rıza'yı izlerken, havadan da onları izliyorlardı

7- İstanbul İstihbarat Şube Müdürü Ahmet Arıbaş kimden talimat alarak, Rıza Sarraf ve grubu ile ilgili çalışma yapılıp yapılmadığını anlamak için Mali Şube Müdürlüğü ekiplerini takibe almış ve bu izleme için insansız izleme aracı da dahil kamu kaynaklarını kullanmıştır? Bu bilgileri kime vermiştir?

8- Rıza Sarraf, hangi bakanın emriyle İstanbul Deniz Liman Şube Müdürü'nü arattırarak deniz kenarındaki villasını denizden korumak üzere polis botu tahsis ettirmiştir?

9- Kamuoyuna tapelerden yansıyan, "sıfırlama"ya konu olan paralara niçin el konulamadı?

10- 17 Aralık sabahı İstanbul'daki operasyon birimleri Başbakan'a saat 10.30'da bilgi notu gönderdiğine göre Başbakan saat 08.03'de kimlerin gözaltına alındığı ve olayın mahiyetini nereden öğrendi? Dinleme yapan başka birimler mi vardır?

11- Mali ve Organize Suçlar şube müdürlerinin görevden alınması emrini İl Valisi ve İl Emniyet Müdürü'ne kim önerdi? Yerimize atanan görevlilerin isimlerini Hüseyin Çapkın'a kim verdi? Bu isimler, operasyondan 15 gün önce İstihbarat Şube Müdürü'nce belirlenen isimlerle aynı mıdır?

12- Soruşturma Savcısı Celal Kara, iddianameyi hazırladığı anda neden görevden alındı? Operasyon sırasında ele geçen dijital materyallerin incelenmesi sonucu ulaşılan çarpıcı para transferi ve belge fotoğraflarına dair raporlar neden işleme konmadı?

CHP'li komisyon üyeleri Erdal Aksünger, Emre Köprülü, Osman Korutürk ve Rıza Türmen, 46 kişinin komisyonda dinlenmesi için çok çaba gösterdiler ama onların sesini duyan olmadı. Cezaevindeki Mali Şube Müdürü Yakub Saygılı, mektubunu "Dosyalarda bulunan, bulunmayan onlarca konunun aydınlatılabilmesi için çocuklarımızın geleceğini etkileyecek temiz bir toplum adına her konunun ilgililere sorulması gerekir. Bu tarihi sorumluluk size kalmıştır" sözleriyle bitiriyordu.

Yakub Saygılı'nın sorularına cevap verilmediği gibi, dinlenme istekleri de yerine getirilmedi. Saygılı, halen cezaevinde. FETÖ bağlantısı gerekçesiyle meslekten ihraç edilenler arasında.

Savcının okuduğu 3847 sayılı kripto

Fethullah Gülen cemaati tarafından yurtdışında açılan okullar, bir dönem Abdullah Gül'ün, Recep Tayyip Erdoğan'ın iftihar kaynaklarıydı. Dışişleri Bakanlığı, Türkiye'nin yabancı ülkelerdeki temsilciliklerine gelen heyetlere bu okulların gezdirilmesini, yeni okulların açılmasını ve ilişkilerin güçlendirilmesini teşvik ediyordu. Böyle bir kriptonun gönderildiğini Dışişleri de doğruluyor ve buna ilişkin haberler basında yer alıyordu.

Sabih Kanadoğlu'nun Başsavcılığı döneminde Yargıtay Cumhuriyet Başsavcılığı Siyasi Partiler Soruşturma Bürosu, bu haberleri ihbar kabul etti ve inceleme başlattı. Bu kapsamda Dışişleri Bakanlığı İstihbarat ve Araştırma Genel Müdürlüğü'ne gönderilen 21 Nisan 2003 tarihli, SP 109. Muh. 2003 sayılı yazının konusu "Milli Görüş ve Fethullah Gülen Okulları" başlığını taşıyordu.

"Kriptolu yazıyı veremeyiz"

İncelemeyi yürüten Yargıtay Cumhuriyet Savcısı Ömer Faruk Eminağaoğlu'nun Dışişleri Bakanlığı'ndan istediği şuydu:

"Başsavcılığımızca yapılmakta olan bir inceleme nedeniyle; Bakanlığınızca 16.04.2003 tarih ve 3846 sayılı yazı ile Avrupa'da yer alan Türk Büyükelçiliklerine gönderilen 'milli görüş teşkilatları' hakkındaki yazı (genelge) ile aynı tarih ve 3847 sayılı "Fethullah Gülen ve Okullarına" ilişkin yazının (genelgenin) örneklerinin Başsavcılığımıza gönderilmesi hususunda bilgi ve gereği arz olunur."

Yargıtay Cumhuriyet Savcısı da olsanız, köklü geleneklere sahip olan Dışişleri Bakanlığı'ndan öyle kolay kolay belge alına-

maz. Savcının yazısına Dışişleri Bakanlığı 25 Nisan 2003'te şu karşılığı veriyor:
"Anılan genelgeler gizlilik derecelidir. Bu nedenle gönderilmesi uygun bulunmamıştır. Bakanlığımızda incelenmesi uygun olacaktır. Bakanlığımızda anılan belgelerin Daire Başkanı sayın M. Kemal Asya refakatinde incelenebilmesi uygun bulunmuştur."

Başsavcı Sabih Kanadoğlu, bakanlığa gönderdiği yazıda, inceleme görevini Savcı Ömer Faruk Eminağaoğlu'na verdiğini belirtiyor ve bu konuda bakanlığa da 1 Mayıs 2003'te yazı gönderiyordu. Savcı, kriptolu yazıları okudu, bunlardan kopya alamadı. Ancak içerikleri konusunda tutanak düzenlenebildi.

Fethullah Gülen okulları kriptolu yazıda göklere çıkarılıyordu

Dışişleri Bakanlığı'nın kriptosunda Milli Görüş ve Fethullah Gülen okulları göklere çıkarılıyordu. Ama devletin belgeleri öyle demiyordu. Eminağaoğlu, bunu Dışişleri İstihbarat ve Araştırma Genel Müdürlüğü'ne gönderdiği 27 Mayıs 2003 tarihli yazısında şöyle belirtiyordu:

"Mevzuatımızda 'cemaat' kavramı Lozan Anlaşması paralelinde, Türk vatandaşı olan bazı gayrimüslim toplulukları ifade için kullanıldığı ve bu anlaşmaya hâkim olan ilkelerle Devrim Yasaları dikkate alındığında, (terörist başının kurduğu örgüte dernek veya parti ibaresinin yakıştırılması nasıl olanaklı değilse) Türk vatandaşı ve Müslüman olan kişiler için cemaat tanımlamasının kullanılması hukuken mümkün değildir.

Fethullah Gülen örgütlenmesinin, demokratik yollardan devlet kademelerinde kadrolaşarak, Atatürk İlke ve Devrimleri'ni ortadan kaldırıp şeriat esaslarına dayalı bir devlet kurmayı ve bunu takiben Dünya İslam Birliğini gerçekleştirmeyi hedeflediği Genelkurmay Harekât Başkanlığı'nın raporunda açıkça ifade ediliyor.

Ankara Emniyet Müdürlüğü'nün 18.03.1999 tarih ve 1820, yine 21.04.1999 tarih ve 2456 sayılı vb. birçok evrakında belirtildiği üzere Fethullah Gülen'in uzun vadede devletin Anayasal düzenini değiştirerek şer'i esaslara dayalı bir devlet kurmayı hedeflediği ifade ediliyor.

Ankara 2 No'lu Devlet Güvenlik Mahkemesi'nce; 2000/124 esas, 10.03.2003 tarih ve 2003/20 karar sayısı ile Terörle Mücadele Yasası'nın 7'nci maddesi kapsamında kabul edilen Fethullah Gülen'in eylemine ilişkin olarak, bahse konu kamu davasının kesin hükme bağlanmasının ertelenmesine (daha sonra yargılama yeniden yapıldı ve bu kez beraat ettirildi) karar verilmiştir."

O savcının da başına gelmedik kalmadı

Savcı Ömer Faruk Eminağaoğlu'nun yaptığı bu soruşturmadan sonra başına getirilmedik kalmadı. Yargıtay'daki telefonları dinlendi. Ergenekon Terör Örgütü içine sokulmak istendi. Onu soruşturan müfettiş bu çabalarının sonucu Yargıtay üyesi oldu. Eminağaoğlu, hakkında açılan soruşturmalardan ve davalardan beraat etti. Yargıtay'daki görevinden alınıp önce İstanbul'a hâkim olarak atandı, ardından Çankırı'ya verildi. Üzerindeki baskılara dayanamadı ve milletvekilliği aday adaylığı için istifa etti. Aday adaylığı için başvuranların yargıdaki görevlerine geri dönüş yolu kapalı olduğu için Eminağaoğlu da avukatlığa başladı.

O günlerde cemaat için kriptolu genelgeler yayınlayanlar, başbakanlığı döneminde yurtdışındaki okullardan hep övgüyle söz eden, gittiği ülkelerde bu okulları ziyaret eden Recep Tayyip Erdoğan, 17-25 Aralık rüşvet ve yolsuzluk soruşturmasından sonra, bir numaralı cemaat düşmanı oldu. Artık bırakın cemaat okullarıyla övünmesini, onların bulundukları ülkelerde "casus yetiştirdiğini" söyleyerek ilgili ülke yetkililerinden bunların kapatılmasını istiyordu. Oysa bir gün önce benzer açıklamalarda bulunanlar için ya "vatan haini" ya "Ergenekoncu" diyenler, bugün herkesi geride bırakmış durumda... Geç de olsa bunlar görüldü ve gereği yapılmaya başlandı.

Kriptolu telefon
Bilal Erdoğan'da ne geziyor?

Hasan Palaz, 2011 yılının Kasım ayından 2014 yılının Şubat ayına kadar TÜBİTAK Başkan Yardımcılığı ve Gebze'de bulunan Bilişim ve Bilgi Güvenliği İleri Araştırmalar Merkezi (BİLGEM) Başkanlığı yaptı. 20 Şubat 2014'te işten atıldı. Başbakan'ın ofisine konulan "böcek" davası ile Başbakan'ın kullandığı kriptolu telefonun dinlendiği iddiasıyla açılan davanın önce tutuksuz, sonra tutuklu sanıkları arasında bulunuyor.

Başbakan'ın ofislerinde Aralık 2011'de dinleme aygıtları bulundu. 2012 yılının Ocak ayında TÜBİTAK'a, MİT'ten "gizli-hassas ve acil" kodlu olarak gelen yazıda, nerede bulunduğu belirtilmeyen dinleme aygıtlarıyla ilgili "bunları kim üretmiş, ne zaman kullanıma girmiş" gibi konularda elektronik ve kimyasal inceleme yapılması istendi. Elektronik incelmede bir ömür tespiti yani bunun ne zaman imal edildiği belli değil. Prizin içine silikonla sabitlenmiş dinleme aygıtının katılaşma zamanının en erken 4 Aralık 2011 tarihi olduğu belirtildi ve sonuç MİT'e bildirildi.

Hasan Polat, 27 Kasım 2013'te Başbakanlık Teftiş Kurulu'na davet edildi. Yazılı ifadesi alındıktan sonra bir müfettiş, Hasan Bey'i yolcu ederken, "Raporunuzun tarihi konusunda bazı memnuniyetsizlikler var" dedi ve bunun 4 Aralık değil Kasım ayına çekilmesi gerektiğini söyledi. Hafiften, "Bunu yapmazsan senin için iyi olmaz. Görevden alınırsın" dedi.

Japonya'dan geri döndü

8-13 Aralık tarihlerinde MİT heyetiyle birlikte ABD'ye gitti. Oradayken de müfettişle telefonla konuştu. Dönüşünden 4 gün sonra 17 Aralık olayı patladı. 18 Şubat'ta cumhuriyet savcısına kendisini tehdit eden müfettişin adını verdi. 20 Şubat 2014'te basın açıklaması yaptığı için işten atıldı. "Tanık" olduğu "Böcek" soruşturmasında ilginç bir biçimde "sanık" oldu.

Bunca hedef olduktan sonra ülkemizde iş bulamayacağını biliyordu. Japonya'dan iş teklifi aldı. Eşi ve çocuğuyla birlikte bu ülkeye yerleşti. O günlerde, dönemin başbakanı Recep Tayyip Erdoğan, "Hasan Palaz'ın Almanya'ya kaçtığını" öne sürdü ve bu yönde haberler yayımlandı. Palaz, bunun üzerine "Çekineceğim bir şeyim yok" dedi ve işsiz kalmayı da göze alıp iki ay sonra Türkiye'ye döndü.

İlk sinyal Hakan Fidan'dan

Hasan Palaz, 1990-2006 yıllarında TÜBİTAK'ta, Silahlı Kuvvetler'in masaüstü kriptolu telefonu olan MİLSEÇ-1 ve MİLSEÇ-2, savaş uçaklarında kullanılan MİLSEÇ-3 ses kripto cihazlarının geliştirilmesinde çalıştı. Milli Ses Emniyet Cihazları'na katkılarından dolayı Savunma Sanayi Müsteşarlığı'nca ödüllendirildi.

2006 yılında TÜBİTAK'tan ayrıldığında, bugün tartışması yapılan kriptolu cep telefonu projesi yoktu. MİLCEP-K1 kriptolu cep telefonu geliştirildi ve 2008 yılından itibaren TSK'da kullanıma girdi. Palaz, 2011 yılının Kasım ayında TÜBİTAK'a döndüğünde yine TSK için geliştirilen MİLCEP-K2 telefonları üretildi. Kullanıma girmeden önce incelemesi de MİT tarafından yapıldı, 2012 yılı sonundan itibaren yaygın bir biçimde kullanıma girdi.

2013 yılı ortalarından itibaren kriptolu telefonların dinlendiği yolunda söylentiler çıktı. Başbakan'ın Teknik Danışmanı Mustafa Varank'a brifing verildi ve telefonların güvenliği anlatıldı. 2013 yılının Kasım ayında MİT Müsteşarı Hakan Fidan'a da isteği üzerine brifing verildi. Fidan, Hasan Palaz'a, "İçinizde çürük elmalar var mı?" diye sordu. Palaz, çalışma yöntemlerini anlattı.

Oğlunun bir devlet görevi yok

Başbakanlığı ve cumhurbaşkanlığı döneminde Recep Tayyip Erdoğan, kriptolu telefon konuşmalarının dinlendiğini, dinlenenler arasında Filistin Devlet Başkanı Mahmut Abbas ve oğlu Bilal Erdoğan'la yaptığı konuşmaların da bulunduğunu belirtti. İşte bu konuda TÜBİTAK Eski Başkan Yardımcısı, BİLGEM Başkanı Hasan Palaz önemli iddialarda bulundu:

"Milli Ses Emniyet Cihazı Mahmut Abbas'a verilmişse bu suçtur. Aynı zamanda oğluyla yaptığı telefon konuşmasının kriptolu telefon olması da mümkün değildir. Çünkü oğlunun bir devlet görevi yok. Devlet görevi olmayan bir kişinin kriptolu telefon kullanması yasaktır. Kanunda, kriptolu haberleşmenin kimler tarafından yapılacağı belli. Bunların dışındakilerin kriptolu görüşme yapabilmesi için kriptolu telefonların mahkeme kararıyla dinlenebilir olması ve kriptolanmadan önce TİB'e gerekli kayıtlarının yaptırılması gerekir. Bunların dinleme sistemi TİB'e kurulur."

Kriptolu telefonlara, kriptolanmadan önce yükleme yapılmadıysa, kriptosu konuşma sırasında devredeyse, bunun dinlenemeyeceğini uzmanlar çok iyi biliyor. Ama öyle şeyler olmuş ki neyin doğru, neyin yanlış olduğuna işin uzmanları bile karar veremiyor. Kafa karıştıran, bilimsellikten uzak açıklama yapanlar da cabası.

Erdoğan'ın banka hesabına giren bürokrata önce Ergenekoncu sonra FETÖ'cü suçlaması

Hamza Kaçar, Maliye Başmüfettişi olarak görev yapıyordu. Dönemin Maliye Bakanı Kemal Unakıtan TBMM kulisinde, "Deniz Baykal'ın İsviçre'deki bankalarda hesapları var" dedi. Bir süre sonra Gazeteci-Yazar Emin Çölaşan'ın banka hesapları ve mal varlığı konusunda basına bilgi sızdırıldı.

Bu bilgilere ulaşılmadan önce altyapı oluşturuluyor. Maliye Bakanlığı ve Ankara Defterdarı Cemal Boyalı, "faiz gelirlerini vergilendireceğiz" iddiasıyla tüm banka ve özel finans kurumlarından kişilerin faiz gelirleriyle ilgili bilgi istedi. Boyalı, daha sonra Maliye Teftiş Kurulu Başkanı oldu.

Yasin El Kadı'nın Recep Tayyip Erdoğan'ın yakın dostu olduğu biliniyor. Önceki hükümet döneminde başlatılan Yasin El Kadı soruşturması sürdürülüyordu. Teftiş Kurulu Başkanlığı'na getirilen Cemal Boyalı, ilk iş olarak Yasin El Kadı soruşturmasının AKP hükümeti aleyhine yapıldığını, hükümete zarar vermek için kasıtlı olarak incelemelerin sürdürüldüğünü öne sürdü. Yasin El Kadı soruşturmasını yürüten Maliye müfettişlerinin elinden soruşturmanın alınması yoluna gidildi.

Bu süreçte dönemin Başbakanının, Genelkurmay Başkanının, Cumhurbaşkanının, CHP Genel Başkanının mal varlıklarının soruşturulduğu, elde edilen bilgilerin CHP Grup Başkanvekili Kemal Kılıçdaroğlu ve Milletvekili Akif Hamzaçebi'ye, bazı gazetecilere verildiği, bunların da daha sonra soru önergelerine konu edildiği gündeme getirildi. İddia ise bu bilgileri Başmüfettiş Hamza Kaçar'ın verdiği yolundaydı.

CHP Grup Başkanvekili Kemal Kılıçdaroğlu ve Konya Milletvekili Atilla Kart o günlerde TBMM'de düzenledikleri basın toplantısında, Maliye Bakanı Kemal Unakıtan'ın ortağı olduğu BEM Dış Ticaret Limited Şirketi'nin Urla'daki bir gayrimenkulü çok düşük fiyatla aldıktan kısa süre sonra fahiş fiyatla sattığını açıkladı. Bu amaçla Maliye Bakanı Kemal Unakıtan hakkında vergi incelemesi yapılması için Maliye Teftiş Kurulu'na ihbarda bulundular.

Ortaya çıktı ki kayıtlara giren girene

İhbar üzerine Maliye Teftiş Kurulu Başkanı Cemal Boyalı, açıklanan alım-satım bilgilerini gösteren Vergi Daireleri Otomasyon projesi (VEDOP) kayıtlarının Başmüfettiş Hamza Kaçar tarafından alınıp iki siyasetçiye verildiği iddiasıyla soruşturma açtı. Düzenlediği raporda, bu verilerin Kaçar tarafından alındığını, hükümeti yıpratmak amacıyla CHP'li iki milletvekiline verildiğini öne sürdü, Kaçar'ın memuriyetten çıkarılmasını, Kemal Kılıçdaroğlu ve Akif Hamzaçebi hakkında da "kişisel verileri yayma" suçundan fezleke düzenlenmesini istedi.

Ankara Cumhuriyet Savcılığı iddiaları araştırmak üzere 4 kişilik bilirkişi tayin etti. Bilirkişi Caner Kocamaz, Kemal Barış Erenbilge, Atilla Özgit ve Tuncer Kurugül'ün düzenlediği 4 Şubat 2008 tarihli raporda, "Söz konusu gazete haberlerinin yapıldığı 2006 yılı içerisinde 1823 farklı kullanıcı tarafından 60 bin 52 kez sorgulama yapıldığı" tespit edildiği, sisteme de usulsüz giriş yapılmadığı, herkesin kendi kullanıcı adı ve şifresiyle girdiği, BEM Dış Ticaret hakkında da Hamza Kaçar'ın görevi kapsamında sisteme giriş yaptığı belirtildi.

Maliye Bakanı Unakıtan'ın oğlunun şirketinin kayıtlarına Teftiş Kurulu Başkanı Cemal Boyalı'nın da girdiği ve sorgulama yaptığı bilirkişi raporunda yer alıyor. Daha ilginç olanı ise Soruşturma Komisyonu'nun o dönem "kıdemsiz üyesi" Mehmet Ali İslamoğlu'nun, Unakıtan'ın oğlu Abdullah Unakıtan, Maliye Müsteşarı Hasan Basri Aktan, Başbakan Recep Tayyip Erdoğan ve Erdoğan'ın ABD'de kızına burs verdiği belirtilen Remzi Gür'ün ortağı olduğu Ramsey Giyim'in de kayıtlarına girdiği anlaşılıyor. Mehmet Ali İslamoğlu daha sonra Bank Asya'nın Yönetim Kurulu Başkanlığı'na da atandı.

Kayıtlara girenler ne oldu?

Ankara Cumhuriyet Savcılığı'ndaki soruşturmanın sonucunu merak etmişsinizdir. 2006 yılında başlayan soruşturma tam 8 yıl sonra sonuçlandı. Başmüfettiş Hamza Kaçar ile birlikte Vergi Dairesi Müdürleri Cemal **Kartal**, Ali Adanır, Saim Demirel ile Teftiş Kurulu Bilgi İşlem Sorumlusu Uğur Kayı'nın haklarında "kamu davası açılmasının ertelenmesine" karar verildi.

Peki, vergi kayıtlarına giren 1823 Maliye personeli için ne yapıldı? Bunların çoğu hakkında ilgili cumhuriyet savcılıkları tarafından "takipsizlik" kararı verildi, bir kısmı yargılandı, beraat etti. Bazıları ise cezaya çarptırıldı, dosyaları temyiz aşamasında...

İlginç olan farklı bir durum daha var: Kayıtlara girdiği bilirkişi raporuyla saptanan Maliye Bakanlığı üst düzey bürokratları, gelirler kontrolörü, hesap uzmanı, vergi denetmeni hakkında ise hiçbir işlem yapılmadı. Cemal Boyalı da o dönem danıştay üyeliğine seçildi.

Başbakan'ın, Genelkurmay Başkanı'nın, muhalefet liderlerinin ve bazı gazetecilerin VEDOP kayıtları üzerinden mal varlıklarını soruşturan, bunları bazı milletvekilleri ve gazetecilere verdiği iddiasıyla yürütülen bu soruşturmada, soruşturma komisyonunda yer alan kişiler de kendilerini gizlediler. Hamza Kaçar'ı suçlayarak kamuoyuna suçlu gibi ilan ettiler. Görüldü ki asıl kayıtlara giren ve onları inceleyenler de kendileriymiş.

Aradan yıllar geçti, Hamza Kaçar'ı bu kez FETÖ'cü diye yaftaladılar

Fethullahçı Terör Örgütü (FETÖ) ile ilgili mücadele sürüyor, 112 bin kamu görevlisi meslekten ihraç ediliyor, bunlardan yaklaşık 53 bini de tutuklanıyordu. 2017 yılının Eylül ayında, CHP Genel Başkanı Kemal Kılıçdaroğlu'nun avukatı eski Hâkim Celal Çelik de gözaltına alınmıştı. Çelik'in, Digitürk aboneliğini iptal etmesi, FETÖ'cü olarak gözaltına alınmasında etkili olmuş, sorguda da "Digitürk aboneliğini niçin iptal ettirdiği" de sorulmuştu.

Çelik gözaltındayken, hükümete yakınlığıyla bilinen gazetede "Avukatın bütün yolları FETÖ'ye çıkıyor -Maliye'deki FETÖ'cü köstebekten bilgi alıp sızdırdığı" iddiası yer alıyordu. Bilgi sızdırdığı iddia edilen ise Hamza Kaçar'dı. Başına geleni bu kitap için şöyle anlatıyordu:

"Kamu görevlisi olan şahsımın FETÖ ile bağlantılı olduğu izlenimi veren, aşağılayan, toplum önünde küçük düşüren ve hakaret niteliğindeki, hiçbir belgeye dayanmayan ve konusu suç teşkil edebilecek yalan, uydurma ve asılsız isnatlara yer verilmiştir. FETÖ-kumpas mağduru olan ve iki kez memuriyetten çıkarma ve çok kez muhtelif disiplin cezalarına çarptırılan ve yargı kararlarıyla hakkındaki tüm işlemleri iptal ettiren şahsımın FETÖ'cülük ile suçlanması ağır bir hak ihlali niteliğindedir.

Geçmiş dönemlerde devletimizin bütün organlarını sarmış FETÖ/PDY yapılanmasının bazı elemanlarınca insafsızca ve hiçbir etik kaydı taşımaksızın şahsıma atılan iftiralar sonucu; 2007 yılında Maliye başmüfettişliği görevim sırasında düzenlemiş olduğum raporlar nedeniyle, dönemin Bakanlık Teftiş Kurulu ve Disiplin Amirleri ve Kurulları'nın bazı mensupları tarafından MOBBING (İdari Zulüm) kapsamına girebilecek; tamamıyla keyfi, özel amaçlı birtakım işlemler yapılması söz konusu olmuştur.

Hakkımda uydurma isnatlarla düzmece rapor düzenleyen müfettişlerden Nurettin KÖSE'nin 672 sayılı KHK eki 1 sayılı liste 3'de FETÖ/PYD örgütü kapsamında kamu görevinden çıkarılmış olması da yukarıda belirtilen hususların açık ve kesin bir kanıtıdır.

Çamur at izi kalsın, başlık at akılda kalsın

Öte yandan, görevim nedeniyle şahsıma tahsis edilen lojmandan polis zoruyla çıkarılmam için, gece saatlerinde, defalarca eve polis gönderilmiştir. Memuriyetten çıkarılma cezasına ilişkin idari işlemlerin idari yargı tarafından iptal edilmesi üzerine, o tarihte ilkokul çağında olan çocuklarımın eğitimleri devam ederken, usule, yasaya ve teftiş kurulunun geleneklerine aykırı olarak görev yerimin değiştirilmesini de, hain ve alçak FETÖ/PDY yapılanmasının şahsıma yapmış olduğu hukuk dışı (illegal) işlem ve eylemler arasında saymak gerekir.

Haber başlığında, tıpkı geçmişte FETÖ yapılanmasının kendilerine düşman gördükleri hasımlarına uyguladığı ve alışkanlık haline getirdiği 'çamur at izi kalsın, başlık at akılda kalsın' yöntemiyle yapılmış."

13 gün gözaltında tutulan Celal Çelik, serbest bırakıldı. Ama geçmişte hazırladığı raporlar nedeniyle FETÖ'cülerin hedefinde olan Hamza Kaçar, haksız bir biçimde yine gündeme getirildi.

O komutanı önce Cumhurbaşkanlığı'na aldılar. Ya sonra?

13 Şubat 2015 tarihinde, "Unuttuk sanmayın, siz de unutmayın. Bu ülkede 'darbe yapacaklar' diye yargılanan 364 sanıklı 'Balyoz Davası'nda 237 komutanı mahkûm ettiler. Kimi 18, kimi 36, bazıları da tam 46 ay hapis yattıktan sonra 'pardon' dendi ve kendilerine 'kumpas' kurulduğu anlaşıldı" demiştik.

"Balyoz" davasının daha önce yargılamasının yapıldığı İstanbul 10. Ağır Ceza Mahkemesi'nde, sanıkların hemen hiçbir talebi karşılanmazken, Anadolu Yakası 4. Ağır Ceza'da ise olması gerektiği gibi talepler dikkate alınıyor. İşte, o taleplerden biri de Tuğgeneral Süha Tanyeri'nin seminerde not aldığı belirtilen bloknotunun mahkeme tarafından adli emanetten getirilmesiydi. Bu defter, önceki mahkemeden de defalarca talep edilmesine rağmen getirtilememişti.

Bu bloknotun önemini merak etmişsinizdir. O defterdeki notlardan, yazı örneklerinden yararlanılıp sahte olduğu bilirkişi raporuyla da ortaya çıkan 11 numaralı CD'nin üzerine kısaca "Sn. Or. K. arz" yani "sayın ordu komutanına arz" yazılmış olması ve yazı karakterinin defterden alınıp makineyle CD'nin üzerine sanki aynı elden çıkmış gibi yazıldığı tespit edilmişti.

Mahkeme Başkanı, Süha Tanyeri'ye "Bu bloknot size mi ait?" diye sordu. Süha Paşa, deftere baktı, "Evet, bu defter benim seminerde not tuttuğum bloknottur. Bu yazılar da bana aittir. Bana ait olduğu daha önce hazırlanan polis kriminal raporuyla da sabit" dedi.

Mahkeme Başkanı bu kez "Not aldığınız bu bloknotu nerede saklarsınız?" sorusuna Süha Paşa, "Bu bloknotu ben saklamam.

Seminer sonunda seminer koordinatörü olan Kurmay Yüzbaşı Tanju Poshor'a teslim ettim" karşılığını verdi.

O komutan, Cumhurbaşkanlığı'nda

Yüzbaşı Tanju Poshor, Abdullah Gül'ün cumhurbaşkanlığı döneminde Cumhurbaşkanlığı muhafız alay komutanı oldu. Balyoz davasına hiç bulaştırılmadı, sadece tanık olarak dinlendi. İlginçtir, hükümete karşı darbe planlanıyor, "darbe planının koordinatörü" olan subay ise muhafız alay komutanı oluyor.

İşte, bu aşamada Tuğgeneral Süha Tanyeri'yi dinlemek gerekiyor. Ben de öyle yaptım ve Süha Paşa'nın söylediklerini not aldım:

"Sözü edilen bloknot konusu ilk günden beri vardı. Sözde darbe planının notlarını ben aldığım gerekçesiyle suçlanıyordum. El yazısı notlarımı, 'darbe notları' olarak yorumluyorlardı. Savunmamda ısrarla, 'Bunlar benim seminerde aldığım notlardır. Hiçbirinde darbe yoktur, seminer gereği sıkıyönetim ilan edildiğinde alınacak tedbirlerle ilgili aldığım notlardır' dememe rağmen mahkeme heyeti için hiç inandırıcı olmamıştı.

Ben o dönemde harekât başkanıydım. O notların yanında artısı, eksisi, okeylisi, hangisinin sonuç raporuna gireceği konusunda da notlarım var. Sonuç raporunu hazırlasın diye bloknotu çok kaliteli bir subay olan, çok da sevdiğim, güvendiğim proje subayı Tanju Poshor'a verdim.

Biz, dava boyunca seminerde darbe planını görüşmekle suçlandık. Peki, darbe planı uygulamaya geçse kime karşı yapılacaktı. Dönemin Başbakanı Abdullah Gül'e karşı yapılacaktı. Seminer bubayımız ise Tanju Poshor. Gel zaman git zaman Tanju Poshor, Abdullah Gül'ün Cumhurbaşkanlığı döneminde Cumhurbaşkanlığı muhafız alay komutanı oluyor. Cumhurbaşkanının onayı olmadan oraya kimse muhafız alay komutanı olarak atanamaz. İster istemez Gül ve Poshor arasında kendimce bir bağlantı kuruyorum. İster istemez Tansu Poshor'la evrakların çıkarılışı hakkında bağlantı kuruyorum. Muhafız alay komutanı oluncaya kadar şüphelenmediğim proje subayımdan bugün şüpheleniyorum."

Bir komutan, "Biz cezaevindeyken toplumun önemli bir kesimi darbe yapacağımıza, camimizi bombalayacağımıza, uçağımızı düşüreceğimize inandırılmıştı. Şimdi, hükümete yakın olanlar bile bize sempatiyle bakıyor. Bize haksızlık yapıldığına inanıyor" diyor.

Cezalara çarptırılan 237 kişinin önemli bir bölümü Deniz Kuvvetleri Komutanlığı mensubuydu. Komutanlık, tahliye edilen mensuplarını sanki hiçbir şey olmamış gibi bağrına bastı ve bulunmaları gereken görevlere getirdi. Kara Kuvvetleri mensuplarının çoğu ayrıldı ve kalanlar da istemedikleri görevlere verildi. Cezaevine giren hemen tüm Hava Kuvvetleri mensupları emekli edildi. Jandarma'da ise görevde kalanlar pasif görevlere verildi, aralarında Albay Mustafa Önsel, Yarbay Hüseyin Topuz, Binbaşı Özgür Ecevit Taşçı'nın da bulunduğu subaylar ise tamamen istekleri dışında ve askeri çevrelerde "ceza gibi" nitelendirmesi yapılan başka şehirlere gönderildi.

Tanju Poshor, bize bir açıklama gönderdi ve Süha Tanyeri'nin suçlamalarının doğru olmadığını öne sürdü. Aradan zaman geçti, 15 Temmuz darbe girişimi gecesi Poshor sahneye çıktı. Kosova'da bulunması gerekirken, darbe gecesi Cumhurbaşkanlığı Muhafız Alay Komutanlığı'nda darbe girişimini yönetenler arasındaydı. Bolyoz'un nasıl bir FETÖ kumpası olduğu da anlaşılıyordu.

28 Şubat'ın bilinmeyen konuşması: Aczmendiler arasında asker var mıydı?

28 Şubat 1997 tarihinde dönemin Cumhurbaşkanı Süleyman Demirel'in başkanlığında toplanan Milli Güvenlik Kurulu, irticai faaliyetlere karşı alınabilecek önlemleri tartıştı. Cumhurbaşkanının yanı sıra dönemin Başbakanı Necmettin Erbakan, Yardımcısı Tansu Çiller, İçişleri Bakanı Meral Akşener, Milli Savunma Bakanı Turhan Tayan, Genelkurmay Başkanı, Kuvvet Komutanları, Jandarma Genel Komutanı da kararları imzaladı.

13 Mart'ta, Erbakan başkanlığında toplanan Bakanlar Kurulu'nda, alınan kararların uygulanması ve her bakanlığın üzerine düşeni yerine getirmesi kararlaştırıldı. Anayasa ve yasalara uyulması için İçişleri Bakanı Meral Akşener, 81 il valiliğine 18 sayfalık bir genelge, Adalet Bakanı Şevket Kazan da cumhuriyet savcılarına, DGM savcılarına genelgeler gönderiyordu. Yani o günlerde attığı imzadan, gönderdikleri genelgelerden şikâyetçi olan yoktu.

Rahat yüzü görmemeleri için

28 Şubat kararlarından sonra bu durum hep "darbe" diye nitelendirildi. Oysa kararların alınmasından sonra ne TBMM kapatılmış, ne hükümet değişmiş ne de tutuklamalar olmuştu. Başbakan da çıkıp "Bize baskı yaptılar, 28 Şubat kararlarını imzalatmak istediler. Biz de imzalamıyoruz ve erken seçime gidiyoruz" demedi.

Dönem değişti, o dönemle hesaplaşmanın zamanı gelmiş olacak ki, "28 Şubat Soruşturması" ve buna bağlı olarak operasyonlar başladı. İşte, yalan-iftira ve toz bulutu içinde çok sayıda komutan mesleklerinin en önemli dönemlerinde emekliye sevk edildi. Zaten amaçları da bu değil miydi? Emekliye sevk etmekle kalmayıp onların ömür boyu hapis cezası istemiyle yargılanması ve bundan böyle rahat yüzü görmemesi de gerekiyordu. Onu da yaptılar.

Şikâyetçi sayısı 300'e indi

28 Şubat soruşturması kapsamında ilk gözaltılar 12 Nisan 2012'de başladı. Aralarında eski Genelkurmay İkinci Başkanı Çevik Bir'in de bulunduğu 30 komutan gözaltına alındı, bunlardan 18'i tutuklandı. Dalgalar devam etti, tutuklananların sayısı 76'ya çıktı. Bunlardan 75'i asker, bir tek Yükseköğretim Kurulu (YÖK) eski Başkanı Prof. Dr. Kemal Gürüz sivildi. Gürüz, "yurtdışına kaçacak" diye tutuklandı ama hakkındaki yakalama kararını bir gezi sırasında yurtdışında öğrendiğinde, hemen Türkiye'ye gelip ilgili makamlara "ben geldim" demişti.

Toplam 103 sanıklı dava 2013 yılının Eylül ayında başladığında, tutuklu sanık sayısı 37'ye inmişti. Davanın son sanıkları da 2013 yılının Aralık ayında tahliye edildi. İşte cezaevi görmüş bu yorgun bedenler, Ankara 5. Ağır Ceza Mahkemesi'nde 14 Haziran'da yine duruşmaya çıkacak. Şikâyetçilerin bazıları mahkemede "davacı" olmadıklarını söylüyor, salondan ayrıldıktan sonra yeniden "davacıyım" diye dilekçe gönderiyor. Mahkeme, 300 civarında şikâyetçinin müdahilliğini kabul etti.

Onlar arasında var mıydı?

Tanık olarak dinlenenler arasında dönemin İçişleri Bakanı Meral Akşener, Adalet Bakanı Şevket Kazan da vardı. Bu önemli tanıklar gelmişken, yıllardır gündeme getirilen bir konunun açıklığa kavuşması gerekiyordu. Emekli Albay Alican Türk, eski iki bakana mahkemede şu soruyu yöneltti:

"28 Şubat döneminin sembol isimlerinden 'Aczmendiler' denilen grup ile Fadime Şahin ve Ali Kalkancı'nın o dönemde askerler tarafından toplumu yönlendirme ve psikolojik harekât amacıyla yaratılan kişilikler olduğu söyleniyor. Aczmendiler içinde çok sayıda asker bulunduğu şeklinde sürekli spekülasyonlar yapılıyor. Yıllardır bu yöndeki propagandalarla Türk Silahlı Kuvvetleri karalanıyor. İçişleri Bakanı olduğunuz dönemde bu grubun askerlerden oluştuğu, eylemlerinin provokasyon amaçlı olduğu konusunda size bir bilgi intikal etti mi?"

Bu soruya Meral Akşener'in cevabı, "Hayır, gelmedi! Bilgim yok!" oldu. Şevket Kazan ise "bu konuda kendisine ulaşan böyle bir bilgi olmadığını" belirtti.

Bu kısa cevap, askerler için önemliydi. Asalı, sarıklı, uzun saçlı, tefli Aczmendilerin, onların başındaki kişiyle evde yakalanan, ekranda gözyaşları döken Fadime Şahin'in, sözde şeyh Ali Kalkancı'nın askerle bir bağlantısı olmadığını açıklamış oldular. Böylece istismar edilen bir konu, hem de davanın mağduru olduğunu belirten dönemin en etkili bakanları tarafından da çürütülmüş oldu.

Yani bundan böyle kimsenin Aczmendilerin, Fadime Şahin'in, Ali Kalkancı'nın 28 Şubat'ta askerler tarafından toplumu provoke etmek amacıyla kullanılıp yönlendirildiklerini söylememesi gerekir. Çünkü ellerindeki propaganda malzemesi, mahkeme huzurunda alınmış oldu.

O davanın CD'si de sahte çıktı

"Ergenekon", "Balyoz" dediler, onlarca insanı cezaevlerinde çürüttüler. Yetmedi, birilerinin isteğiyle "28 Şubat Davası" başlatıldı. Bu davaya 9 Haziran'da tanık ve şikâyetçilerin dinlenmesiyle devam edilecek.

"Balyoz" davasının esasını oluşturan 11 ve 17 numaralı CD'lerin sahteliği bilirkişi raporuyla ortaya çıkmıştı. "Balyoz"da sahtelik olur da, 28 Şubat davasının sahte CD'si olmaz mı? Avukat Ömer Çelikkesen, mahkemede bulunan CD'nin sahteliğini ilk günden beri gündeme getiriyordu. Avukat ve davanın sanıkları bu CD'yi bilirkişiye incelettirdi. Bilirkişi de sıradan birisi değil. "Balyoz" başta olmak üzere önemli birçok davada kurulan kumpasları ortaya çıkaran isimdi.

Suçlamaya dayanak olan CD

12 Nisan 2012'de, 28 Şubat soruşturması kapsamında başlatılan gözaltı ve tutuklamaların tek delili 5 numaralı CD idi. 19 Aralık 2011 tarihinde Ahmet Yılmaz sahte ismiyle kargo şirketi aracılığıyla T.T.'ye gönderilmişti. Bu kişi, 1997 yılında Yüksek Askeri Şura kararıyla Türk Silahlı Kuvvetleri'nden re'sen ilişiği kesilen bir tabip subaydı.

TSK'dan atılan T.T., bu CD'nin imaj kopyalarını 20-21 Aralık 2011'de Ankara ve İstanbul Cumhuriyet Başsavcılığı'na teslim etti. Nihayet 8 Ocak 2015'te imaj kopyası sanık avukatlarına verildi. Bu kopya Adli Bilişim Uzmanı Tuncay Beşikçi'ye incelettirildi. Beşikçi, 3 Mayıs 2015 tarihinde hazırladığı 67 sayfalık raporda, sahtelikleri bir bir ortaya koydu. İçinde 1200 dosya bulunan, sanıklarla ilgili hüküm kurulmasına etkili olacak bu CD için bilirkişi raporunda şu saptamalar yer aldı:

- 5 numaralı CD, Ceza Muhakemesi Kanunu (CMK), yönetmelik ve uluslararası standartlara aykırı olarak, hukuki delil niteliği oluşturacak biçimde, mahkemelerce kabul edilebilir şekilde elde edilmemiş.

- Olay yeri incelemesi yapılıp CD5'in bulunduğu ortamdaki diğer dijital delillerle incelenip delil bütünlüğünü sağlayacak şekilde tutanak altına alınmamış.

- CD5'in oluşturulduğu bilgisayarın imaj kopyasının olmaması nedeniyle delil olarak kullanılamaz.

- Özellikle CD5'in oluşturulduğu bilgisayarın imaj kopyasının olmaması, mevcut delil olarak kabul edilen imaj kopyanın, imaj kopyası durumunda olan CD5'te yer alan dosyaların üst veri yoluna ait tarih ve saat bilgileri doğru kabul edilemez.

Dosya içerikleri değiştirilmiş

- CD5'te bulunan 4 adet dosya henüz o tarihte olmayan bir Microsoft Office sürümüyle oluşturulmuş.

- 37 adet dosyanın şüpheli bir şekilde içerikleri değiştirilmiş. Örneğin bir dosya 140 defa kaydedilip üzerinde 7 saat çalışılmış.

- 29 adet dosyanın ise içerik yaratılış ve dosya yaratılış tarihleri arasında büyük farklar bulundu. Üst veri bilgisinde gözlemlenen (x), (a) gibi belirsiz ve şüpheli isimler kullanılmış.

- CD5'in oluşturulduğu tarih olan 25 Mayıs 2007 tarihinden hemen önce çok sayıda sayfanın belge belge taranarak dijital ortama aktarılmasının ardından, bu taranan dosyalarla birlikte 1996-2002 yıllarında yer alan diğer yüzlerce dosya ile aynı anda kaydedilmiş.

- CD5'in içerisinde yer alan dosyaların tamamının tarih bilgileri kayıt edildikleri, farklı farklı bilgisayarlardan alındıkları, bu nedenle de dosyaların alındıkları bilgisayarların adli imajlarının olmaması nedeniyle dosya tarihlerine itibar edilemez.

Güvenilirliği kalmamış

CD5'in oluşturulduğu 25 Mayıs 2007 ile İstanbul Cumhuriyet Başsavcılığı'na teslim edildiği 20 Aralık 2011 tarihleri arasında geçen beş yıllık sürede, CD5 içerisindeki dosyaların güvenilirliğine dair ciddi şüpheler bulundu.

- CD5, ağ üzerindeki paylaşıma açık olarak bulunan bilgisayarlar tarafından ağ üzerinden kopyalanıp ve/veya açıldı, içeriği değiştirildi.
- Alınan imajın HASH değeri hesaplattırılmamış. HASH değeri ve tarihi bulunmayan bir tutanak ile mahkemeye sunulmuş.
- Sanık ve sanık avukatlarına verilen imaj kopyasının adli imajı alınırken, kullanılması bilimsel ve teknik olarak delil bütünlüğü açısından çeşitli sakıncalar doğurabilecek programla alınmış. Birçok yönden ortaya çıkacak bulgular doğru sonuca götüremez."

"Balyoz" bitti, "Ergenekon" davasının sonuna gelindi. 28 Şubat davası da bilirkişi raporuyla çökmek üzere... Dava konuşulurken, 28 Şubat 1997 yılı kararlarının Bakanlar Kurulu toplantısına gelişinde neler yaşandığını araştırıyoruz.

Erbakan, Bakanlar Kurulu'nda kararları övdü

Bakanlar Kurulu, Başbakan Necmettin Erbakan başkanlığında 13 Mart 1997'de toplandı. Devlet Bakanı Lütfü Esengün, 28 Şubat'ta yapılan Milli Güvenlik Kurulu (MGK) kararlarını okudu. Ardından Dışişleri Bakanı ve Başbakan Yardımcısı Tansu Çiller, Türkiye'nin çok ciddi bir dönemden geçtiğini, MGK kararlarının gereğinin yapılacağını, ilgili bakanların bu konudaki çalışmaları hassasiyetle yürüteceklerini, olayların bir kısmının şimdiki hükümet ile ilgili olmadığını, sorunların dayanışma içinde aşılacağını belirtti. Söz sırası Başbakan Necmettin Erbakan'a gelmişti.

İşte, 28 Şubat kararları konusunda Erbakan'ın Bakanlar Kurulu salonunda söyledikleri:

"Türkiye'de irtica bugünün meselesi değil. Bunun 200 yıllık bir mazisi var. Turgut Özal hükümeti döneminde de bugünkü tedbirlere benzer tedbirler alınmıştı. İrtica ve kaba softalık bir çeşit hastalıktır. Bu Türkiye'ye has değil, küreseldir. Bu konuyu hükümete izafe etmeye kalkışmak medyanın bir oyunudur. Bugünkü durumda esas maksat irtica ile mücadele değil, medyanın asıl maksadı hükümeti yıkmaktır.

Hükümetimiz irticayı önlemede kesinlikle kararlı ve inançlıdır. MGK'da bu konu görüşülürken birlik ve beraberlik içinde bulunduk. İrtica ve laikliğin ne olduğuna medeni bir şekilde bakıldığında, ortada ciddi hiçbir mesele bulunmuyor. Böyle körü körüne birtakım dogmatik hareketlerde bulunulmasının da kimseye bir faydası olmuyor.

"MGK kararları isabetli"

Ancak bu çeşit düşünenler her zaman var. İBDA-C ve Cemalettin Kaplan'ın uzun uzun filmleri gösteriliyor. Bunlar tasvip gören hareketler değil. Bir avuç insandan ibarettirler. Bu tür taşkınlıklar ve şuursuz hareketlerle mücadele hükümetin en samimi dileğidir.

MGK'nın aldığı tavsiye kararları isabetli hususlardır. Bakanlar Kurulu ve bütün üyeleri irtica ve gericilik ile mücadelede kesinlikle kararlıdır. Bu hususta gösterilen teklifler ciddi şekilde ele alınıp gerekenler yapılacaktır. Bakanlar Kurulumuz konuları ciddi şekilde takip edip yürütecek. Ancak bunun bir tehdit ve zorlama altında yapıldığı imajı verilmemeli. Çünkü Türkiye'nin güvenliğinden Bakanlar Kurulu sorumludur."

"Türkiye farklı yöne gidiyor"

Sözü yeniden Tansu Çiller alıyor. ANAP Genel Başkanı Mesut Yılmaz'ı şöyle eleştiriyor:

"Sayın Mesut Yılmaz, Avrupa Demokratlar Birliği toplantısında, Türkiye'nin bir dönüşüm içinde olduğu ve çok farklı bir yöne gittiği izlenimini verdi. Yaptığı konuşmada Türkiye'de gericiliğin inanılmaz boyutta olduğunu, kadınların kapatılmak istendiğini, irtica hareketlerinin inanılmaz noktalara tırmandığını, tankların geçtiğini anlattı. Ancak konuşmasının sonunda birkaç cümleyle 'Türkiye Avrupa Birliği'ne girmelidir' dedi. Mesut Yılmaz'a göre Türkiye'de ne demokrasi, ne rejim ne de medeniyet kaldı. Hiçbir şeyin kalmadığını söyledikten sonra, 'Büyük bir tehlike ile karşı karşıyayız ama birliğe Türkiye'yi alın, hükümetin bu yöndeki görüşünü destekliyoruz' diyor."

Bugün birilerinin eleştirdiğine bakmayın. O kararları Erbakan öve öve bitiremiyor. Ancak, olayları ters-yüz etmekte mahir olanlar, bu davanın bitmemesini, hatta yeni mağduriyetlere sebep olmasını istiyorlar.

Yunanistan'a yapamadık, gücümüz Suriye'ye yetti

Toprağını bırakıp arkasına bakmadan kaçışı, kahramanlık öyküsüne, destanına büründürdüler. Kendi toprağını bırakıp kaçarken, aynı ülkenin topraklarında kafanıza göre bir yer seçiyor "Türbeyi buraya yapacağım" diyorsunuz. Yani iç karışıklıkla boğuşan o ülkenin toprağını işgal ediyorsunuz.

İşin aslı şudur: Osmanlı Devleti'nin kurucusu Sultan Osman'ın dedesi olduğu kabul edilen Süleyman Şah'ın türbesinin bulunduğu yer, Türkiye ile Fransa arasında imzalanan 1921 tarihli Ankara Antlaşması'nın 9. maddesine ve Lozan Antlaşması'nın 3. maddesine göre Türk toprağı sayıldı. Suriye de bunu kabul etti. Bu türbenin yeri, yapılan barajın sularının altında kalacağı gerekçesiyle 1973 yılında Türkiye ile Suriye arasında varılan bir anlaşmayla değiştirildi ve sınırımıza 37 km uzaklıktaki yerine taşındı.

18 adasına el konulmuş ülkeyiz

Suriye'de yaşanan çatışmalar sonucunda türbenin bulunduğu bölge terör örgütlerinin tehdidi altına girince Türk Hükümeti, Süleyman Şah Türbesi'nin "kırmızı çizgilerimiz" olduğunu, oraya yapılacak bir saldırının bedelinin misliyle ödetileceğini söylemişti. Yani devletimizin politikası, türbe ve civarının savunulması yönündeydi. Onca kararlı ifadeden sonra görüldü ki, bu açıklamaların gerçek durumla ilgisi yok.

Türkiye ile ABD arasında, Suriye'de rejim muhaliflerinin eğitilip donatılmasıyla ilgili anlaşmanın imzalanmasının hemen ardından askerlerimizin bulundukları topraklardan Türkiye'ye naklinden başka seçenek kalmadığı anlaşılıyor. Türkiye'nin imzaladığı antlaşmalara göre Süleyman Şah Türbesi ve civarındaki toprağın hukuken ülkemizin başka yerlerdeki topraklarından farkı yok. Yani Türkiye o toprakları koruma hakkına sahiptir ve bu görevini üstlenmiştir.

Yunanistan, AKP hükümetleri döneminde başta Eşek ve Bulamaç Adaları olmak üzere, Türkiye Cumhuriyeti'ne ait toplam 18 ada ve 1 kayalığı elini kolunu sallayarak, tek kurşun atmadan 2004 yılından bu yana işgal etti. Yunanistan, 2009 yılında da topraklarımızı ilhak ederek mülki/devlet sınırlarına kattı. İngiltere, 1878 yılında asker yerleştirdiği Kıbrıs Adası'nı ancak 36 yıl sonra 1914 yılında ilhak ederken; Yunanistan, AKP hükümetleri sayesinde 5 yılda, Türkiye Cumhuriyeti'ne ait 18 ada ve 1 kayalığı ilhak etti. Türkiye, bu manzaraya seyirci kalmaya devam ediyor.

Başkaları ne yapıyor?

Herhangi bir tehdit var diye öyle vatan toprağı bırakılır mı? Bunu, dünyadaki gelişmeleri yakından izleyen, araştıran, soruşturan emekli Büyükelçi Onur Öymen bu kitap için şöyle anlattı:

"Geçmişte gerek Türkiye, gerek başka ülkeler en küçük bir toprak parçasının terk edilmesini kabul etmemişler ve bu uğurda büyük riskleri ve ağır fedakârlıkları göze almışlardır. Bunun örneklerinden biri Kardak Adası'na asker çıkarıp bayrak diken Yunanistan'ın, Türkiye'nin bitişik adaya düzenlediği askeri bir harekâtla geri çekilmek zorunda bırakılmasıdır.

Üzerinde kimsenin yaşamadığı Perejil Adacığı'na 2002 yılında Fas, asker çıkarıp üs kurmaya çalışması üzerine İspanya askeri müdahalede bulundu ve Fas askerlerini oradan uzaklaştırdı.

Daha ciddi bir durum Arjantin'in 1982 yılında Falkland Adaları'nı işgal etmesiyle yaşanmıştı. Adadaki 1700 kişilik nüfusu korumakla görevli 80 İngiliz askeri, 600 Arjantin askerinin harekâtı sonucunda etkisiz hale getirildi ve adanın valisi ertesi gün teslim oldu. İngiltere bunun üzerine 100'den fazla savaş gemisini ve yardımcı gemiyi 8 bin mil uzaktaki Falkland'a gönderdi. Arjantin kuvvetleriyle savaşı göze aldı. Sonunda Arjantin askerleri çekildi ve Falkland Adaları yeniden İngiliz egemenliğine geçti.

Bu sonu sağlamak için İngiltere 255 askerini kaybetmeyi göz aldı, 775 İngiliz askeri yaralandı, 115 asker esir oldu. İngiltere o savaşta 2 muhrip, 2 firkateyn ile 4 yardımcı gemi, 24 helikopter, 10 savaş uçağı kaybetti."

Onur Öymen bu çarpıcı örnekleri verdikten sonra "Yani devletler askeri, stratejik ve ekonomik açılardan pek de önemli olmayan topraklarını bile savunmak için böyle büyük fedakârlıkları göze alabilmişlerdir" yorumunu yaptı.

Yapılması gereken, Suriye ile mutabakattı

Eğer askeri açıdan türbe ve civarının savunulması olanaksız idiyse, yapılması gereken Suriye Hükümeti'yle türbenin güvenli bir yere taşınması için mutabakata varılmasıydı. İlişkilerimizin durumu buna uygun değilse, diplomatik usullere uygun olarak, bu temaslar her iki ülkeyle de iyi ilişki içinde olan üçüncü bir devlet aracılığıyla yapılabilirdi.

Hükümetin şimdi yaptığı gibi, egemenlik hakkına sahip bulunduğu bir bölgeden çekilip aynı ülkenin başka bir bölgesinde fiili durum yaratarak tek başına egemenlik alanı kurmasının, dünyadaki başka bir örneğini Onur Öymen hatırlamadığını belirtiyor.

Türkiye'nin terör örgütü olarak ilan ettiği PKK güdümündeki PYD'nin kontrol ettiği topraklardan askerimizin geçirilmesi de o örgütün meşruluğunu kabul ettiğimiz, hatta onlarla işbirliği yaptığımız şeklinde yorumlamasını önleyemezsiniz.

İşte gerçek durum: Pilotlarımızın yarısı gitti

"Balyoz Davası" sonucu tutuklananlar, davayla aynı dönemde zorunlu hizmet süresinin 15 yıldan 10 yıla indirilmesi arasında bugün önemli bağlar kuruluyor. Pilotlara "erken ayrılma" yolu açılırken, Türk Hava Kuvvetleri'nin "harekât etkinliği" de önemli ölçüde azaltıldı.

NATO standartlarına göre Türk Hava Kuvvetleri'nde "pilot sandalye oranı" hayli geriledi. Yapılacak yapılmış olacak ki, 10 yıla indirilen zorunlu hizmet süresi yeniden 15 yıla çıkarıldı. Bu durum, önceki yıllara göre istifaları azaltıyor gibi görünse de yine 100'e yakın pilotun bu ay sonunda görevlerinden ayrılacağını öğreniyorum.

Savaş pilotları için ilk 5 yıl "çıraklık", ikinci 5 yıl "kalfalık", üçüncü 5 yıl ise "ustalık" yani liderlik, öğretmenlik dönemi sayılır. Ama ustalar, onların komutanlarının başına gelenlerden sonra görev süresini doldurdukları için ayrıldı. Tabii, durup dururken zorunlu hizmet süresini 10 yıla indirenler, pilotların ayrılmalarının yolunu bilerek mi açtılar acaba? Böylece, uçağımızı kullanacak pilot bırakmadılar, Hava Kuvvetleri'nin Akdeniz, Ege ve Kuzey Irak'ta harekât etkinliği de ellerinden alınmış oldu.

Hava Kuvvetleri'nden emekli olarak veya istifa ederek ayrılan savaşçı ve ulaştırma pilotlarının son yıllardaki sayısı bile Hava Kuvvetlerimize nasıl bir darbe vurulduğunu da ortaya koyuyor. İşte o rakamlar: 2010'da 147, 2011'de 149, 2012'de 174, 2013'te 214, 2014'te 140 olmak üzere toplam 824 pilot ayrılmış.

Karanlık bir tablo var

Ortaya çıkan tablo, tehlikenin büyüklüğünü göstermeye yetiyor. Emekli Tümgeneral Beyazıt Karataş bu durumu bize şöyle yorumluyor:

"Hava Kuvvetleri'nden ayrılan pilotların sayısı, artan savunma zafiyetinin boyutunu gözler önüne seriyor. Konunun önemini sadece rakamlarla açıklamak elbette yeterli değil. Bir pilotun nasıl yetiştiğinden, nasıl tecrübe kazandığından, ülke bütçesine kaça mal olduğundan, öğretmen pilotlara ayrılan uçuş okulundan yeni mezun pilot teğmenlerin birlik veya kıt'a tecrübesi kazanmadan 6 aylık gibi bir eğitimden sonra uçuş öğretmeni olarak bırakılmasından bahsetmek istemiyorum. Aksi takdirde yetkililerin de bildiği çok daha karanlık bir tablo ortaya çıkacaktır."

Pilotları uçuran ve emniyetle uçması için her türlü desteği veren fedakâr astsubayları da unutmayalım. Onların da çözüm bekleyen çokça sorunu var. Onların ayrılmalarıyla da kaza kırım sayısında önemli artışlar oldu.

Pilotluk ruhuyla yetiştirilmiş o insanların gidişlerini sadece paraya bağlamak da onlara yapılmış yeni bir haksızlıktır. Hava Kuvvetleri Komutanlığı bünyesinde 15 Muharip, 2 Keşif, 5 Eğitim, 6 Ulaştırma, 1 İnsansız Hava Aracı (İHA) Filosu, 1 Tanker ve Havadan Erken İhbar Uçağı (HİK) ve Akrotim Filosu bulunuyor. Hava Kuvvetleri'nin vurucu gücü Muharip Filo Komutanlıkları'dır. Filo sayısı, ihtiyaca ve modernizasyon durumuna göre zaman zaman değişiklik göstermesine rağmen, bir Muharip Üs Komutanlığı'nda genelde iki Muharip Filo bulunuyor. Bir Muharip Filo Komutanlığı bünyesinde ise NATO standartlarına göre 20-25 uçak ile 30-40 pilot görev yapıyor.

İşte bunlar, görmezden geliniyor

Hava Kuvvetleri'nden sadece 2010-2014 yılları arasında ayrılan 824 pilottan yaklaşık 600'ü muharip pilottur. Bu rakam iyimser tahminle, 15 Muharip Filo ve 7 Muharip Üs Komutanlığı anlamına geliyor. Başka bir deyişle 5 yıl içerisinde Hava Kuvvetleri Komutanlığı'nda görevli pilotların yarısı, yani mevcut pilotların yüzde 50'si ayrılmış demektir. Ayrıca her yıl yaklaşık Belçika veya Hollanda Hava Kuvvetleri bünyesinde bulunan muharip pilot sayısı kadar pilotun Hava Kuvvetleri'nden ayrıldığını da ifade edebiliriz.

Ayrılan 824 pilot içerisinde yaklaşık 214'ünün ulaştırma ve helikopter pilotu olduğu kabul edilirse, bu sayı 6 Ulaştırma Filosu'na eş demektir. Hava Kuvvetleri'nden ayrılan ulaştırma pilotlarının uçak komutanı seviyesinde olduğu dikkate alındığında konunun önemi daha iyi anlaşılıyor.

Pilotların Türk Silahlı Kuvvetleri'nden erken ayrılması ile ilgili olarak yetkililerin yaptığı açıklamaların, sorunun çözülmesinden çok günü kurtarmaya yönelik olduğunu emekli Hava Pilot Tümgeneral Beyazıt Karataş da belirtiyor: "Türkiye'nin bekasına yönelik önemli bu problemin ve asıl nedenlerinin ülkenin içerisinde bulunan 'belirsizlik ortamında' devlet refleksi ile görmezlikten gelinmesi, ileride daha büyük sorunlarla karşılaşmamıza neden olacaktır."

Göklerin çelik kanatlı yaralı kartalları lidersiz, eğitimsiz bırakıldı. Darbe girişiminde onlar ön plana çıktı. Bugün cezaevindeki askerlerin çoğunun Hava Kuvvetleri personeli olması da rastlantı değildir herhalde?

Erdoğan ve Başbuğ arasındaki "Kozmik Oda" tartışması

Başbakan Yardımcısı Bülent Arınç'a suikast yapılacağına ilişkin, sahte olduğu ortaya çıkan ihbarla başlayan sürecin çok bilinmeyenleri var. Devlet sırlarının birilerinin eline geçmemesi için gösterilen ikna çabaları, bir yanlışlık olmasın diye binadan 27 gün hiç ayrılmayan komutanların emekleri bir anda boşa çıktı. Çünkü Genelkurmay'da bekletilen kayıtlar, Cumhuriyet Savcısı Mustafa Bilgili'ye Genelkurmay görevlileri tarafından teslim edildi. Ancak Savcı Bilgili, belgeleri inceleme görevini bu kez TÜBİTAK'a verince "devlet sırrı" denilen belgeler de kaybolup gitti.

Savcı'nın 23 Aralık 2009'da girmek istediği Seferberlik Tetkik Kurulu Ankara Bölge Başkanlığı'ydı. Buradaki 11 ve 16 numaralı odalarda "devlet sırrı" niteliğindeki bilgilerin olduğu belirtiliyor ve bu odalarda arama yapılması istenmiyordu.

"Siz buraya giremezsiniz"

Savcıların, polislerle birlikte Seferberlik Tetkik Kurulu Ankara Bölge Başkanlığı'na geldiği bilgisi Özel Kuvvetler Komutanı'na bildirildi. Komutan, Genelkurmay Seferberlik Tetkik Dairesi Başkanı Tümgeneral Selahattin Kısacık'ı aradı. Kısacık, saat 01.00 civarında oradaydı. Savcılar, "Kozmik Oda"ya girmek istiyordu. Tümgeneral Kısacık, "Siz giremezsiniz buraya" dedi. Savcı Bilgili, "İçeri giremeyeceğime göre hâkim talebinde bulunmanız lazım" karşılığını verdi.

Komutan, hâkim görevlendirilmesi talebinde bulunduğu gece, Kadir Kayan nöbetçiydi. Daha önce Fethullah Gülen'le ilgili verilen beraat kararında onun da imzası bulunuyordu. Arama yapmak üzere Kadir Kayan geldi. İşte o sırada Daire Başkanı Tümgeneral Selahattin Kısacık, durumu Genelkurmay Başkanı Orgeneral İlker Başbuğ'a telefonla bildirdi. Başbuğ, "Kimse girmesin, her tarafı kapatın, mühürleyin, yarın Başbakan'la görüşeceğim" dedi. Başbuğ, Hâkim Kadir Kayan'ı da Genelkurmay Başkanlığı'na davet etti. Geldiklerinde yanında Kara Kuvvetleri Komutanı da oturuyordu.

"Bizden saklayacak neyiniz var?"

O görüşmede İlker Başbuğ, Başbakan'la görüşme yapıncaya kadar Kozmik Odalara girilmemesini rica etti. Kadir Kayan, o gece Kozmik Oda'ya girmedi. Ertesi gün Genelkurmay Başkanı Orgeneral Başbuğ, Başbakan Recep Tayyip Erdoğan'la görüştü. Erdoğan'a, "Oraya girilmesi halinde devlet sırlarının ifşa olacağını" söyledi. Başbakan da bunun üzerine, "Bizden saklayacak neyiniz var, niye böyle yapıyorsunuz?" dedi. Kozmik Oda'ya hâkimin girmesini istedi. Başbuğ, Tümgeneral Selahattin Kısacık'a, "Açın, verin oraların hesabını" dediğinde sesi son derece boğuktu. Arama başladı.

Genelkurmay Başkanı İlker Başbuğ'u, başbakanla görüşmesinden önce Savcı Mustafa Bilgili, odaya girmek istediğinde Tümgeneral Kısacık, "Giremezsiniz" demişti. Savcı ise "Şöyle bir girip çıkacağım, müsaade edin" karşılığını vermişti. Israrla içeriye girmek isteyince orada bir sertleşme yaşandı. Komutan "Ne demek içeriye girmek çıkmak. Girip çıkmaya yetkiniz yok" diyordu. Savcı Mustafa Bilgili'yi 11 ve 16 numaralı Kozmik Oda'ya sokmadılar.

Bu sırada tartışmalar da yaşanıyordu. Askerler, albayın yutmak istediği öne sürülen kâğıdı gündeme getiriyor, "O yazı bizlere ait değil. Bunu polis yazdı" diyordu. Bilgili'den, bunun için askerlerin ve polislerin yazı örneklerinin alınıp kriminal inceleme yapılmasını istiyorlardı.

O belgeler savcıya verilmedi

Savcı Mustafa Bilgili, inceleme yaptıktan sonra istediği belgelerin kendisine teslim edilmesini söyledi. Ancak Tümgeneral Selahattin Kısacık, "Biz her şeyi açtık, size gösterdik. Hâkimin de görmediği belge kalmadı. Bunları götürmeye yetkili değilsiniz. O yüzden size teslim etmiyorum" dedi. Yine verirsiniz-vermezsiniz tartışması başladı. Artık iş yine mahkemelik olacaktı.

Mahkeme orta bir yol buldu, "O belgeler aynı odada durmasın, Genelkurmay Başkanlığı'nda uygun bir yerde muhafaza edilsin" kararı verdi. O yer, Genelkurmay Destek Kıtası'ydı. Belgeler orada yine kasa içine konuldu. Evraklar için bir "yer değişimi" yapılmış, bilgisayar imajı savcıya verilmemişti.

Sırlar dökülmüş oldu mu?

Hâkim Kadir Kayan, bilgisayar içindeki her şeye bakacağını söylüyordu. Bununla ilgili 6 tutanak düzenlendi. Askerler, bunlara karşı çıkıyor ve karşı olduklarını tutanakta da belirtiyorlardı. Komutan Selahattin Kısacık ısrarla, "Devlet sırrı bilgilerine sahip olmazsınız. Siz, arkadaşlarımıza yöneltilen suç neyse bu suçla ilgili arama yapabilirsiniz" diyordu. Hâkim, arama yapılacak kelimeleri belirledi. Bu kelimelerle ilgili her şeye bakacaktı. Askerler de öyle olmasını istiyordu. İki gün, Kadir Kayan bilgisayar başında çalıştı, bilgileri kontrol etti. Ertesi gün "Siz haklısınız, böyle arama yapamayız" dedi. Yeni kelimelere göre belgeler çıkarıldı.

Harddiskteki bilgiler TÜBİTAK'tan gelen kişiler tarafından kopyalandı ve kasa içine konuldu. Onların içerisinde de sadece Ankara bölge başkanlığına ait bilgiler vardı. Ama ne olursa olsun, Başbuğ döneminde çıkarılmayan belgeler, Orgeneral Necdet Özel döneminde savcılığa gönderildi ve sonrası malum... Tümgeneral Selahattin Kısacık ve arkadaşlarının 27 gün evlerine gitmeden bekleyişleri de böyle hazin bir sonla bitiyordu.

Kozmik Oda'nın sırları araştırılırken ilginç sorular yöneltildi

Genelkurmay Başkanlığı Ankara Bölge Başkanlığı Seferberlik Tetkik Kurulu'nda 20 oda aranacaktı. Aramanın çabuk yapılabilmesi için Cumhuriyet Savcısı Mustafa Bilgili, 4 savcı ile birlikte gitti. Askerler "Giremezsiniz" diyor, savcılar ise "Canım, bir bakıp çıkacağız. Ne var bunda?" diyordu. Yasa maddeleri hatırlatılıyor, bu odada ancak hâkimin araştırma yapabileceği belirtiliyordu.

Ankara 11. Ağır Ceza Mahkemesi Hâkimi (şimdi Yargıtay üyesi) Kadir Kayan geldi. "Kozmik Oda"nın birinde planlar, diğerinde ise bilgisayar bulunuyordu. Bilgisayar odasına geçildiğinde, hâkimin bilgisayar kullanamadığı anlaşıldı. TÜBİTAK'ta çalışan Barış Erdoğan ile bir yüzbaşı geldi. Aslında herkes herkesi izliyordu. Kimsenin kimseye güveninin olmadığı bir ortamdı.

"Terör örgütüymüş gibi davranıyorsunuz"

Askerlere göre, hâkimin bu çalışma yöntemiyle araştırmasını 6-7 aydan önce bitirmesi mümkün görülmüyordu. Kendisine, "Neyi arıyorsanız onunla ilgili kelime yazıp bilgisayarda aratalım" önerisi getirildi. Hâkim, "Ben bir düşüneyim" dedi. Düşündü, "Uygun olur" dedi. Yazdırdığı sözcükler başta araştırılan olayla ilgiliydi. Ancak ertesi gün yine Kozmik Oda'ya geldiğinde, elinde çok sayıda ismin bulunduğu bir liste vardı. "Savcı, bu yeni kelimelerin de araştırılmasını istedi" dedi. Araması yapılması istenen işler kamuoyunun çok iyi bildiği, suikast sonucu öldürülen aydınlardı. Bunlar arasında Uğur Mumcu, Ahmet Taner Kışlalı, Bahriye Üçok, Necip Hablemitoğlu da bulunuyordu. Bir de Danıştay saldırısını gerçekleştiren Alparslan Arslan unutulmamıştı.

Listeye bakan Genelkurmay Seferberlik Tetkik Dairesi Başkanı Tümgeneral Selahattin Kısacık, "Bize terör örgütüymüşüz gibi davranıyorsunuz. Ayrıca mahkeme kararında böyle şey yok. Bu kelimeleri aratmanızdaki amaç, faili meçhul olayları Türk Silahlı Kuvvetleri'nin üzerine mi yıkmak? Burada her şeye bakın. 'Biz bir şey bulduk veya bulmadık' diye ibare koyun" dedi.

Gerilimli bir ortam vardı. Hâkim Kadir Kayan, komutanın bu sözleri üzerine, "Biz bunları koymaya mecbur değiliz" diyor, General Kısacık ise "Bakın, kanunsuz evrak var mı yok mu?" karşılığını veriyordu.

"Bunları dışarıya çıkaramazsınız"

Hâkim Kadir Kayan, Seferberlik Tetkik Kurulu'nun "kalbi" sayılan 11 ve 16 numaralı odalarda bulunan "çok gizli" kayıtlı belgeleri almak istedi. Ancak buna da itiraz geldi. Hâkim kararında bunların dışarıya çıkarılamayacağı hükmü yer almıştı. Yine bir gerilim yaşanıyordu. Tümgeneral Selahattin Kısacık, "Bunlar bizim planlarımız. Bunları dışarıya çıkaramazsınız. Üstelik bu konuda mahkeme kararı da var" dedi.

Yine bir tutanak düzenlendi. Mahkeme kararında "Çok gizli evraklar hâkim tarafından görülecek ama dışarıya çıkmayacak. Ancak kovuşturma aşamasında bu konu yeniden değerlendirilecek" diyordu.

Seferberlik Tetkik Kurulu görevlileri, kendilerinin terörle, suikastla suçlanmasından dolayı alabildiğine üzgündü. Askeri personel olduklarını söylemelerine rağmen Albay Erkan Yılmaz Büyükköprü ve Binbaşı İbrahim Göze'ye kelepçe vurulmuş, itirazlar sonucu 3 dakika sonra çıkarılmıştı.

Olanlar o 3 dakikada oldu

Albay Büyükköprü'nün üzerinde "1424 Cad. Feza A." yazılı bir kâğıdı yutmak istediğine ilişkin tutanak düzenlenmişti. O günlerde hep, "Bu kâğıt bize ait değil. Kriminal inceleme istiyoruz" demişlerdi. Ama bu yıllarca yapılmadı ve polis tutanağı dikkate alındı. Şüpheli albay ve binbaşının avukatı Süleyman Ayhan da

savcılığa verdiği dilekçede şunları yazmıştı:
"Albay Büyükköprü, Bülent Arınç'ın evinin adresini gösterdiği iddia edilen kâğıt parçasının kendisine ait olmadığını, muhtemelen orada arama yapan polisler tarafından cebine konmuş olabileceğini belirtmiştir. Soruşturma dosyası içerisinde bulunan söz konusu kâğıt ile Ankara Terörle Mücadele Şubesi'nde bulunan bütün görevli personel ve Ankara Seferberlik Başkanlığı'ndaki bütün personelin huzurunda yazı örnekleri alınarak laboratuvar ortamında kriminal incelemesinin yapılmasını ve delil olarak soruşturma dosyasının içine konmasını arz ve talep ederim."

Cep telefonuyla konuşturulmadılar

Seferberlik Tetkik Kurulu'na cep telefonuyla girilmesi yasak. Hâkim Kadir Kayan, Savcı Mustafa Bilgili'ye, içeriye girişlerinde cep telefonlarını girişteki dolaba koymaları söylendi. Ancak onların böyle bir niyeti yoktu. Askerler, cep telefonunun "dinleme cihazı" gibi kullanıldığını biliyordu. "Kozmik Oda"da yapılacak konuşmaların da dinlenebileceğini değerlendiriyorlardı. Tümgeneral Selahattin Kısacık, hâkim ve savcıyla telefon tartışması yapmadı ve çözümü sessiz sedasız buldu.

Hâkim ve savcılar binaya geldiklerinde, hemen telefonların sinyalini kesen *jammer* cihazı çalıştırıldı, böylece Kozmik Odalara giren hâkimin telefonla konuşması da kesilmiş oldu. Hâkim ve savcılar da zorunlu olarak sabit telefonlarla konuşabildiler.

Kozmik Oda'yı arayan hâkimin imzalamadığı belge

Başbakan Yardımcısı Bülent Arınç, kendisine suikast yapılacağına öyle inandırılmış ki, 14 Mart 2010 tarihinde yaptığı açıklamada, "Orada hedef bendim. Yoksa o iki subayın evimin etrafında ne işi var? Bunları görmek için MİT'e bile ihtiyaç yok. Her şey çok açık" diyordu. Oysa, küçük bir "kamera araştırması" yapılmış olsaydı, Arınç'a suikast hazırlığı içinde olmakla suçlanan albay ve binbaşının Başbakan Yardımcısı'nın bulunduğu caddeden hiç geçmedikleri ortaya çıkacaktı. Kendisi üzerinden faili meçhul cinayetlerle Türk Silahlı Kuvvetleri'ni ilişkilendirmek istendiğini de anlayacaktı.

İki askerin, Bülent Arınç'ın evine yakın bir yerde bulunduğu ihbarı 155'e değil, Terörle Mücadele Şubesi'nin direkt telefonuna yapılıyor. Bu, önemli ayrıntılardan biridir. Askerler, Ankara'nın Çukurambar semtinde ama telefon ihbar tutanağına göre ihbar Keçiören'den yapılıyor. Bu durum bile bir çetenin, organize bir faaliyetin varlığını ortaya koyuyor.

Dinleme aygıtlı dizüstü bilgisayar

Savcı, hâkim ve diğer görevlilerin çalışmalarını rahatlıkla yapmaları için Genelkurmay Başkanlığı Seferberlik Tetkik Kurulu Dairesi Başkanı, her türlü önlemi aldırmıştı. Hem kendisi hem savcı ve hâkimin yanında bulunan görevliler "başlarına bir şey getirileceği" kuşkusuyla son derece dikkatliydi.

Kozmik Oda'da arama yapacak Hâkim Kadir Kayan'la birlikte olan kâtip içeriye dizüstü bilgisayarla geldi. Bu, Selahattin

Kısacık'ın dikkatini çekti. Her şeyden şüpheleniyorlardı. Hâkime, "Bu dizüstü bilgisayar kimin?" diye sordu. Aslında kimin olduğunu biliyordu. Hâkim Kadir Kayan, "Terörle Mücadele Şubesi'nin" dedi. "Peki, sizin getirdiğiniz dizüstü bilgisayar nerede?" diye sorduğunda kâtip, "Bizim dizüstü bilgisayar koridorda" karşılığını verdi. Bu durum Tümgeneral'in canını sıkmıştı. Hâkim Kayan'a şunları söyledi:

"Olur mu böyle şey hâkim bey? Sizin dizüstü bilgisayarınız olmasına rağmen Emniyet'in dizüstü bilgisayarı niçin sokulmak isteniyor? Arkadaşlarımıza kumpas kurmaya çalışan, bizleri mağdur edenlerin bu dizüstü bilgisayarın içine dinleme cihazı koyduklarından adım gibi eminim. Bilgisayar üzerinden buradaki bütün konuşmaları dinleyecekler. Lütfen, onu gönderip kendi bilgisayarınızı getirtin."

Kâtip, Emniyet'in bilgisayarını çıkarıyor, mahkemenin dizüstü bilgisayarını getiriyordu. O bilgisayar sadece "arama şu saatte başlamış, şu saatte bitmiştir" diye tutanak düzenlenmesi amacıyla kullanılıyordu. Ama askerler, niyetin başka olduğuna inanıyorlardı.

Hâkim o belgeyi imzalamadı

Bugün "Özel Kuvvetler Komutanlığı" olarak bilinen ve bünyesinde iki tugay olan komutanlık, 1954 yılında "Seferberlik Tetkik Kurulu" adıyla kurulmuş ve değişik aşamalardan geçmiş, 2013 yılının 28 Haziran tarihinde lağvedilmiş.

Kozmik Odalara herkesin girmesi mümkün değil. Hâkim Kadir Kayan da, ancak mahkeme kararıyla o odaya girebildi. Yönergeye göre, odadan çıkana "Görev Emniyeti Yemin Belgesi" imzalattırılıyor. O belgede şunlar yazılı:

"Devletin bekası için hazırlanmış olan plan ve çalışmalara vakıf olduğumdan GÖRDÜKLERİMİ, DUYDUKLARIMI ve YAPTIĞIM İŞLERİ hiçbir şekilde, hiçbir kimseye her türlü hal ve şart için söylemeyeceğime ve bilgi vermeyeceğime, aksi takdirde Türk Ceza Kanunu'nun 258'nci maddesi gereğince sorumluluğum bana tebliğ edilmiştir."

Bu yemin metninin altında subayın adı, soyadı, imzası, sınıf-rütbesi ve görevi, tebliğ yapılan kişinin adı, soyadı, görevi ve imzası bulunuyor. Hâkim Kadir Kayan, 16 numaralı "Kozmik Oda"dan çıkışta, kendisine de bu yemin metni imzalattırılmak isteniyor. Ancak, hâkim "ben imzalamam" diyor ve bunun üzerine imzadan imtina ettiğine ilişkin tutanak düzenleniyor.

Polis bilirkişinin peşinde

Başka bir olay daha yaşanıyor. TÜBİTAK'ın görevlendirdiği bilirkişi Barış Erdoğan'a, bir savcı, "Dışarıda polisler seninle görüşmek istiyor" diyor. Barış, durumu oradaki komutana anlatıyor ve gitmek istemediğini söylüyor. Ancak, askerler "gidebileceğini" belirtiyorlar. Böylece, bilirkişiden ne istendiğini de öğrenebilecekler.

Barış Erdoğan, dışarıda bulunan polislerin yanına gittiğinde kameralar kendilerine yönelmişti. Barış'a, "Seninle daha çok işimiz var. Akıllı ol" diyorlardı. Barış Erdoğan, döndüğünde konuşmayı komutanlara anlattı ve yaşananlar tutanağa da geçirildi.

Kimse kimseye güvenmiyordu. Böyle bir ortamda Kozmik Odalarda aramalar yapıldı, tam 125 milyon sayfalık bilgisayar harddisklerinin kopyaları alındı. Savcı, o günlerde savcılığa gönderilmeyen, Genelkurmay'da kasada saklanan bu disklerin iki suret imajını aldırdı. İşte, TÜBİTAK'a gönderildikten sonra o bilgilerin akıbeti merak ediliyor.

Hâkim Kadir Kayan, Yargıtay'daki görevinden atıldı. Savcı Mustafa Bilgili'nin yanı sıra Kozmik Oda ile ilgili karar veren diğer hâkimler ve savcılar tutuklandı. Bir dönemin kudretli Cumhuriyet Savcısı Mustafa Bilgili'nin, arandığı dönemde yakalanmamak için sakal uzatması da işe yaramamıştı. Kendisi şimdi cezaevinde.

Dibe vuran operasyonlar ve polisin mavi sessizliği

Başbakan Yardımcısı, Ankara Büyükşehir Belediye Başkanı'yla ilgili iddialarda bulunurken, "100 madde sayacağını" belirtiyor. Yani bildiği 100 konuda usulsüzlük, yolsuzluk yapılmış. Bunların doğru olup olmadığını kim ortaya koyacak? Ya cumhuriyet savcısı ya da bu konuda inceleme ve soruşturma yapılırsa mülkiye müfettişi... Savcılık eğer ciddi bir soruşturma yaparsa, asıl iş polise düşer.

17-25 Aralık soruşturmasından sonra polisin gözünü öyle bir korkutmuşlar ki, AKP'lilerle ilgili yolsuzluk iddialarının üzerine asla gidilemez. Bu ülkede yolsuzlukların üzerine giden kamu görevlilerinin başına getirilmedik olay kalmıyor.

Emniyet mensupları "yukarıyı" iyi okur. Devletin üst kademesindeki gelişmeleri yakından izler ve ona göre şekillenirler. 17-25 Aralık soruşturmalarından sonra bu konuların üzerine gidilmediğini rakamlar da ortaya koyuyor. İçişleri Bakanı ya da Emniyet Genel Müdürü Celalettin Lekesiz, Kaçakçılık ve Organize Suçlarla Mücadele Daire Başkanı Orhan Özdemir, il emniyet müdürünü ya da organize suçlar şube müdürünü arayıp "Aman yolsuzlukların üzerine gitmeyin, sakın operasyon yapmayın" demez. Ama emniyet müdürleri yolsuzluk operasyonları yapmamaları gerektiğini bilir. Hele işin içinde iktidar partisine yakın olanlar varsa o operasyon asla yapılamaz.

Operasyonlar dibe vurunca, siz de sakın "yolsuzluk yapılmadığı için operasyon yapılmıyor" sanmayın. Ülkede yolsuzluk iddialarının boyutlarını hepimiz tahmin ediyoruz. Olup bitenleri duyuyoruz. Ancak bunlar operasyona dönüşmüyor. 2013 yılında büyük ölçekli 232 yolsuzluk soruşturması yapılmasına karşın, 2014 yılında operasyon sayısı 6'ya inmiş.

Anlaşılıyor ki, polis "başı belaya girer" düşüncesiyle yolsuzlukların üzerine gidemiyor. Hoş, polis gitmiyor da, cumhuriyet savcısı gidiyor mu? Artık operasyonların gizliliği de kalmadı. Eğer, bir soruşturmaya başlanacaksa bunun her aşaması il valisine, İçişleri Bakanı'na bildiriliyor. Böyle bir ortamda AKP'li bir işadamına yönelik operasyon yapılabilir mi? Ya da yapılacaksa bu operasyondan bir sonuç alınabilir mi?

Polisin "mavi sessizliği"

Son dönemlerde uyuşturucu yakalanmasında da polisin eski gücünün olmadığı anlaşılıyor. Yetkililere sorduğumda, "Uyuşturucu şimdi daha çok Karadeniz rotası kullanılarak götürülüyor. O yüzden yakalamalar azaldı" görüşünü bildiriyorlar.

Birleşmiş Milletler'in, Türkiye'nin uyuşturucuyla yeterli mücadele etmediğine ilişkin raporları yok sayılıyor da, başarılı gösterilen bölümler kitapçıklara aktarılıyor. Sormak gerekir, 2014 yılında yakalanan uyuşturucu miktarı niçin açıklanmıyor? Her yıl kitapçık bastırıp bizleri de bilgilendiren Emniyet şimdi niçin gizliyor?

Hem o kadar gizleniyor ki, karakollarda, polis merkezlerinde "hırsızlık" başvurusu bile alınmak istenmiyor. Çünkü hiçbir amir kendi bölgesinde hırsızlığın büyük boyutlarda olduğunun bilinmesini istemez. Bölgesindeki "aile içi şiddet" kayıtlara "darp" olarak geçirilir. Milletvekillerinin soru önergelerine bile hırsızlık rakamları bildirilmiyor. Yönünü, hep Doğu ülkelerine dönen bir yapı oluşturuluyor.

Uluslararası toplantılarda, 18 yaşından küçüklere kötü muamele konusu ele alındığında, yetkililerimiz bu konuda başarılı olunduğunu anlatıyor. Ama toplumsal olaylarda 18 yaşından küçüklerin polis kurşunuyla, gaz fişekleriyle öldürüldüğü dile getirilmez. Yetkililere, "Peki 18 yaşından küçüklere kötü muameleden kaç polis hakkında soruşturma açıldı?" diye sorulduğunda "mavi sessizlik" yaşanır. Polisin, polisin suçunu örtmesine "mavi sessizlik" denir.

Bir tokat da yasayı çıkaranlara

TBMM'den geçen "İç Güvenlik Paketi"nde, en rahatsız eden konuların başında mülki idare amirinin isteğiyle polise "keyfi gözaltı"lar yaptırabilmesi oldu. Bugün de, Cumhurbaşkanı ya da Başbakan bir ile gideceği zaman protesto edebileceği tahmin edilen gençler bir bahaneyle gözaltına alınıyor.

Olay meydana geldikten sonra gözaltına alındığı zaman "büyüklerinden" laf işiteceklerini bildikleri için gözaltılar oluyor. Yetkili makamda olanlar polise, "Kardeşim siz bu insanları nasıl gözaltına alırsınız?" diye sormaz. Açıkçası alt kademe, "yukarıya" göre şekillenir. Bunu bir emniyet yetkilisinden dinledim. "Peki bunlar yapılmazsa ne olur?" diye sorduğumda, müdürün görevden alınacağını anlattı. Açıkçası yeni yasanın bugünkü zihniyet ve iradeyle doğru orantılı olduğunu belirtti. "Zihniyet farklı sesleri yok etmekse, bu amaç için dört dörtlük bir yasa TBMM'den geçirildi" dedi.

Hukuk ve güvenlik nosyonuna sahip olan hemen hiç kimse bu yasayı savunmadı. İleride çok büyük sıkıntılara sebebiyet verdiğinde, o yasayı savunanların hemen hiçbiri arkasında durmayacak. Valiye adli kolluk yetkisi Kuzey Kore'de, Suriye'de, İran'da var. Peki, bunlar ABD'de, İngiltere'de, Almanya'da ve diğer Batı ülkelerinde niçin yok? Batı ülkelerinde de önleme gözaltılar oluyor ama unutmayalım, yetkilerin de denetimi var. Kontrolsüz bir ortama girilirken o yasayı çıkaranlar da bilmeli ki toplumsal bir olayda bir tokat da kendilerine atılabilir!

PKK silahı bırakır sandılar...

Hükümet ve HDP'liler arasında, terör örgütü PKK'yı silahsızlandırma görüşmeleri seçim yaklaştıkça daha da hızlandırılmaya başlamıştı. Yapılan içi boş açıklamalar da "tarihi" diye nitelendiriliyor. Bırakın örgütün silah bırakmasını, "kalkışma" planları uygulamaya konulmak isteniyor. Hatırlayınız, Abdullah Öcalan'ın teröristlerin sınır dışına çekileceğini açıklamasına rağmen teröristler sınır dışına gitmemiş, hatta bakanlar örgüte 2 bin civarında yeni katılım olduğunu açıklamıştı.

1 Mart 2015'te şu gerçekleri ortaya koymuştum: Terör örgütünün dağ kadrosu görünüşte silah bırakmış olsa bile yandaşlarını yeteri kadar silahlandırdığı, silah depoları oluşturduğu da biliniyor. Yani, istendiği an o silahların namluları askerimize, polisimize dönecektir. Örgütün silahlı kanadı bugün sadece dağlarda değil, il ve ilçelere de yerleşmiş durumda. Üstelik mensup sayısı da artık 4-6 binlerde değil 10 bin civarında.

Bırakmaması için çok neden var

Terör örgütü, mevsim gereği bu dönemi silahlı değil ama silahsız eylemlerle geçirdi. Halk eylemlere, sokak olaylarına iyice alıştırıldı. Örgüt, HDP'den çok bu işin kahrını çekenler olarak Abdullah Öcalan ve kendilerinin muhatap alınmasını istiyor. Ama silahı bıraktıkları zaman örgütün yaptırım gücü büyük ölçüde ortadan kalkacaktır.

Daha önce yapılan açıklamalardan sonra örgüt silahı bırakacakmış gibi hava estiriliyor. Örgütün silah bırakmaması için birçok neden var. Bazılarını sıralayalım:

- PKK, HÜDA-PAR kurulduğundan beri bu parti üyelerine ve sempatizanlarına karşı 400'e yakın eylem gerçekleştirdi. Yani Güneydoğu'da eskiden Hizbullah örgütüne karşı olduğu gibi şimdi de HÜDA-PAR'a karşı yeni bir cephe savaşı başlattı. Kandil, şehirlerdeki milislerini ve gençlik örgütünü silahlandırmaya devam ediyor.

- Eğer örgüt silah bırakmaya niyetli olsa okulları, dershaneleri, bankaları yakmaz, talan etmez. İl ve ilçe yollarını kepçelerle kazıp mahallelere giriş çıkışları kontrol etmez. İşadamlarından haraç toplamaz. Köy korucularını, asker ve polisleri şehit etmez. Kurtarılmış bölgeler ilan edip kendi yargısını, kendi polisini oluşturmaz. En azından Çözüm Süreci denilen sürece katkı olsun diye bu tür eylemlere ara verir. Ayaklanma provaları yapmaz.

- PKK, misyonunu, rolünü ve fonksiyonunu bugüne kadar ancak silahla yerine getirebildi. Kendine karşı gelen önde gelen Kürt kökenli vatandaşları kendi safına çekme, örgütleme veya infazları böylece silahla gerçekleştirdi.

Silah giderse bunlar da gider

- PKK demek silah demek. Silahı bıraktığı anda PKK denen bir yapı kalmaz. Türk ve Kürt kökenli vatandaşlar üzerinde silahla korku yaratıldı. Silahı bırakırsa bu gücü elinden gider.

- Legal alanda siyaset içinde güç olma, legal siyaseti ve Kürt siyasetçileri denetleme, seçimlerde tek belirleyici unsur olma, belediyeleri ele geçirme, onlar üzerinde kontrol kurma, mali gücüne güç katma olanaklarına silahla kavuştu. Silah bırakılırsa bunlar da elden gider.

- PKK, gelinen aşama itibarıyla kendine özgü bir alanda egemen, otorite, despotik olma amacı ve ihtirasına sahip. Özetle kendi despotik imparatorluğunu kurmak istiyor. PKK yöneticileri ancak silahla bunu sağlayabilir. Ortadoğu'daki durum, PKK'nın silahlı güç olarak devamına kolaylık sağlıyor. Silahı bırakırsa tüm bu olanakları da kaybeder.

- PKK, üzerindeki ulusal ve uluslararası vesayet güçleri, başka bir deyimle PKK'nın bağımlı olduğu ulusal ve uluslararası güçlerin (özellikle dünya uyuşturucu ve silah mafyasının) izni olmadan silahı bırakamaz.

- Örgüt, kendi bünyesi ve ona hizmet eden partilerin çıkarlarını ön planda tuttuğu için "Biji Serok Apo ve PKK" sloganını Türkiye Cumhuriyeti'ne kabul ettirme amacından uzaklaşmamak için silah bırakmaz.

- Kürt Federe Devleti ya da gelecekteki amacı olan Büyük Kürdistan'ın Baas Partisi olma ve Abdullah Öcalan'la "Büyük Kürdistan"ın liderliğini kazanmak için silahı bırakmaz.

- Yurtdışında her ferdi silahlı olan PKK, yurtiçindeki militan ve milislerini de silahlandırdı. Bu denli bir silahlı gücün her türlü eylemi rahatlıkla yaptığı ve Çözüm Süreci'ne de iktidarı kolaylıkla zorladığı için silahı bırakmaz.

- PKK'nın elindeki en büyük koz silahtır. Bundan elbette ki vazgeçmez, geçemez.

- PKK silah bırakacağına aksine daha da marjinalleşti ve önemli bir silahlı güç haline geldi. Silahı bıraktığı an bunun bir intihar olduğunu, partinin tamamen amaçları ile birlikte tarih olacağını çok iyi bildiğinden silahı bırakmaz.

Bunlar örgütün yeni taktiğidir

Türkiye, Suriye Devlet Başkanı Esad'ı devirmek istiyor. Bunun için rejim muhaliflerini Türkiye'de eğitmeyi ve donatmayı bile göze aldı. İşte, terör örgütü PKK da Suriye'de toprak elde etmek, Kürt bölgesi oluşturmak için Esad karşıtı Kürtçü örgütlerle birlikte hareket edecektir. İşte bu dikkate alınmadı.

PKK, birden çok yerde gücünü kullanmak yerine, Türkiye destekli olarak Suriye'de kullanacaktır. Silahı bırakır mı? İşte o mümkün gözükmüyor. Öcalan istese bile PKK'nın Kandil'deki liderleri önemli gelirden ve güçten mahrum kalmak istemez.

Not: Yazının üzerinden 3 yıl geçti. PKK silahı bırakmadığı gibi ABD tarafından ağır silahlarla donatıldı. Onların silahı bırakmaya da hiç niyeti yok.

Askerin suyunu, elektriğini kesiyorlar ve devlet bu duruma seyirci

Güneydoğu'nun sınır köylerinde katır hayatın bir parçasıdır. Kaçakçılık onlarla yapılır. Son dönemde katır üzerinden bir gerginlik politikası yürütülüyor. 2011 yılında 34 vatandaşımızın öldürülmesinden sonra Uludere bölgesinde yaşayan vatandaşlarımız kaçakçılığı kendileri için bir "hak" görüyor, kendilerini hiçbir gücün engelleyemeyeceğini düşünüyor. O yüzdendir ki askere karşı saldırgan bir tutum izliyorlar. Bu durum, ilerde daha büyük sorunlara yol açacak gibi gözüküyor.

Uludere merkez ve köylerinde 10 bin civarında katır bulunuyor. Sınıra yakın Gülyazı ve Ortasu gibi köylerde hemen her ailenin en az 10 katırının olmasının bir nedeni olmalı. Katır o yörede insanların ekmek kapısı olarak bilinir. Sınır boylarındaki vatandaşlarımızın kaçakçılıktan başka yapacak bir şeyi yoktur. İşte, bunu yaparken terör örgütünün de artık kucağına itilmişler. O katırlarla neler yapıldığını ve bölgedeki son durumu o bölgede görevli bir komutandan dinledim.

Bir gecelik kazanç

"Katır" deyip geçmeyin. Erkek eşek ile dişi atın çiftleşmesinden doğan melez hayvan olan katır, gücü, dayanıklılığıyla kaçakçıların vazgeçemeyeceği bir hayvandır. Yükle yükleyebildiğin kadar. Şimdi sigara kaçakçılığı yaygın. Katır, bir seferde 3 bin adet sigara paketi taşıyabiliyor. Kaçakçı, her sigara paketinden asgari 1 TL kazanıyor. Katırın sınır dışından her gelişi sahibine en az 3 bin TL bırakır. 10 katırı bulunan kaçakçı, bir gecede 30 bin TL kazanıyor. Bunun yanında zaman zaman katırların altına silah bağlanarak teröristlere de silah nakli yapılıyor. Kaçakçılığı artık meslek haline getirmiş olanların birçoğunun evinin önünde biri Mercedes veya BMW gibi lüks olmak üzere 2-3 otomobili bulunuyor. Bölgedeki bir komutan orada yaşananları şöyle anlatıyor:

"Bu yılın Mart ayından itibaren kaçakçılıkta büyük bir artış yaşanmaya başlandı. Kaçakçılarla mücadele sırasında 5-6 katır öldürüldü. Gülyazı ve Ortasu köylüleri, çevre köylerdeki kaçakçıları askere karşı direnmeye çağırıyor, kaçakçılık yasağını tanınmamalarını, devlete karşı başkaldırmalarını istiyorlar.

İki hafta sonra Gülyazı ve Ortasu köylerindeki kaçakçılar 60-70 kişiyle ve yanlarında 200 katırla Irak'a Göreneş Dere yatağından yasadışı geçiş yapmak isterken, asker uyarıda bulundu, 5-6 katır öldürüldü. Kaçakçılar 'Bizi durdurmaya ne sizin gücünüz ne de hükümetin gücü yeter!' deyip geçişe devam ettiler.

Suyu, elektriği kesiyorlar

Askeri, görev yapamaz hale getirmek için çoğu kadın ve çocuk 2 bine yakın kişi, Düğün Dağı civarındaki askerlere taşla saldırı başlattı. Irak tarafından gelen katırlar da yükleriyle köylere götürüldü. 24 Mart'ta, iki HDP'li milletvekilinin de aralarında bulunduğu grubun saldırısı sonucu 15 asker yaralandı. Askeri etkisizleştirmek, halkın gözünden düşürmek için kaçakçı ve PKK'lı işbirliğiyle bölgedeki karakolların elektrik ve suyunu sürekli olarak kesiyorlar. Bu durumu valiliğe de rapor ediyoruz.

27 Mart'ta bin kişilik grup, sınıra bir kilometre mesafede, askeri yasak bölgede çadır kurdu, bölücü örgütün sözde bayraklarını açtı. Eylemi 29 Mart'ta sonlandırdılar. KCK, sınır birliklerimize uyarı ve tehdit içeren bir bildiri yayınladı."

Örgüt denetiminde kaçakçılık

Sınır boylarında artık kaçakçılık tam anlamıyla bölücü örgütün gözetiminde ve istekleri doğrultusunda gerçekleştiriliyor. PKK, kaçakçılıktan para kazandığı gibi insansız hava aracından görünmemesi için katırların altına roketatar ve silahları bağlayıp getirtiyor. Kuzey Irak'tan getirilen küçükbaş hayvanların altına da, makineli tüfek gibi silahlar bağlanıyor. İşte, örgüte yakın kişilere dağıtılan silahlar da bu yöntemle getiriliyor.

Askere göre, kaçakçılığın en az yapıldığı dönemde bile bir katırın aylık getirisi 25 bin lirayı geçiyordu. Her hanede 8-10 katır olduğuna göre, sınır boylarındaki yurttaşların gelirini varın siz hesap edin. Köylerde bulunan kepçe ve dozerlerle de kışın kaçakçılık yolları açılıyor.

Sınır hattına 10 kilometre uzaklıkta olan Gülyazı ve Ortasu köyleri "yaylaya çıkıyoruz" bahanesiyle sınıra 1,5 kilometre mesafedeki Şirit Yaylası'na taşınıyor. Bu yaylanın hemen karşısında PKK'lılar bulunuyor. Terör örgütünün isteğiyle köylüler buraya taşınıyor. Çünkü kaçakçılığın buradan daha kolay yapılacağını, sınırdaki askerleri daha da zora sokacaklarını biliyorlar.

Fitil oradan mı ateşlenecek?

Sınır boylarında, geçmişte yaşanmamış olaylar yaşanıyor. Köylüler sıkça "Adalet istiyoruz, hukuk istiyoruz" diye slogan atıyor. Askerlere göre, ilerde planlanan sinsi bir eylemin provaları yapılıyor. Uludere, örgüt için sembol olduğundan fitilin buradan ateşlenebileceği de konuşuluyor. Sınır karakollarının üzerinde "Sınır namustur" yazılı. Sınır boyları kontrolsüz bir ülke, her an her türlü tehdide açık demektir. O yörelerde yapılan artık basit bir kaçakçılık olayı olmaktan çıkmış, terör örgütü için de önemli kazanç kapısı, yöre halkını devlete karşı kışkırtmanın da aracı olmuş.

Milli Güvenlik Siyaset Belgesi'nden PKK çıkarıldı, iç tehdidin adı değişti

Milli Güvenlik Siyaset Belgesi'ne (MGSB) kamu görevlileri "Kırmızı Kitap" der, bunun "Devletin Gizli Anayasası" olduğunu belirtirler. Her yılın aralık ayında Milli Güvenlik Kurulu (MGK) Genel Sekreterliği tarafından Bakanlıklar'a ve ilgili kuruluşlara "gizli" kayıtlı bir yazı gönderilir. "Kırmızı Kitap"ta yer almasını önerecekleri bölüm olup olmadığını sorarlar.

29 Nisan 2015'te Cumhurbaşkanı Recep Tayyip Erdoğan'ın başkanlığında toplanan Milli Güvenlik Kurulu'nda, MGSB'ye son şekli verildi ve hükümete gönderildi. İşte, o siyaset belgesine bağlı olarak Bakanlıklar kendileriyle ilgili maddeye bağlı olarak "eylem planı" hazırladı.

Genelkurmay Başkanlığı da, MGSB'ye dayanarak Türkiye Milli Askeri Stratejisi'ni (TÜMAS) Başbakan'ın "yayınlayabilirsiniz" onayını aldıktan sonra kuvvetlerine gönderdi. Her TÜMAS çalışmasında askeri açıdan tehditler güncelleştirildi.

1998'de MGSB güncellendiğinde, birinci tehdit olarak "irtica" yer alıyordu. 2001 yılında siyaset belgesi yeniden güncellendi. Genelkurmay Başkanlığı da 2003 yılında, TÜMAS taslağını 2001 yılı MGSB'ye dayanarak hazırladı.

Ama bu taslakla ilgili yeni göreve başlayan AKP hükümetinin çekinceleri oldu ve taslağa Başbakan tarafından "yayınlanabilir" onayı verilmedi. O yüzden askerler 2000 yılında güncelleştirdikleri TÜMAS'ı kullanmaya devam etti. Yani, irtica o belgeye göre birinci tehdit olarak kaldı.

"İrtica" yerine "legal görünümlü yapı"

2005 yılında MGSB yeniden güncellendi. Askerlerin TÜMAS'ı da yeni belgeye göre hazırlandı ve 2006 yılında Başbakan'dan "yayınlanabilir" onayı aldı. Bu dönemde de MGSB ve TÜMAS'ta irtica yine birinci tehdit olarak yer aldı. 2010 yılında MGSB bir kez daha güncellendi. Ama burada irtica tehdit olmaktan çıkarıldı. 2011 yılında Genelkurmay'ın hazırladığı TÜMAS'ta da irtica tehdit olarak yer almıyordu.

29 Nisan 2015'te yeni MGSB Bakanlar Kurulu'na gönderildi. Burada "legal görünümlü illegal yapı" iç tehdit olarak yer aldı. Buradaki incelik şu: Türk Silahlı Kuvvetleri'nin hazırladığı TÜMAS'a "legal görünümlü illegal yapı" alınmadı. Alınmamasına ilişkin Genelkurmay Başkanlığı'nın önerisi, hükümet tarafından kabul edildi. "Legal görünümlü illegal yapı"da ise ağırlıklı olarak Fethullah Gülen grubu kastediliyor.

Şimdi neler yapılıyor?

MGSB yani kırmızı kitap "iç güvenlik siyaseti", "dış güvenlik siyaseti" ve "savunma siyaseti" olarak üç ana bölümden oluşuyor. "İç güvenlik siyaset belgesi"nin ana koordinatörü İçişleri Bakanlığı, "dış güvenlik siyaseti"nin Dışişleri Bakanlığı, "savunma siyaseti" belgesinin hazırlayıcısı ise Genelkurmay Başkanlığı... Güvenlik siyaset belgelerinde, hangi politikalar uygulanacaksa bunlar detaylandırılıyor. MGSB örneğin 70 sayfa tutuyorsa, güvenlik siyaset belgeleri 300 sayfayı aşıyor.

Savunma siyaseti bölümü, Genelkurmay Başkanlığı TÜMAS'ı düzenlemesiyle gerçekleştirilmiyor. TÜMAS da iç, dış ve savunma güvenliği olarak üç ana bölüme ayrılıyor. TSK, somut tehditleri TÜMAS'a alıyor. Somut tehditlerin dış güvenlik siyaset belgesindeki öncelikleri arasında da paralellik olmasına özen gösteriliyor. Örneğin, Dışişleri Bakanlığı için Suriye önceliklise, TSK belgelerinde de bu, öncelikli tehdit olarak yer alıyor. Buna göre harekât planları güncelleniyor, 10 yıllık tedarik planları yapılıyor, yeni alınacak silah sistemlerinin ne olması gerektiği de belirtiliyor.

Genelkurmay'dan alındıktan sonra

Genelkurmay Elektronik Sistemleri (GES), Genelkurmay Başkanlığı'nın her şeyiydi. Ankara'da bulunan sistemler, Genelkurmay'dan alınıp MİT'e devredildi. Genelkurmay bugün istihbarat toplamıyor, kendilerine MİT, Emniyet ve Jandarma'dan gelen bilgileri değerlendiriyor. İstihbaratlar Genelkurmay Başkanlığı İstihbarat Başkanlığı'nda toplanıyor, analiz ediliyor. Yaptığı değerlendirmeyi de kendi tehdit değerlendirmesinde kullanıyor, komuta kademesine bilgi veriliyor.

Hükümetin talimatıyla Genelkurmay, istihbarat da operasyon da yapamıyor. Bölgenin askersizleştirilmesi ve PKK'nın "yerel silahlı kuvvetler" olarak görevlendirilmesine adım adım gidiliyor. Siyaset belgesinin "iç tehdit" bölümünden PKK'nın adının çıkarılması, seçim güvenliğinin PKK'ya bırakılması da "Çözüm Süreci"nin işlediğini gösteriyor.

MGK "Tehcir"i niçin güncelledi?

1. Dünya Savaşı sırasında Sarıkamış Harekâtı'nda Üçüncü Ordu'nun yok olması, Doğu Anadolu Bölgesi'nin işgalinde Ermenilerin Rusları desteklemesi, Van'da çıkarılan isyan sonucu kentin Ruslara teslim edilmesi gibi olumsuzluklar üzerine Osmanlı İmparatorluğu cephe gerisini askeri zorunluluk sonucu güvence altına alabilmek için 27 Mayıs 1915'te "Tehcir Kanunu"nu çıkardı. Osmanlı Ermenileri, o dönem imparatorluğa bağlı bir bölge olan Suriye'ye nakledildi.

Zorunlu göç, savaş ortamı, ulaşım olanaklarının kısıtlılığı, çetin doğa koşulları, göç yollarında emniyet ve asayişin sağlanmasındaki güçlükler, göç kafilelerine yönelik saldırı/yağma olayları, açlık, hastalıklar yüzünden çok sayıda Ermeni vatandaş hayatını kaybetti. İşte, bu acılar 100 yıldır devam ediyor ve Ermenilere "soykırım" uygulandığı öne sürülüyor.

O yasa yürürlükte

"Tehcir", savaş/olağanüstü dönemlerde askeri zorunluluklar yüzünden uygulanan, tehlikeli bölgelerdeki halkın buralardan alınarak yurtiçindeki daha güvenli bölgelere naklini kapsayan, bir tür tahliye/kabul ve seyrekleştirme işlemidir. 2. Dünya Savaşı sırasında ABD, Avustralya ve Kanada'da da bu tür uygulamalar yapılmış.

9 Haziran 1958'de çıkarılan "Sivil Savunma Kanunu – SSK" ile 5 Haziran 1964'te Bakanlar Kurulu'nca kabul edilen "Sivil Savunma ile İlgili Şahsi Mükellefiyet, Tahliye ve Seyrekleştirme, Planla-

ma ve Diğer Hizmetler Tüzüğü"nün "Tehcir Kanunu"nun güncelleştirilmiş hali olduğunu ve bunların halen yürürlükte olduğunu, mevzuat konusunda engin bir deneyime sahip olan Mülkiye Başmüfettişi Mahmut Esen'den öğreniyorum. Esen, bizim için mevzuatı taradıktan sonra şu ek bilgileri aktardı:

Planın son şekli MGK'da

- SSK'nın 18. maddesine göre İçişleri Bakanlığı'nca hazırlanan tahliye/kabul planları Milli Güvenlik Kurulu'nca onaylanır, güncellenir ve bu planlar Bakanlar Kurulu kararıyla uygulanır.

- Tüzüğün 28. maddesine göre tahliyeye tabi tutulacak hassas veya tehlikeli bölgeler, Milli Savunma Bakanlığı'nın da mütalaası alınmak suretiyle İçişleri Bakanlığı'nın teklifi üzerine Milli Güvenlik Kurulu'nca tayin ve tespit olunur.

- Tüzüğün 29. maddesi uyarınca hangi tahliye bölgelerinden kabul bölgelerine gönderileceğine ilişkin esaslar İçişleri Bakanlığı'nca hazırlanan ana plan Milli Güvenlik Kurulu'nun onayına sunulur.

- Tüzüğün 33. maddesine göre tahliye, seyrekleştirme veya yerleştirme işlerinin planlaması ve yürütülmesi için mülki idare amirlerince birer "tahliye" "yerleştirme" komisyonu ile yollama, konaklama, sağlık, emniyet, yerleştirme ve yedirme işleri için gereken yerlerde geçici ekipler kurulur.

Ana planın esasları

Milli Güvenlik Kurulu tarafından kabul olunacak ana plan ve esasları, tüzüğün 34. maddesine göre şöyle hazırlanıyor:

a) Tahliye bölgesi valiliklerince; tahliye olunacak kimseler, tesis, araç, madde ve mallar ile bunların sevk sırası ve kafileleri, toplanma ve yollanma şekil, yer ve yolları, mürettep kabul bölgeleri, lüzumlu taşıt araçlarının cinsi, miktarı ve ne suretle sağlanacakları;

b) Konak yerleri valiliklerince; buralardan geçecek ve kalacak kafilelerin nerelerde konaklayacakları ve konak yerlerindeki barındırma ve yedirme işleri;

c) Kabul bölgesi valiliklerince; gelecek nüfus, tesis, araç, madde ve malların yerleştirme, barındırma ve çalışır ve üretir hale getirilmeleri ile ilgili tebliğler, hazırlıklar ve tedbirler tespit edilerek planlanır.

- Tüzüğün 46. maddesine göre kabul veya dağılma bölgelerine taşınacakların yerleştirilmelerini sağlamak maksadı ile devlet veya devlete bağlı idarelerle sermayesinin yarısından fazlası devlete ait müesseselerin depo, mağaza ve ambarlarından ve diğer elverişli binalardan, kesin zaruret halinde okullardan, sırası ile istifade olunur. Bunların ihtiyacı karşılayamaması halinde özel idarelerle belediyelere, vakfa ve diğer gerçek ve tüzel kişilere ait arazi, arsa ve zaruri ihtiyaçları dışındaki örtülü gayrimenkullere ve her çeşit eşya ve mallara, Sivil Savunma Kanunu uyarınca mükellefiyet uygulanır.

100 yıldan fazla zamandır yasalarımızda olan "Tehcir"in adı günümüzde "Ermeni soykırımı" olmuş. O günün koşullarının ülkemizde bir daha yaşanmaması da sanırım herkesin dileğidir.

MİT Müsteşarı Hakan Fidan'ın ifadeye çağrılmasında neler yaşandı neler...

7 Şubat 2012, saat 18:00 civarı. Adalet Bakanı Sadullah Ergin, HSYK 1. Daire Başkanı İbrahim Okur'u telefonla aradı, "Hemen görüşmemiz lazım" dedi. Bakan, kendi aracıyla Okur'u aldırdı. Ankara Hâkimevi'nde bir araya geldiler. Önce Bakan'ın, ardından HSYK Daire Başkanı'nın gelişi, "Yine bir şeyler mi var?" sorularına neden oldu.

Bakan hemen konuya girdi. "İstanbul Özel Yetkili Savcıları, MİT Müsteşarı Hakan Fidan'ı ifadeye çağırmış. Bu, büyük bir krizdir. Bunu mutlaka önlememiz lazım. Hiç zaman kaybetmeyelim" dedi. İbrahim Bey, cep telefonunu çıkardı, CMK 250 ile yetkili Cumhuriyet Başsavcı Vekili Fikret Seçen'i aradı. Seçen'e neler olduğunu, Hakan Fidan'ı niçin ifadeye çağırdıklarını sordu. Seçen'in cevabı şöyleydi:

"Diyarbakır'da yapılan bir aramada, Oslo görüşmeleriyle ilgili dokümanlar bulundu. Bu sebeple Hakan Fidan, Eski Müsteşar Emre Taner ve üç MİT görevlisini ifadeye çağırdık."

Seçen, son derece rahattı. Ancak Ankara'da o an ne fırtınalar estiğini bilmiyordu. İbrahim Okur, "Oslo görüşmeleriyle ilgili ifade almak, devlet politikasını sorgulamak anlamına gelir. Savcı'yla görüşüp bu işi halletmeniz uygun olacak" dedi. Bu sözlerin ardından sessizlik oldu. Ardından Seçen'in "Halletmeye çalışacağım" sesi duyuldu. Sanki isteksizdi. İbrahim Bey sinirlendi:

Çok büyük bir kriz çıkacak

"Fikret Bey, halletmeye çalışma. Bu işi hallet, Başsavcım. Çok büyük bir kriz çıkmak üzere."

Bu konuşmanın hemen ardından Bakan Sadullah Ergin, Başbakan'ı aradı. Başbakan o sırada İstanbul Atatürk Havalimanı'ndaydı. Ankara'ya dönecekti. Erdoğan'ın "Evet... evet" diyen sesi öfke doluyordu. Büyük bir krizin çıkacağı ses tonundan da anlaşılıyordu. Erdoğan'ın son sözleri şöyle oldu:

"Oslo'ya bu kişileri ben gönderdim. Bu, bir devlet politikasıdır. İfadeye çağrılmak son derece yanlıştır. Ankara'ya geliyorum. Siz de konuta gelin."

Saat 19.40 civarıydı. Adalet Bakanı Ergin, Daire Başkanı İbrahim Okur'u evine bıraktı. Kendisi de konuta geçecekti. Başbakan, aynı saatlerde, MİT Müsteşarı Hakan Fidan'ı da konuta çağırmıştı.

Saat 20:00 civarıydı. Adalet Bakanı, İbrahim Okur'u aradı, *"Hürriyet*'in internet sitesinde Arda Akın imzasıyla MİT müsteşarının ifadeye çağrıldığına dair haber düşmüş. İfade için, bizim 'çağrıyı geri çekin' talebimizi etkisiz kılmaya çalışıyorlar. Siz yine Fikret Seçen'le konuşun" dedi. Ortalık toz dumandı. Bu işin içinden mutlaka çıkılması gerekiyordu. Okur, yeniden Fikret Seçen'i telefonla aradı ve aralarında şu konuşma geçti:

'Fikret Bey, ifadeye çağrılmayı neden basına sızdırdınız?'
'İbrahim Bey, bu haber bizden çıkmadı. Emniyet sızdırmış olabilir.'
'O zaman hemen bu haberin Emniyet tarafından yalanlanmasını isteyin.'

Birçok gazeteci İbrahim Okur'un cep telefonunun numarasını biliyordu. Görüşme biter bitmez telefonu arka arkaya çalmaya başladı. Gazeteciler, haberle ilgili bilgi almak istiyordu. Onlara, bu konu hakkında bilgisinin olmadığını, savcılığın bu konuda açıklama yapabileceğini söylemekle yetiniyordu. Ancak, savcılık işi ağırdan alıyordu. Belki de hiç açıklama yapmak istemiyorlardı. Daire Başkanı, o süreçte dört kez daha Fikret Seçen'i aradı, "Ne oldu? Niçin yalanlama yapılmıyor?" diye sordu. Nihayet Seçen, haberi yalanladı, ifadeye çağrılma gibi bir durum olmadığını öne sürdü. Yani, doğru haber yalanlanıyordu.

"Hemen yasayı değiştirelim, Müsteşar ifadeye gitmeyecek"

Açıklamanın ardından Bakan da, HSYK Daire Başkanı da, bürokratlar da rahatlamıştı. Bakan, telefonla bürokratları arıyordu. Başbakan, Adalet Bakanı'na şu talimatı verdi:

"Hemen yasa değişikliği yapalım. Hiçbir şekilde Müsteşar ifadeye gitmeyecek."

Gece telefon trafiği işliyordu. Ceza İşleri Genel Müdürlüğü'nde çalışan Muzaffer Bayram'la Fikret Seçen yakın arkadaştı. Hem Ankara'daki havayı anlatması hem de Fikret Seçen'le görüşüp konunun çözümüne katkı sağlaması için İbrahim Okur onu aradı. Ancak Bayram'ın telefonu cevap vermiyordu. Ona ulaşamayınca yardımcısı Engin Durnagöl'ü aradı, "Muzaffer'e ulaşamadım. Onu bulup bana gönderebilir misin?" dedi.

Bir saat sonra Engin Durnagöl, Okur'u aradı, "Muzaffer'i bulamadım" dedi ve kendisi geldi. İbrahim Okur, Durnagöl'e "Olaydan haberi olup olmadığını" sordu. Durnagöl, bilgisi olmadığını belirti. Bunun üzerine İbrahim Okur, gelişmeleri anlattı, "Mutlaka Muzaffer'i bulup Fikret'i aramasını sağlayın, bu işi mutlaka çözmemiz, halletmemiz lazım. Yoksa sıkıntı daha da büyüyecek" dedi.

Bakan, "Akşam durdurduk ama bunlar yine çağırmasınlar?"

Gerilimli bir gece geçirilmişti. Fikret Seçen'e haberin yalanlattırılmasından sonra ortalık biraz yatışır gibi oldu. 8 Şubat sabahı, Bakan makamındaydı. Bir önceki gecenin yorgunlarından olan İbrahim Okur geldi. Bakan'ın ilk sözü, "Bunları ifadeye çağırmamaları için akşam durdurduk ama şimdi yeniden çağırmasınlar?" oldu. İbrahim Bey'in de içine kurt düştü. Yine de Bakan'ı rahatlatmak için "Akşam haberi yalanladı, şimdi artık yeniden çağırmaz herhalde" dedi. Daha odadan çıkmadan, haber kanallarında "İstanbul Cumhuriyet Başsavcı Vekili Fikren Seçen'in, MİT Müsteşarı'nı ifadesine başvurmak üzere çağırdıklarına" ilişkin açıklaması "flaş haber" olarak duyuruluyordu. İbrahim Okur, hemen Fikret Seçen'i aradı. Öfkeliydi. "Günaydın" bile demeden sordu:

Ne oluyor, hani vazgeçmiştiniz ifadeye çağırmaktan? Akşam yalanladığın haberi neden şimdi açıklama olarak yaptın?"

"İbrahim Bey, ifade çağrısı yapılan 5. kişiydi. Diğer 4 kişinin ifadeye çağrıldığı duyulmuş. Bunu daha fazla saklayamayacağımız için bu açıklamayı yaptım."

Artık olan olmuştu. 8 Şubat saat 18:00 gibi, Adalet Bakanı Sadullah Ergin ile birlikte İbrahim Okur da İstanbul'a gitmeye karar verdi. Konuyu Seçen'le yüz yüze görüşeceklerdi. Uçağa binmeden önce İstanbul Cumhuriyet Başsavcısı Turan Çolakkadı'yı arayıp saat 21.00 gibi Dolmabahçe ofise gelmesi, Fikret Seçen'i de yanında getirmesi istendi.

İbrahim Okur'un Çolakkadı'yı aramasından birkaç dakika sonra bazı gazeteciler Turan Bey'i arayıp "Bakan beyle toplantıda olup olmadığını" sordu. Bu gelişme, telefon görüşmelerinin dinlendiği ve takip edildiği izlenimi uyandırdı. Saat 19.00 gibi özel bir uçakla İstanbul'a hareket edildi. Ankara Esenboğa'da Adalet Bakanı bineceği uçağı ararken bir başka özel uçağın da Dışişleri Bakanı Ahmet Davutoğlu'nu Suriye konusunda görüşmek için ABD'ye götürmek üzere hazırlandığını gördüler.

Bakan ve HSYK Daire Başkanı havadayken televizyonlarda "Adalet Bakanı'nın Başsavcıyla görüşmek üzere İstanbul'a gittiği" haberleri geçmeye başladı. Uçak, İstanbul Atatürk Havalimanı'na indiğinde Adalet Bakanlığı Basın Müşaviri Adnan Boynukara, "Kapının önünde gazeteciler ve televizyoncular sizi bekliyor. Bilginize" diye Bakan'a mesaj gönderdi. Gerçekten de kameralar kapıda bekliyordu. Bunun üzerine Bakan'ı aprona yanaşan araç alıp personel kapısından çıkardı. Onlar doğruca Dolmabahçe'ye geçtiler.

Hakan Fidan: "İfadeye çağırma konusunda bunlar ısrarcı"

Başsavcı Turan Çolakkadı ve yardımcısı Fikren Seçen, Dolmabahçe'de bakana ayrıntılı bilgi veriyordu. Bakan, önündeki kâğıda söylenenlerden bazılarını not alıyordu. O gece orada bulunan çözüm şöyleydi:

"Oslo görüşmeleriyle ilgili CHP Bolu Milletvekili suç duyurusunda bulunmuştu. Halen Ankara Cumhuriyet Başsavcılığı'nda derdest bir soruşturma bulunuyordu. Evrak yetkisizlikle Ankara'ya gönderilecekti."

Gece özel uçakla tekrar Ankara'ya döndüler. Enerji Bakanlığı'nda bazı Bakanlar neler yapıldığını merak ediyordu. Adalet Bakanı'nı bekliyorlardı. O görüşmeden sonra Bakan, Okur'u evine bıraktı. Enerji Bakanlığı'nda bulunan bakanlar, aldıkları duyumları Adalet Bakanı'na aktardılar. Hakan Fidan, savcıların kendisini ifadeye çağırma konusunda ısrarcı olacaklarını öğrendiğini bildirmişti.

Okur, ertesi gün MİT Müsteşarlığı'na gidip Müsteşar Hakan Fidan'ı makamında ziyaret etti. Hakan Fidan'la arasında şu konuşma geçti:

"O gece Bakan Beye de söyledim, savcılar size 'tamam' demiş olabilirler ama benim içerden öğrendiğim kadarıyla bunlar ifadeye çağırmakta ısrar edecekler."

"Hakan Bey, bu konuda en yetkili kişi olan İstanbul Cumhuriyet Başsavcısı ve vekili söz verdi, öyle bir şey yapmazlar herhalde?"

"İbrahim Bey, sizin söylediğinizi Adalet Bakanımız da aynı şekilde söylüyor ama ben ısrar edeceklerini düşünüyorum."

Bir taraftan bunlar yaşanırken Hükümet, MİT Kanunu'nun 26. maddesindeki değişiklik teklifini TBMM'ye sundu. Adalet Bakanlığı da İstanbul Cumhuriyet Başsavcısı'nın evrakı yetkisizlik kararıyla Ankara'ya göndermesini beklemeye başladı.

Fidan içerden doğru bilgi almıştı, yine ifadeye çağrılıyordu

Cuma günü öğleye doğru televizyonlarda "İstanbul Cumhuriyet Başsavcısı'nın 4 kişi hakkında yakalama kararı çıkardığı, Hakan Fidan'ın ifadesinin alınması için de Ankara'ya talimat yazdığı" haberi bomba gibi patlıyordu. Bu haberin yayınlandığı saatte, Adalet Bakanı da HSYK'daki makam odasındaydı. Yanında İbrahim Okur da bulunuyordu.

Bakan da, Okur da ne yapacağını şaşırdı. İbrahim Bey, İstanbul Başsavcısı Turan Çolakkadı'yı aradı ve aralarında şu konuşma geçti:

"Turan Bey siz neden böyle yapıyorsunuz? Çarşamba başka şey söylediniz, Cuma günü başka şey yapıyorsunuz."
"Arkadaşlar böyle uygun gördüler. Fikret Bey de yanımda. Telefonu ona veriyorum."

Aynı şeyleri Seçen'e de söyledi. Seçen, "Evrak öyle gerektiriyordu" dedi. İbrahim Okur, diyecek söz bulamadı. Konuşurken telefonun mikrofonunu açtığı için Bakan da savcıların sözlerini duymuştu.

Öğle saatlerinde yeni bir "son dakika" haberi geçmeye başladı. MİT Müsteşarı Hakan Fidan'ın Başbakanlık binasına giriş görüntüleri eşliğinde "Adana'da aralarında MİT görevlilerinin de bulunduğu beş kişinin gözaltına alındığı" haberi veriliyor, "Adana Başsavcılığı'nın yaptığı açıklamaya göre Suriyeli muhalif Albay Harnus'un, Türkiye'de bulunduğu kamptan kaçırılıp para karşılığı rejim güçlerine teslim edildiği, bunu yapanlardan birinin MİT görevlisi olduğu ve gözaltına alındıkları" belirtiliyordu.

Albay Harnus olayı yaklaşık 3 ay önce yaşanmış bir olaydı, basında da yer almıştı. Böyle bir günde Hakan Fidan'ın ifadeye çağrılma haberinden sonra, Adana haberinin içinde MİT görevlisi bilgisinin de geçtiği bir açıklama yapılması normal değildi. Okur, Adana Başsavcısı Süleyman Bağrıyanık'ı arayıp 3 ay önce olan bir olayla ilgili neden açıklama yapma gereği hissettiklerini sordu. Bu görüşmede konuya ilişkin Adana Cumhuriyet Başsavcılığı'nın ilk basın açıklaması olduğunu öğrendi. Başsavcı "İstanbul'daki olayla ilgisi olmadığı görünsün diye böyle bir açıklama yaptık" dedi.

Başsavcının "karışmasın diye yaptık" demesini Okur inandırıcı bulmamış, "Bunun bir algı operasyonu olduğunu, MİT'çilerin başka suçlar da işlediklerinin kamuoyuna gösterilmeye çalışıldığını" düşündü. Okur, bu konuşmayı yapıp Bakan Bey'in odası ile kendi odası arasında gidip gelirken, HSYK üyeleri Rasim Aytin ve Halil Koç da Okur'un odasında oturuyordu. Az sonra 3. Daire Başkanı Nesibe Özer ve üyelerden Hüseyin Serter de odaya geldi. Okur, son derece gergindi. Krizi çözmeye çalışırken birisi "hukuk karşısında kimsenin ayrıcalığı olmadığını, herkesin ifade vermeye gitmesi gerektiğini" söyledi. Rahatlıkları ve konuşmaları İbrahim Bey'in canını sıkmıştı. Aklından, "Acaba bunlar konuşmalar ve gelişmeler hakkında bilgi sahibi mi?" diye geçirdi.

İbrahim Bey yeniden bakanın odasına gitti. Bakanla birlikte konuyu değerlendirip ifade alma talimatının İstanbul'dan gelip gelmediğini öğrenmek, geldiyse TBMM'deki yasa değişikliği teklifi de dikkate alınarak birkaç gün süre verilmesini istemek üzere saat 17.00 sıralarında Ankara Başsavcısı İ. Ethem Kuriş ve Cumhuriyet Başsavcı Vekili Hüseyin Görüşen'i peş peşe aradı. "Talimat evrakının henüz gelmediğini" söylediler. İbrahim Bey de "Bu saatten sonra gelirse hemen işlem yapmamalarının uygun olacağını, TBMM'de haftaya yasa değişikliğinin görüşüleceğini, ortalığın biraz yatışmasından sonra yasa çıkarsa yeni yasaya göre işlem yapılmasının uygun olacağını" söyledi. Her ikisi de bu yaklaşıma olumlu baktı.

İnanılmaz bir olay yaşandı: 10 dakika sonra MİT Müsteşarı ifadeye çağrıldı

Bu telefon konuşmasından 10 dakika sonra talimat evrakı gelmişti ve 17.20 sularında Savcı Hüseyin Görüşen, MİT Müsteşarı Hakan Fidan'ın makamını arayıp adliyeye davet için aradığını söyledi. Hakan Fidan'ın telefona çıkmaması nedeniyle bu hususta bir de tutanak tuttu. Akşam saatlerinde Ulaştırma Bakanlığı'nda, bazı bakanlarla birlikte olan Adalet Bakanı Sadullah Ergin, HSYK Daire Başkanı İbrahim Okur'u da oraya davet etti. Okur'a, Ankara Başsavcısı ve savcısıyla telefonla konuştuktan sonra yaşananları anlattı, bir kez daha konuşmasını istedi. İbrahim Okur'un cevabı şöyle oldu:

"Bunlar 'Tamam' demelerine rağmen bunu yaptılarsa tekrar görüşmeye gerek var mı? Bir daha beni bu adamlarla muhatap etmeyin."

Bakan, "konunun çok önemli olduğunu, tekrar görüşüp birkaç gün süre vermelerini istemesini" rica etti. Saat 20.30-21.00 gibi Ankara Başsavcısı'nı aradı, nerede olduğunu sordu. Başsavcı İbrahim Ethem Kuriş, Urankent'te evinde olduğunu söyleyince başkan "Müsaitseniz HSYK binasına gelin. Bir çay kahve içelim" dedi.

Yaklaşık bir buçuk saat sonra Başsavcı geldi. Yüzünden memnuniyetsizliği okunuyordu.

Telefon konuşmasında "ifadeye çağrılmayacakları konusunda 'tamam' dedikleri halde neden böyle yaptıklarını" sormuştu. Kuriş'in cevabı şöyle oldu:

"Aslında buraya gelmeyecektim, ancak seni severim, o nedenle geldim. Yürüyen bir soruşturma mevcut ve bizde senin bilmediğin bilgiler var. Bilmediğin işler için böyle kendini ortaya atma. Beni buraya çağırdığınıza göre bir talebiniz olmalı. Gelirken bir şey isteyeceğinizi düşündüm, ne istiyorsunuz?"

Başsavcının üslubu, oturuş biçimi HSYK Daire Başkanı'nı çok rahatsız etmişti. Kuriş'in bu sözlerine karşılık ses tonunu da yükselterek şu karşılığı verdi:

"Sizden bir şey talep etmiyorum, sadece soruma dürüst bir cevap vermenizi bekliyorum. Önceki görüşmemizde söylediğim gibi haftaya MİT Kanunu değişecek, ifade konusunda birkaç gün müsaade edecek misiniz, etmeyecek misiniz? Pazartesi çağrı konusunda ısrar edecekseniz bunu bilelim ve ona göre tedbir alalım' dedim. Hatta 'Süre verirlerse Müsteşarın Ankara'da kalıp görevine devam edeceğini, vermeyeceklerse gerekirse yurtdışı görevine gidip yasa değişikliği sonrası döneceğini, bunun da şık bir durum olmayacağını, devlet krizi yaşanmasını istemediğimi ifade ettim."

İki taraf da sert konuşuyordu. Kuriş, "Hakan Fidan, Pazartesi günü Savcı Hüseyin Görüşen'i arayıp mazeretini bildirsin, Perşembe'ye kadar kabul edelim" dedi.

Makamdan birlikte ayrıldılar. Okur, Bakan'ın yanına gitti, Başsavcı ile yaptığı görüşmeyi anlattı. Pazartesi günü de, MİT Müsteşarı mazeret bildirdi, Başsavcılık da Perşembe gününe kadar süre verdi. İzleyen hafta MİT Kanunu değişikliği yasalaştı ve kriz bu şekilde aşılmış oldu.

Hakan Fidan'ın odasında bilinmeyen bir olayı açıkladı

Bu süreçte Bakanın isteği üzerine, HSYK Daire Başkanı İbrahim Okur, Müsteşar Hakan Fidan'ı ziyaret etti. Bu görüşmede de tek gündem ifade kriziydi. Müsteşar, Okur'a "Aslında Diyarbakır'da aramada bulunduğu söylenen evraklar aramada bulunmadı. Brüksel'de yabancı bir servis elemanlarınca emniyetçilere verildi" dedi.

Bu krizin çıktığı gün Dışişleri Bakanının ABD'ye gidiyor olması, Oslo evraklarının yabancı bir servis tarafından emniyet görevlilerine verildiği bilgisi, İstanbul Cumhuriyet Başsavcısı'nın bu evrakları alır almaz hiçbir işlem yapmadan apar topar Müsteşarı ifadeye çağırması, görüşmeye rağmen ifadede ısrar etmeleri, Adana Başsavcılığı'nın tarihinin ilk basın açıklamasını bu olaylar sırasında MİT ile ilgili yapması, Ankara Başsavcılığı'nın tutumunu birlikte değerlendirdiğinde, Okur'un kafası daha da karışmış, bunun sıradan bir soruşturma olmadığını daha iyi fark etmişti. Yaşanan kritik ve gerilimli saatler için yorumu şöyle yapıyordu:

"MİT Müsteşarı özelinde Türkiye Cumhuriyeti devletinin uluslararası itibarını sarsmak ve o günlerde gündemde olan açılım politikasını sabote etmek amaçlı ve yabancı servisler destekli bir operasyon olduğu sonucuna ulaştım. Bunun güvenlik güçleriyle savcıların işbirliği yaptığı ortak bir operasyon olduğunu düşündüm.

Bu olaya kadar yöntemlerini, her şeye sahip olma isteklerini benimsemesem de bir cemaat olarak gördüğüm bu yapının cemaatten öte, yabancı servislerce kullanılan operasyonel bir yapı olduğunu düşünmeye başladım ve bu düşüncemi bilahare basınla da paylaştım. Paralel yapının benle ilgili yaptığı imaj operasyonundan ötürü bazı yorumcular da bana haksız yüklendi. 7 Şubat 2012'deki MİT Müsteşarı'nın ifadeye çağrılması olayı benim de gözümü açtı."

Hâkim ve savcılar seminerinde neler yaşandı?

Yargıda yaşananlar hükümette büyük rahatsızlık yaratmıştı. 2012 yılının Ocak ayında (CMK 250'de görevli) tüm hâkim ve savcıları kapsayan bir hizmet içi eğitim yapılması planlandı. 7 Şubat MİT krizi yaşanınca bu eğitimi gecikmeden yapma kararı aldılar ve 12 Mart tarihinden başlamak üzere iki grup halinde hâkim ve savcılar Ankara'da eğitime alındı. Prof. Dr. Feridun Yenisey, Prof. Dr. Bahri Öztürk gibi CMK'nın yazımında görev yapmış hocaların yanında, Avrupa Konseyi İnsan Hakları Komiseri Thomas

Hamerberg'i de davet ettiler. Hamerberg, 2011 yılında Türkiye'de ifade ve basın özgürlüğü ve CMK yargılamaları konusunda iki kez rapor yazdığı için ilgili hâkim ve savcılara raporundaki eleştirilerini doğrudan aktarması isteniyordu. Gelemedi ama yardımcısını gönderdi.

Ergenekon, Balyoz ve Oda TV davaları ile Hamerberg raporlarını yakından takip eden ve bu konularda seri yazılar yazan gazeteci Sedat Ergin'i de Hamerberg raporlarıyla ilgili konuşma yapmak üzere davet ettiler.

Bakan Sadullah Ergin, açılış konuşmasında yaşanan sıkıntılara değindi, Prof. Dr. Bahri Öztürk yasalarda bir sıkıntı olmadığını, sıkıntının uygulamadan kaynaklandığını, özellikle dinleme, arama, el koyma, tutuklama gibi tedbirlerin uygulamasında özensiz davranıldığını, soruşturmaların yeterince etkin yürütülmediğini ifade etti. Prof. Dr. Feridun Yenisey de benzer açıklamalar yaptı. Gazeteci-Yazar Sedat Ergin ise "Salondakilere bir soru sormak istiyorum" dedi ve şöyle devam etti:

"Sanıklar lehine düzenlenmiş bilirkişi raporunun Başsavcı Vekili (F. Seçen) tarafından dosyaya konulmak yerine, emanet alınmasının hukuki olup olmadığını merak ediyorum. Siz uygulamacılar bu konuda ne düşünüyorsunuz?"

Dinleyiciler arasında bulunan HSYK 3. Daire Başkanı Nesibe Özer, "Yürümekte olan bir dava ile ilgili bir gazetecinin bu şekilde soru sormasını doğru bulmuyorum, lütfen bu soruya cevap vermeyin arkadaşlar" dedi. Oturum başkanı İbrahim Okur ise "Bir mahzur görmediğini" söyleyip cevap vermek isteyen olup olmadığını sordu. Ancak Nesibe Özer'in çıkışından sonra cevap veren olmadı.

Soru-cevap bölümünde önce İstanbul'dan Savcı Cihan Kansız kendilerinin büyük bir fedakârlıkla çalıştıklarını ve çok önemli bir işlevi yerine getirmelerine rağmen İbrahim Okur'un 1. Daire Başkanı olarak kendilerine yeterince destek vermediğini, eleştirdiğini söyleyip destek beklediklerini ifade etti. Benzer bir konuşmayı Diyarbakır'dan Dr. Ali Okumuş da yaptı.

İki grup halinde 9 gün süren seminer için "yararlı oldu" diyen de çıktı, "biz bildiğimizi yaparız" diyen de.

"Başkanım dinlediniz mi, Ahmet Şık benim için neler söyledi"

Gazeteci-Yazar Ahmet Şık ve Nedim Şener'in 2011 yılında haksız bir biçimde tutuklanmaları büyük yankı yaratmıştı. İlk Hamerberg raporundan sonra HSYK Daire Başkanı İbrahim Okur, Başsavcı Vekili Fikret Seçen'i aradı, "Basılmamış bir kitaptan dolayı tutuklama yapıldığı söyleniyor, Avrupa Konseyi Komiseri olumsuz bir rapor yazdı, dosyada bu yansıyanlar dışında bir şey mi var, bu gerekçelerle tutuklama ağır değil mi?" diye sordu.

Fikret Seçen, "Dosyada çok ciddi deliller var. Ayrıca Beyefendi'nin bilgi ve talimatıyla yapıldı" dedi. Bu konu ilk kez İbrahim Okur'un ifadesinde gündeme geldi. "Beyefendi'nin bilgisi var" sözüne Okur pek inanmamıştı. 2011 yaz aylarında HSYK Başkanvekili Ahmet Hamsici ile birlikte bir konu için ziyaret ettiklerinde, Başbakan'a "Ahmet Şık ve Nedim Şener'in tutuklanması çok tartışıldı, Avrupa Konseyi İnsan Hakları Komiseri de Türkiye aleyhine bir rapor yazdı, ülkeyi sıkıntıya sokuyor" dedi. Başbakan da, "Bir suçları varsa cezalarını çekmeleri gerektiğini" söyledi. Sonraki açıklamalarında "kitabın bazen bombadan daha tehlikeli olacağına" dair bir açıklaması oldu.

Bu görüşmeden sonra ikinci Hamerberg raporu yazıldı. Bu sırada Yargıtay Üyeliği seçimleri oldu. Mahkeme Başkanı Resul Çakır, Yargıtay üyeliğine seçildi. Teoman Gökçe, boşalan başkanlığa Mehmet Karababa'yı önerdi. Bu mahkemede Oda TV, Şike, Cübbeli Ahmet Hoca davaları gibi önemli davalar görüldüğü için Okur, cemaate yakın biri olmasın diye bu isme karşı çıktığını öne sürdü ve şu çarpıcı bilgileri aktardı:

"Daha önce Van CMK 250'de görev yapmış 9. Ceza Dairesi'nden, kararlarına pekiyi verilmiş, cemaatle ilgisi olmadığını düşündüğüm, o zamana kadar olumlu referansları olan Mehmet Ekinci'yi önerdim. Uzun tartışmalar sonucu Mehmet Karababa'nın komisyon üyeliğine atanmasını kabul etmemiz karşılığında Mehmet Ekinci'nin bu mahkemeye atanması için gerekli oya ulaştık ve atadık.

Atama sonrası teşekkür için geldiğinde Mehmet Ekinci'ye mahkemesinde önemli davalar olduğunu, dosyaların oluşturulma şekline ilişkin şüphelerim olduğunu, cemaatçi polislerin düzmece delillerle bu dosyaları oluşturmuş olabileceklerini, çok dikkatli ve titiz davranmasını, özellikle ülkemizi AB ve AK'de sıkıntıya sokan Ahmet Şık ve Nedim Şener dosyasını inceleyip tutukluluk durumlarını değerlendirmesini rica ettim. Bu görüşmeden sonraki ikinci celsede tahliye kararı verdi ve ilgililer tahliye oldu.

Cezaevi çıkışında Ahmet Şık açıklama yapınca gece olmasına rağmen, Mehmet Ekinci beni arayıp 'Başkanım dinlediniz mi, neler söyledi?' dedi. Ben de kendisine 'Beni 375 gün haksız yere içerde tutsalar daha ağırını söylerdim' dedim.

Tahliyeden sonra Nedim Şener katıldığı bir televizyon programında 'bu soruşturmanın başlangıcında emniyet görevlilerinin Sayın Başbakan'ın oğlu Bilal Erdoğan'a yönelik bir suikast hazırlığı içinde olduğunu, kendisinin de onlarla irtibatı olduğu bilgisinin verildiğini, bu gerçekdışı bilgi yüzünden tutuklandığını öğrendiğini' söyleyince, Fikret Seçen'le aramda geçen konuşmayı hatırladım. Böylece Sayın Başbakan'ın yanıltılıp, neticede 'öyleyse gereğini' yapın talimatı alınmış olabileceğini, sonra da 'Neler oluyor?' dediğimizde bize de 'Dosyada önemli şeyler var, Sayın Başbakan'ın bilgi ve talimatıyla yaptık' denildiğini anlamış oldum. Ben bu ayrıntıyı o zaman 'Ahmet Şık ve Nedim Şener'i ben tahliye ettirdim' demek için değil, bu cemaatçilerin Sayın Başbakan'ı ve bizleri nasıl yanılttıklarını gösterebilmek için savcılıkta anlattım.

Savcılık ifademden sonra bu beyanlarım tartışma konusu oldu ve bazı gazetecilerin Sayın Başbakan'la görüştüklerini, hatta ameliyat sonrası geçmiş olsun ziyaretinde bu konuyu açıp 'Siz mi tutuklattınız?' diye sorduklarını, Beyefendi'nin de 'Yok öyle bir şey' deyip Bakan Bey'den konuyla ilgilenmesini istediklerini okudum.

Bunlar doğru olabilir ancak benim bu gelişmelerden haberim yok. Bakan Bey girişimde de bulunmuş olabilir. Ben bana bakan yönüyle bildiklerimi söyledim, benim Beyefendi'yle görüşmem 2011 yazında olmuştu.

Mehmet Ekinci hakkında da FETÖ soruşturması yapıldı ve tutuklandı. Kendisinin bu yapıyla ilgisi var mıdır yok mudur, bilmiyorum. O tarihte ilgisi yok diye bu mahkemeye verdik. Kendisi Oktay Kuban'ın yakın arkadaşıydı ve cemaatin oraya önerdiği isim Mehmet Karababa idi."

Bir kriz bitmeden diğerinin ayak sesleri geliyordu. Bu kez durum daha farklıydı.

Adalet Bakanı, MİT TIR'ları için Başsavcıyı aradı: Arama yapamazsınız!

Milli İstihbarat Teşkilatı (MİT) Müsteşarlığı'nın Suriye ile ilgili yaptığı örtülü bir çalışmanın deşifre edilmesi, olayla ilgili görüntülerin basında yer almasının yankısı öyle büyük oldu ki, *Cumhuriyet* gazetesinin Genel Yayın Yönetmeni Can Dündar, yurtdışına çıktıktan sonra bir daha dönmedi. Can Dündar'a bu görüntüleri verdiği gerekçesiyle CHP Milletvekili Enis Berberoğlu'na 25 yıl hapis cezası verildi. Haberi yazan *Cumhuriyet* gazetesi temsilcisi Erdem Gül, hapis cezasına çarptırıldı. Bitmedi, *Aydınlık* gazetesinde bu haberi yazan, yayımlayanlar hakkında da dava devam ediyor.

Türkiye yeni yıla girmişti. Herkesin eğlendiği saatte Ankara Esenboğa Havalimanı'na yanaşan TIR'a, uçaktan indirilen malzemeler yükleniyordu. Ortalık sessizdi. Ne olup bittiğini bilen yoktu. TIR hareket ettiğinde Ankara, Demetevler'den telefon kulübesinden jandarmayı arayan kişi, "silah ve mühimmat bulunan TIR"ın plakasını veriyor, işte o saatten sonra hareketli dakikalar başlıyordu. 11 Mayıs 2013 tarihinde Hatay'ın Reyhanlı ilçesinde bomba yüklü aracın patlatılması sonucu 52 kişi hayatını kaybetmiş, 150 kişi de yaralanmıştı. Benzer bir olayın yaşanabileceği endişesi tüm birimleri harekete geçirmişti.

TIR durdurulmuş, görevlilerle TIR'ı durduranlar arasında "arama yaparsın, yapamazsın" tartışması yaşanıyordu. Ankara'da da hareket başlamıştı. Saat tam 20.00 civarında, Adalet Bakanlığı Müsteşarı Kenan İpek, HSYK 1. Daire Başkanı İbrahim Okur'u telefonla aradı. İpek, "Sayın bakanımızı veriyorum" dedi. Adalet Bakanı Bekir Bozdağ, "Adana Terörle Mücadele savcıları,

Kırıkhan'da bir MİT TIR'ını durdurmuş. Aracın MİT'e ait olduğunun bildirilmesine rağmen arama yapmakta ısrar ediyorlarmış. Kendilerinin Adana Başsavcısı'yla görüştüklerini, konunun Milli Güvenliği ilgilendirdiğini söylemelerine rağmen arama yapmakta ısrar ediyorlarmış. Bir de siz arayıp arama yetkilerinin olmadığını söyleyin" dedi.

İbrahim Okur, Adana Cumhuriyet Başsavcısı Süleyman Bağrıyanık'ı telefonla aradı. Durumu anlattı. Bağrıyanık da, "Bu konuda kendisini bakan ve müsteşarın da aradığını, olayla ilgili ayrıntılı bilgi almak için Özel Yetkili Başsavcı Vekilini çağırdığını, bunun için adliyeye gitmekte olduğunu, bilgi alınca aktaracağını" söyledi. Çok geçmedi, Başsavcı Süleyman Bağrıyanık, İbrahim Okur'a telefonda şunları aktarıyordu:

"Yapılan telefon ihbarı üzerine savcı, arama için olay yerine gitmiş. TIR'ın MİT'e ait olduğuna dair bir kayıt olmadığını, bu sebeple arama yapmak istediğini bildirdi."

İbrahim Okur, Adana ve Hatay Valilikleri'nin TIR'ların MİT'e ait olduğuna dair yazıları olduğu bilgisini bakan ve müsteşarın kendisine bildirdiğini belirtince Bağrıyanık, "Benim böyle bir yazıdan haberim yok. Şimdi, tekrar soracağım" karşılığını verdi. Okur, MİT Kanunu'nun 26. maddesine göre, bu araçlarda izin olmadan arama yapamayacaklarını, savcıyı oradan çekmesinin uygun olacağını kaydetti. Bu aramaya Ankara farklı bakıyordu. Okur telefonu kapatmadan, "Süleyman Bey, bu yapılanı cemaatin hükümete operasyonu gibi algılıyor. Konu çok hassas. Sakın hukuk dışına çıkılmasın" dedikten sonra telefonu kapattı.

Çok geçmedi. Başsavcı Süleyman Bağrıyanık, HSYK Daire Başkanı İbrahim Okur'a, savcının geri döndüğünü söyledi. Okur da, bu bilgiyi Bakan Bey ve Müsteşar Bey'e de iletmesini istedi. Ama durum İbrahim Okur'un anladığı gibi değildi. Okur, o konuşmadan savcının arama ısrarından vazgeçerek döndüğünü anlamıştı. Ama ertesi gün ve sonrasında savcının ısrar edip aramayı yaptığı, görüntü kayıtları yaptırdığı ve bunun servis edildiği ortaya çıkmıştı. Ortalık iyice karışmıştı.

Adana Başsavcısı Süleyman Bağrıyanık, Mudanya'da Ayhan Tosun'la birlikte çalışmış, Ayhan Bey'in Personel Genel Müdürlüğü Daire Başkanı olduğu dönemde de Çarşamba daha sonra Kars, ardından Elazığ, son olarak da 2011 yılında Adana Başsavcılığına atanmıştı. Başarılı bir geçmişi vardı. Okur, Süleyman Bey'in, 7 Şubat sürecinde yaptıkları basın açıklaması, daha sonra Rusya ile karşılıklı notalara neden olan kimyasal silah soruşturması, son olarak MİT TIR'ının durdurulması ve Bakan Bey yaptığı telefon konuşması hakkında tutanak tutulması olaylarını üst üste koyunca bu gelişmelerin tesadüfi olmadığı ve hükümeti zorda bırakmaya dönük işlemler olduğunu düşündü.

Savcılık kökenli biri olarak savcının aramaya bizzat katılması gibi durum olmadığını biliyordu. Yasanın emredici hükümlerine rağmen savcının 2 saatlik yolu gidip arama yapmaya çalışması, bakan, müsteşar, 1. Daire başkanının uyarıda bulunması, Valilik yazılarına rağmen aramada ısrar edilmesi, cemaat operasyonu olarak algılanıyordu.

İkinci MİT TIR'ları olayı patlak verdi

1 Ocak günü yaşanan ve tüm çabalara rağmen engel olunamayan MİT TIR'larının durdurulma olayının bir benzeri 19 Ocak günü yeniden yaşandı. Bu kez 3 TIR Adana, Ceyhan gişeleri yakınında durduruldu ve devletin bazı görevlileri diğer görevlilerine silah doğrultup kafalarına ayaklarıyla bastı. Olay giderek farklı bir boyut alıyordu.

İlk olayda "TIR'ların MİT'e ait olduğunu bilmiyorduk" mazeretinin arkasına sığınan Adana Başsavcılığının artık mazereti yoktu. İkinci olayla, "Belli ki Adana Başsavcılığı bilerek ve isteyerek yasayı çiğniyor, hükümeti zorda bırakmak için adımlar atıyor" yorumları yapılıyordu. Artık buna bir neşter vurulması gerekiyordu. HSYK 1. Dairesi, olaydan hemen sonra, aramalarda görev alan 3 savcının önce özel yetkilerini kaldırdı, ardından onları geçici yetkiyle başka illerde görevlendirdi. Daha sonra da başka illere atadı. Adana Başsavcısı Süleyman Bağrıyanık da Antalya'ya vekil olarak verildi.

İbrahim Okur, 18 Şubat 2014 tarihinde katıldığı ve Taha Akyol'un sunduğu "Eğrisi Doğrusu" programında, Adana'da üç MİT TIR'ının durdurulması ve aranmak istenmesiyle ilgili olarak savcıların yetkilerinin dışına çıktığını belirtti, "İlk TIR mevzusunda,

T.C.
ADANA
CUMHURİYET BAŞSAVCILIĞI
(TMK'nın 10. Maddesi İle Görevli ve Yetkili)

Soruşturma No: 2014/117

TUTANAKTIR

Soruşturma dosyası ile ilgili olarak olay yeri görüntülerinin Jandarmada olmadığı, tüm görüntülerin 2014/2 sayılı dosyaya gönderildiğinin telefonla bildirilmesi üzerine söz konusu görüntülerin Adana TEM Şube Müdürlüğüne talimat yazısı ile incelenmesi ve çözümünün ve tespitinin yapılması gerektiğinden söz konusu 2014/2 soruşturma sayılı soruşturma dosyasının Cumhuriyet Savcısı Cumali TÜLÜ'nün odasında bulunan özel çelik kasada muhafaza edildiğinden yazı işleri müdürlüğüne vekalet eden Zabıt Katibi Kadir KAYA çağrıldı, Cumhuriyet Savcısı Cumali TÜLÜ'nün odasına gidildi, Cumhuriyet Savcısı Cumali TÜLÜ ve Zabıt Katibi Kadir KAYA ile birlikte çelik kasadan söz konusu dosya çıkarıldı ve incelenmesine geçildi;

Dosyada bulunan bir adet flash bellek (mobese görüntüleri) ve dört adet CD ile 17/02/2014 tarihli ve 2014/117 sayılı yazı ile Adli Emanetten istenen ve Adli Emanetin 2014/21 Emanet sırasında kayıtlı (2014/2 soruşturmaya ait iki adet DVD bir adet CD, iki adet hafıza kartı, bir adet görüntü CD'si bir adet ses kayıt kasetinde bulunan tüm görüntüler incelenmek üzere, Adliyeye çağrılan Emniyet TEM Şube Müdürü Abdurrahim ZENGİN ve aynı şubede görevli polis memuru Burak BAŞOĞLU ve aynı şubede görevli Komiser Serdar KÖKVER'e bir sureti çoğaltılıp suretiyle incelenmek üzere teslim edilip, asıl suretleri 2014/21 Emanet sırasına konulmak üzere Emanet Memuru Şehmuz ÇELİK'e teslim edildi ve 2014/2 sayılı dosyada bulunan ve yukarıda belirtilen dört adet CD ve bir adet flash bellek te dosyasına geri kondu. İşi biten dosya tekrar Zabıt Katibi Kadir KAYA ve Cumhuriyet Savcısı Cumali TÜLÜ ile birlikte Cumhuriyet Savcısı Cumali TÜLÜ'nün odasında bulunan ve Başsavcı Vekilliğimizin gizli içerikli evraklarının saklandığı çelik kasaya konuldu, iş bu tutanak birlikte imza altına alındı.17/02/2014

Kadir KAYA
Zabıt Katibi

Cumali TÜLÜ
Cumhuriyet Savcısı

Ali DOĞAN
Cumhuriyet Başsavcı Vekili

Şehmuz ÇELİK
Emanet Memuru

Abdurrahim ZENGİN
Adana TEM Şube Müdürü

Serdar KÖKVER
Komiser

Burak BAŞOĞLU
Polis Memuru

BİLGİ NOTU

KONU : Hatay ve Adana'da Durdurulan MİT Tırlarına İlişkin İstanbul Adliyesinde Yürütülmekte Olan Soruşturma ve Kovuşturma Hakkında

AÇIKLAMA :

1. GENEL HUSUSLAR:

a. Hatay ve Adana'da durdurulan MİT tırlarıyla ilgili olarak olayla ilgisi olduğu değerlendirilen Jandarma personeli hakkında, Adana 7.Ağır Ceza Mahkemesinde 20.05.2015 tarihinde, TCK Md.328/1 ve Md.330/1 kapsamında dava açılmış, bu dava devam ederken İstanbul Cumhuriyet Başsavcılığınca da aynı olayla ilgili olarak, aynı kanun maddelerine TCK Md.312/1 ve Md.314/2 maddeleri de eklenerek yeni bir soruşturma başlatılmıştır. *(İlgili kanun maddeleri 3.maddede açıklanmıştır.)*

b. Adana'daki yargılamada Jandarma personelinden tutuklanan olmamıştır.

c. Anılan olayla ilgili olarak Adana C.Başsavcılığı tarafından HSYK'dan soruşturma izni alındıktan sonra, dönemin Hatay ve Adana C. Savcıları ile Adana İl J.K. tutuklanmış ve Yargıtay 16.Ceza Dairesinde yargılamaları başlamıştır. *(Adana İl J.K. J.Kur. Alb. Özkan ÇOKAY Mamak Askeri Cezaevine gönderilmiştir.)*

d. Adana 7.Ağır Ceza Mahkemesinde görülen *(2014/161 esas numaralı)* davanın 11.12.2014 tarihindeki on birinci duruşmasında, Yargıtay 16. Ceza Dairesindeki dava ile birleştirilmesine karar verilmiştir.

e. Aynı konuyla ilgili olarak İstanbul C.Başsavcılığınca başlatılan *(2014/41637 numaralı)* soruşturma sonucunda, içerisinde (44) Jandarma ve (78) Emniyet mensubunun şüpheli olarak yer aldığı toplam (122) kişi hakkında hazırlanan iddianame 09.11.2015 tarihinde İstanbul 14.Ağır Ceza Mahkemesi tarafından kabul edilerek *(2015/297 esas numarası ile)* dava açılmış ve iddianamede sanık konumunda olan (17)'si subay, (9)'u astsubay, toplam (26) muvazzaf Jandarma personeli 10.04.2015, 21.04.2015 ve 17.05.2015 tarihlerinde tutuklanmıştır.

f. Aynı suçlamalarla, MİT tırlarının durdurulduğu tarihte Adana J.Bölge K. olan Tuğg. Hamza CELEPOĞLU ile J.Gn.K.lığı İsth.Bşk. olan Tümg. İbrahim AYDIN ve J.Gn.K.lığı Kriminal D.Bşk. olan (E) J.Alb. Burhanettin CİHANGİROĞLU 29.11.2015 tarihinde tutuklanmış ve muvazzaf personel 3.Kor.K.lığı Hadımköy Cezaevine, emekli personel ise Silivri Cezaevine gönderilmiştir. *(Konuya ilişkin olarak halen tutuklu olan TSK mensuplarının isim, rütbe, tutuklanma tarihi ve olay tarihindeki görevlerini gösteren liste EK'te sunulmuştur.)*

g. İstanbul C. Başsavcılığınca başlatılan soruşturmaya istinaden İstanbul 14.Ağır Ceza Mahkemesinde açılan dava sürecinin aşamaları şu şekildedir:

(1) İstanbul C. Başsavcılığı tarafından, kamuoyunda 17-25 Aralık süreci olarak bilinen gelişmelerde rol alan Emniyet mensuplarının yürüttükleri soruşturma dosyalarının incelenmesi esnasında, "Kudüs Ordusu Terör Örgütü" olarak isimlendirilen soruşturma dosyası incelemeye alınmış, bu dosya kapsamında kamuoyunca tanınan birçok kişinin telefonlarının dinlendiğinin görülmesi üzerine, savcılık makamı tarafından soruşturma dosyasına el konularak şüpheli Emniyet görevlileri hakkında inceleme başlatılmıştır.

savcı arkadaşımız bu TIR'ların MİT'e ait olduğunu olay yerine gittiğinde öğrendi, ikinci TIR olayında ise öncesinden itibaren savcının bunu bildiğini gösteren elimizde kanıtlar var" dedi. Okur, açıklamasını şöyle sürdürdü:

"MİT Kanunu'nun 26. maddesine göre MİT mensuplarının haklarında soruşturma yapılması başbakanın iznine tabidir. Soruşturma nedir? Bunun cevabını kanun veriyor. Arama da soruşturmaya dâhildir. Kanun koyucunun iradesine uymak zorundayız. İlk savcıyı başka bir yere tayin ettik. İkinci TIR olayında da savcılarımızın özel yetkilerini kaldırdık. Önce kurallara biz uyacağız. Eğer bunu başka bir amaçla yaptığımız görüntüsü veriyorsak, hem yargıyı yıpratırız hem de bu tür problemler yaşanmasına neden oluruz."

Adalet Bakanı Bekir Bozdağ da, Bakanlık devir-teslim töreninde bu konuyu gündeme getirdi ve yapılanları şöyle anlattı:

"MİT'e ait olduğunu tespit ettikten sonra, şüphesi varsa, bunu Başbakanlık'a bildirmek zorunda. Kaldı ki, basına yansıyan görüntülerden devletin bir kurumunun fertlerinin, devletin başka bir kurumunun fertlerine kötü muamele diyebileceğimiz davranışları var. Bu kabul edilemez bir durum. Burada da yürütme organının bu kadar tepki vermesine neden olan, açıkçası şu hükümler karşısında savcılarımızın görev sınırlarını zorlamasıdır."

Sıcak olay yaşanırken, MİT TIR'ları için savcılar ne dedi?

Son yıllarda bine yakın kişi ya "casusluk" ya da "darbe" suçlamasıyla yargılandı. Hemen hepsinin "kumpas" olduğu ortaya çıktı. MİT'e ait olduğu öne sürülen TIR'larla ilgili işlemleri yapan dönemin Adana Cumhuriyet Başsavcısı Süleyman Bağrıyanık, Cumhuriyet Savcıları Aziz Takçı, Özcan Şişman, Ahmet Karaca ile Kırıkhan Başsavcısı Yaşar Kavalcıoğlu "casusluk" suçlamasıyla tutuklanmışlardı. HSYK da yargılama izni verdi.

O savcıların düzenledikleri tutanaklarda, müfettişlere verdikleri ifadelerde duyulmayan, bilinmeyen ilginç bilgiler de yer alıyordu. Dönemin başsavcısı Süleyman Bağrıyanık'ın savunmalarından bölümler okuyalım:

"1 Ocak 2014'te Kırıkhan İlçesi'nde yapılan bir ihbar üzerine, ihbara konu TIR'da yapılmak istenen aramadan cumhuriyet savcısını vazgeçirmem, hatta aramayı bizzat sonlandırmam yönünde Adalet Bakanı Bekir Bozdağ ve Müsteşar Kenan İpek tarafından maruz kaldığım baskıya dair telefon görüşmeleri içeriğinin tespitine ilişkin tutanak düzenledim. Konuşmalarındaki sözlerin içeriğini TIR'lardaki aramaya yönelik buldum ve 'soruşturmayı etkileme' olarak değerlendirdim. Tutanakta herhangi bir suç isnadı veya nitelendirmesi yapmadım.

Arama yapmak isteyen Cumhuriyet Savcısı Özcan Şişman'a ve yapılmak istenen aramaya değişik şekillerde müdahalelerde bulundukları iddiası ile dönemin Hatay Valisi, Cumhuriyet Başsavcısı, İl Emniyet Müdürü, İl Jandarma Komutanı ile bir MİT görevlisi hakkında tutanak düzenlendi.

Sayın: Arif Sami KAYA
HSYK Başmüfettişi

Konu: 05/03/2015 tarihli ve 03/05-01 sayılı savunma istemine dair yazınız.

Birinci iddia:

"01.01.2014 tarihinde, Hatay Kırıkhan'da MİT'e ait TIR ve ona eşlik eden otomobilin durdurulması olayı ile ilgili olarak; Adalet Bakanı ve HSYK Başkanı Bekir BOZDAĞ ile Adalet Bakanlığı Müsteşarı ve HSYK 1. Dairesi Üyesi Kenan İPEK tarafından telefonla aranıldığınızı iddia ederek, 2937 sayılı Devlet İstihbarat Hizmetleri ve Milli İstihbarat Teşkilatı Kanunu'nun 26. maddesindeki özel düzenleme hatırlatıldıktan sonra "...ihbara konu TIR'ın MİT'e ait olduğu, sözü edilen Yasadaki özel düzenleme nedeniyle MİT görevlileri hakkındaki soruşturmanın yapılabilmesinin Başbakanın iznine tabi olduğu, bu nedenle görevli savcının bu TIR'da arama yapamayacağını, bu nedenle aramaya engel olunması..." şeklindeki beyanlarını müteakip, ilgililer hakkındaki şikayetinizi içerir, sadece kendi isim ve imzanızın bulunduğu, hukuki anlamda tutanak vasfına haiz olmayan "Telefon Görüşme Tespit Tutanağı" başlıklı 02.01.2014 günlü yazıyı, ilgilerin mesleki sıfatları da gözetilerek bakanlık muharebe bürosu aracığı ile doğrudan görevli ve yetkili birimlere göndermek yerine, yapılan görüşme içeriğinin ve iddia edilen suçlamaların terör suçu ile ilgisi olmamasına karşın, Adalet Bakanı ve Müsteşarını terör örgütü üyesi olduğu algısını yaratacak şekilde 13.01.2014 tarihli "02.01.2014 tarihli Telefon Görüşme Tespit Tutanağı, tarafınızdan yürütülmekte olan 2014/2 nolu soruşturma dosyası ile ilgili nedeniyle kapalı zarf içerisinde ilişikte gönderilmiştir." şeklinde ifadeler içerir, üst yazı ile birlikte mesleki müktesabatınızla da bağdaşmayacak ve planlanan bir organizasyonun parçası olacak şekilde TMK 10. Maddesi ile görevli Cumhuriyet Savcısı Aziz TAKCI'ya gereği ve ifası için yolladığınız" şeklinde iddiada bulunulmuştur.

Savunma: 01/01/2014 tarihinde; Hatay ili Kırıkhan ilçesinde yapılan bir ihbar üzerine, ihbara konu TIR'da yapılmak istenen aramada, arama yapmak isteyen görevli ve sorumlu Cumhuriyet savcısını vazgeçirmem, hatta aramayı bizzat sonlandırmam yönündeki, Sayın Adalet Bakanı Bekir BOZDAĞ ve Sayın Müsteşar Kenan İPEK tarafından, maruz kaldığım baskıya dair telefon görüşmeleri içeriğinin tespitine ilişkin düzenlediğim **tutanağı** konuşmalardaki sözlerin içeriğini "soruşturmayı etkileme" olarak değerlendirmem ve Hatay-Kırıkhan'daki ihbara konu TIR'larda yapılmak istenen aramaya yönelik bulmam nedeniyle bu soruşturmanın kayıtlı olduğu Adana Cumhuriyet Başsavcılığının 2014/2 soruşturma numaralı dosyasına gönderdim.

Tutanak, Sayın Adalet Bakanı ve Sayın Müsteşar ile yaptığım telefon görüşmesini tespitten ibaret **olup görüldüğü üzere içeriğinde herhangi bir suç isnadı veya nitelendirmesi bulunmamaktadır.**

Diğer yandan, tutanağın 2014/2 no'lu soruşturma dosyasına gönderildiğine dair üst yazıda, **tutanağın dosyaya sadece "ilgisi nedeniyle" gönderildiği** belirtilip gerek Sayın Bakan ve gerekse Sayın Müsteşarın sözleri hakkında suç nitelendirmesi ya da iması yapılmamıştır.

Ayrıca; Sayın Bakan ve Müsteşar ile yapılan telefon görüşmesinde doğrudan muhatap olmam nedeniyle tutanağa bağladığım konunun müteakip işlemlerinin Başsavcı Vekili tarafından yapılmasının doğru ve kaçınılmaz olduğu, nitekim telefon görüşmesi birebir yapıldığı için tutanağın da mecburen tek imzalı bulunduğu, tutanağın tek imzalı olmasının belgenin hukuki anlamda tutanak niteliğinde olmadığı anlamına gelmeyeceği, nitekim birçok hakim ve savcı işleminin tek imzalı belgelerle gerçekleştiği, olayın mağduru olan savcının bu olayın savcısı olarak hareket etmesinde yasal bir engel bulunmayıp bu anlamda bu tutanağın tutulması benim için delil tesbiti olması bakımından bir hak olmasının yanında ayrıca bir görev olduğu, yine görüşmenin tarafları, içeriği ve soruşturmanın konusunun gizliliği gerektirmesi, benim ise konunun tarafı olmam nedeniyle, ilgili soruşturma dosyası ile birlikte irdelenerek, diğer bir savcı tarafından değerlendirmeye tabi tutulabilmesi için, dosyanın da bulunduğu TMK 10. Madde ile yetkili bölüme ait 2014/2 soruşturma no'lu dosyaya gönderdim.

Arama işlemini yapmak isteyen Cumhuriyet Savcısı Özcan Şişman da yapılmak istenen aramaya değişik şekillerde müdahalelerde bulundukları iddiası ile dönemin Hatay Valisi, Cumhuriyet Başsavcısı, İl Emniyet Müdürü, İl Jandarma Komutanı ile bir MİT görevlisi hakkında tutanak düzenleyip bu kişiler hakkındaki soruşturma işlemleri de 2014/2 sayılı dosya üzerinden başlatılmış olup ilgililerin tabi olduğu soruşturma usulüne göre yürütülmek üzere gerekli tefrik işlemleri yapılmıştır.

Doğal olarak tarafı olduğum olayın nitelendirmesini yine tarafımdan yapılması eleştiri ve itiraza neden olacağından, müteakip işlemlerin farklı bir bakış açısıyla değerlendirebilecek olan Başsavcı Vekili tarafından yapılmasının usul ve etiğe daha uygun olacağını düşündüm. *Nitekim;2014/2 sayılı soruşturmadan tefrik edilerek Adana Cumhuriyet Başsavcılığının 2014/136 soruşturma no'suna kaydedilen tutanak ve içeriğindeki sayın Bakan hakkındaki iddialar soruşturmaya değer bulunmuş, yapılan tahkikat sonucunda kovuşturmaya yer olmadığına dair karar verilmiş ise de bu karar Tarsus 1. Ağır Ceza Mahkemesinin 26/03/2014 tarihli ve 2014/481 Değişik iş sayılı kararı ile kaldırılmış ve fakat sonrasında eylem 5237 sayılı Yasanın 277. maddesinde yapılan değişiklikle, soruşturma evresinde yapılan müdahaleler suç olmaktan çıkarılmış, bunun üzerine de yapılan yasa değişikliğine atıfla, bundan böyle "Soruşturma aşamasında bu suç oluşmayacaktır"gerekçesiyle, Adalet Bakanı Bekir Bozdağ hakkında, Adana Cumhuriyet Başsavcılığının 2014/35480 sayılı Kovuşturmaya Yer Olmadığına Dair Karar verilmiştir.Bu da tutanağın "soruşturmaya değer olduğunu" hem başsavcılık makamı hem de bağımsız mahkeme tarafından uygun bulunduğunu göstermektedir.Bu husus bile başlı başına hakkımdaki soruşturma maddesini yersiz kılmaktadır.*

01/01/2014 tarihinde Sayın Müsteşar Kenan İpek ve devamında Sayın Adalet Bakanı Bekir Bozdağ ile yapılan telefon konuşmalarına ilişkin kayıtların el yazımla not alındığı iki küçük defter sayfası fotokopisi ilisikte sunulmustur. Bu kayıtlara göre Sayın Müstesar beni 10 (on) kez aramıs, ben de kendisini cevaben (üc) kez aramısım. Yargı teskilatı üzerinde en etkin konumda bulunan ve aynı zamanda HSYK'nın da başkanı olan Adalet Bakanı ile HSYK Birinci Daire üyeliği görevini de yürüten Adalet Bakanlığı Müsteşarının basına vansıdığı sekilde kabule göre bir Bassavcıya " TIR'ların Basbakan'ın izni olmadan aranamayacağı hususundaki yasa maddesini telefonda hatırlatmasının" ve bu hatırlatmanın birden cok kez tekrarlanması dikkate alındığında, hatırlatma anlamının cok ötesinde **talimat, en azından Anayasamızca yasaklanmış telkin niteliğinde olduğu** aşikardır. Kaldı ki, ne Anayasa, ne 5235 Sayılı Adli Yargı İlk Derece Mahkemeleri ile Bölge Adliye Mahkemelerinin Kurulus, Görev Ve Yetkileri Hakkında Kanun, ne 5271 Sayılı CMK ve ne de uluslar arası mevzuat ile evrensel hukuk normları Adalet Bakanı ve Müsteşarına yürütülen adli soruşturmaya müdahale hak ve yetkisi vermistir. Bu telefon görüsmelerinin savısı ve iceriği ile ilgili Sayın Bekir Bozdağ ve Sayın Kenan İpek'in tanık olarak dinlenilmesini talep edivorum. Ayrıca; bu konuşmalara ilişkin adıma kayıtlı 0554 .... nolu telefona ait, 01/01/2014 tarihini iceren HTS kayıtlarının da getirtilip delil olarak dosyaya konulduğunda, savunmamın doğruluğu ortaya çıkacaktır.

Anılan olaylar ve devamında gelişen süreçte muahezeyi gerektirecek bir eylem bulunmamaktadır. Olay tarihinde yürürlükte olduğu haliyle TCK'nın 277. maddesi kapsamına girme ihtimali bulunan sözlerle ilgili Sayın Adalet Bakanı Bekir Bozdağ ile Sayın Müsteşar Kenan İpek hakkındaki düzenlediğim tutanağı ilgisi ve niteliği itibariyle "etkilenmek istenen soruşturmanın" kaydolunduğu soruşturma dosyasına göndermem, zorlama bir yorumla (adeta niyet okunarak) sayın Adalet Bakanı ve sayın Müsteşarını "terör örgütü üyesi oldukları algısını oluşturmak" olarak değerlendirilmiştir. Hakkımdaki bu isnad hiçbir delile dayanmamakta, hukuki olmayıp bir vehimden ibaret bulunmaktadır. Oysa; **hukuk, niyet okuma ve algılarla değil olgularla hüküm tesis eder.** Nitekim; bu olaydan sonra yargılamayı etkileme suçu dışında soruşturmayı etkilemeyi de suç olarak düzenleyen 5237 sayılı TCK'nın 277. maddesinde 28/06/2014 tarihinde yürürlüğe giren 6545 sayılı yasanın 69. maddesi ile **değişiklik yapılarak soruşturmayı etkileme eylemi suç olmaktan çıkarılmıştır.**

Sonuç olarak; yukarıda sözü edilen olaylara ilişkin doğrudan doğruya mevzuatın bana tanıdığı hak ve yükümlülükler çerçevesinde, görevimin ifası zımnında yerine getirmiş olduğum işlemlerin "planlı bir organizasyonun parçası olduğum" şeklinde değerlendirilmesi, hukuki dayanaktan yoksundur. Bu itibarla, yukarıdaki dayanaksız ithamın ulusal ve uluslararası mahkemeler nezdinde cezai ve hukuki davalara konu edileceği de hatırdan çıkarılmamalıdır.

İkinci iddia:
01.01.2014 tarihinde Hatay Kırıkhan'da, 09.01.2014 tarihinde ise Adana Ceyhan Sirkeli Otoyol Gişelerinde MİT'e ait TIR ve ona eşlik eden otomobillerin kolluk tarafından durdurulmasının hemen sonrası, araçların MİT'e ait, ilgili personelin de MİT personeli olduğu ve gerçekleştirilen faaliyetin de suç teşkil etmediğinin gerek Hatay ve Adana Valilerinin yazılı ya da telefonla, gerekse (kendi iddianıza göre) HSYK Başkanı olan Adalet Bakanı ile aynı zamanda HSYK 1. Dairesi Üyesi olan Adalet Bakanlığı Müsteşarı tarafından telefonla aranmak suretiyle size bildirilip 2937 sayılı Devlet İstihbarat Hizmetleri ve Milli İstihbarat Teşkilatı Kanunu'nun "Soruşturma İzni" başlıklı 26. madde hükmünün hatırlatılmasına, ayrıca MİT mensuplarının görevi sırasında ya da görevinden dolayı işledikleri suçlar nedeniyle Cumhuriyet savcısının doğrudan soruşturma yapamayacağına ilişkin düzenleme getiren 3713 sayılı Yasa'nın olay tarihinde yürürlükte olan mülga 10/b maddesinin açık hükmüne rağmen olaya herhangi bir müdahalede bulunmadığınız gibi, olay yeri görüntülerini içerir CD ile, alınan HTS kayıtlarından da anlaşılacağı üzere; Hatay Kırıkhan'da durdurulan TIR nedeniyle olay yerine giden Cumhuriyet Savcısı Özcan ŞİŞMAN ile saat 20:45'te "...burada görevliler açtırmayız gibi şeyler var, bizzat gereğini yapıyoruz Başsavcım, açacağız şimdi, tamam" şeklindeki ifadelerin kullanması hususu birlikte değerlendirildiğinde, devlet sırrı niteliğinde olan TIR'lardaki malzemenin aramasını yapan ve yapmaya çalışan TMK 10. madde ile görevli Cumhuriyet savcılarının yasaya aykırı eylem ve işlemlerine doğrudan katılarak olayın gerçekleşmesine katkı sağladığınız, şeklinde iddiada bulunulmuştur.

Savunma: 01/01/2014 tarihinde saat 18:00 sularında Adana Cumhuriyet Başsavcı Vekili Ahmet Karaca cep telefonumdan beni arayarak "Hatay-Kırıkhan'da ihbar üzerine durdurulan bir TIR'da yapılmak istenen aramada sorun çıkmış, sizi arayabilirler, bilginiz olsun istedim." dedi. Ben de kendisine "olayın detayını öğrenip bana dönüş yap" dedim. Bu görüşmeden çok kısa bir süre sonra Adalet Bakanlığı Müsteşarı Sayın Kenan İpek beni telefon ile aradı. Karşılıklı kısa bir konuşmadan sonra, Müsteşar bey bana, "Hatay-Kırıkhan'da bir TIR'la ilgili yapılan aramadan haberin var mı?" dedi. Ben de "biraz önce Başsavcı Vekili telefonla beni arayarak böyle bir aramadan bahsetti ama detayını bilmiyorum, Başsavcı Vekili olayın ayrıntısını öğrenip bana bildirecek." dedim. Bunun üzerine Müsteşar Bey "Öğren ve beni ara" dedi ve telefonu kapattı.

Bu görüşmenin ardından yaklaşık 5-10 dk kadar geçmişti ki Müsteşar Bey beni telefonla tekrar arayarak "Ne olduğunu öğrendin mi?" dedi. Ben de "Başsavcı Vekili henüz dönüş yapmadı." dedim. Bu sözüm üzerine Müsteşar Bey bana "söz konusu tırın MİT'in kontrolünde olduğunu, MİT kanunundaki özel düzenleme nedeni ile Başbakanlık izni olmadan TIR'da arama yapılamayacağını, bu nedenle arama yapmaya giden Cumhuriyet Savcısının arama yapmaktan vazgeçmesini, sadece TIR'ın MİT'in kontrolünde bulunduğunu, görevlilerin MİT mensubu olduğunun tespiti ile yetinilerek TIR'da arama yapılmasından vazgeçilmesini, aksi halde aramayı yapacak Savcı dahil hepimizin çok üzüleceğini, yanlış birşey yapmamamızı" söyledi. Bunun üzerine ben de "konuyu Başsavcı Vekiliyle görüşüp değerlendirip size dönerim" dedim.

Hemen sonrasında dönemin Hatay Valisi Sayın Celalettin Lekesiz cep telefonumdan beni arayarak "ihbara konu TIR'ın MİT'in kontrolünde olduğunu, arama yapılmaması gerektiğini" söyledi. Ben de kendisine görevli Cumhuriyet savcısı olayla ilgili kanuni gereği neyse ona göre işlem yapar dedim.

Bunun akabinde, dönemin Hatay Cumhuriyet Başsavcısı Sayın Bestami Tezcan cep telefonumdan beni arayarak "söz konusu TIR'daki arama işleminden haberim olup olmadığını, arama işleminin Adana Cumhuriyet Başsavcılığı TMK 10. madde ile görevlendirilmiş Büro tarafından takip edilip edilmediğini" sordu. Ben de "olayın Başsavcılığımızın TMK 10. madde ile görevlendirilmiş Büro tarafından takip edildiğini öğrendiğimi" söyledim, O' da "tamam bizim bu konuda yapacağımız bir iş yok" dedi.

Bu konuşmalardan sonra başsavcı vekilini telefonla arayıp yapılmak istenen aramanın mevzuata uygunluğu hususunu sordum. Kendisi bana "ihbara konu silah taşındığı iddia olunan TIR'larda arama yapmaya MİT kanununun 26. maddesinin engel teşkil etmediğini, görevlilerin MİT görevlisi olduğunun tespiti halinde bu görevlilerle ilgili gözaltı işlemi yapılamayacağını, ancak gecikmesinde sakınca bulunan ve kaybolma ihtimali bulunan suçun delillerinin tespiti ile muhafaza altına alınmasının gerektiğini, bunun yapılmadığı takdirde görevi ihmal suçunun oluşacağını, başka yerlerde gerçekleşen benzer olaylarda da uygulamanın bu yönde olduğunu bildiğini ve bu nedenle aramanın mevzuata uygun olduğunu" söyledi.

Adana Cumhuriyet Başsavcılığı görevine başladığım tarihten itibaren TMK 10. madde ile yetkili bölümdeki soruşturmalarda olaylara ilişkin gereken bilgileri hep bu bölümün başsavcı vekilinden alırdım. Soruşturmaların seyriyle ilgili değerlendirmeleri de Cumhuriyet savcıları başsavcı vekili ile yaparlardı. Görev yaptığım dönem içinde benzer birçok ihbar ve arama yapılmış olup işlem sonucu eğer önemli ise başsavcı vekili tarafından bana çok özet olarak bildirilirdi. Bu uygulamaya ilişkin olarak aynı dönemde birlikte görev yaptığım Adana TMK 10'da yetkili başsavcı vekili ve aynı birimde görevli savcıların tanık olarak dinlenilmesini talep ederim.

Bu prosedürü, 28/08/2013 tarihli Adana Cumhuriyet Başsavcılığına Ait İş Bölümü ile aynı tarihli Adana Cumhuriyet Başsavcılığı Genel Çalışma Esas Ve Usulleri Hakkındaki Yönerge hükümleri doğrulamaktadır. Ekte Cumhuriyet Başsavcı Vekili Ahmet KARACA'YA ait görevlerin yazılı olduğu kısmın sunduğum Adana Cumhuriyet Başsavcılığına Ait İş Bölümünde Cumhuriyet Başsavcı Vekili Ahmet KARACA'YA ait görevler arasında "Özellik içeren soruşturmaları yapmak üzere Cumhuriyet savcısı görevlendirir. Bu nevi evrakın soruşturma ve gidişatını izler. Gerektiğinde keyfiyetten Cumhuriyet Başsavcısını bilgilendirir."hükmü yer almaktadır.

Yukarıda zikredilen telefon görüşmelerinin devamında, Müsteşar Bey beni telefonla tekrar arayarak, kendisine başsavcı vekili ile aramızda geçen konuşmayı aktarıp aramanın yasaya uygun olduğunu söylememe rağmen bu görüşümüzü dikkate almayıp ısrarla "Savcı Özcan Şişman'ı aramamı, söz konusu TIR'daki aramayı gerçekleştirmesine müdahale ederek engel olmamı, Kırıkhan Savcısının görevlilerin kimliklerini tespit ettiğini, tutanak tutup olay yerinden ayrıldığını, tutanakların Adana'ya gönderilmesinin yeterli olduğunu" söyledi. Ben de Müsteşar Bey'e, "bu konuyu başsavcı vekili ile konuştuğumu, savcı ile konuşmadığımı, uygulamamın bu yönde olduğunu" söyledim. Buna rağmen Müsteşar bey "savcı beyle telefonla görüş, aramayı yapmasına engel ol!" diyerek ısrarını sürdürdü.

Müsteşar beyle aramızdaki telefon görüşmelerinden arama ile ilgili problemin hala devam ettiğini anlamam üzerine başsavcı vekilini arayarak adliyeye davet ettim. Birlikte Adliyeye geldik. Başsavcı vekili bana konuyu ülkemizin değişik yerlerinde daha önce meydana gelen olaylardaki uygulamaları da örnekleyerek anlatıp, yapılmak istenen arama ile ilgili yasaya aykırı bir durumun olmadığını söyledi.

Bu arada, Müsteşar beyin her telefonda savcı beyle görüşmem konusundaki ısrarı devam edince üzerimde oluşan baskıdan dolayı benzer olaylardaki genel uygulamam dışına çıkarak olayın mahiyetini ve seyrini bizzat savcı beyden öğrenmek için savcı beyi cep telefonundan aradım. Ancak; yapılmak istenen arama işleminin tamamen yasalara uygun olması ve bu durumu sormam savcı bey üzerinde baskı algısını oluşturacağını düşündüğümden, **Sayın Müsteşar Kenan İpek'in emir ve talimatları yerine hukuk ve mevzuata üstünlük tanıyarak,** kendisiyle görüşmekten vazgeçip hiç konuşmadan telefonu kapattım.

Müsteşar bey, bir sonraki görüşmemizde de yukarıda belirtilenlere benzer sözlerle savcı beyin TIR'da arama yapmasına engel olmam söyledikten sonra beni ikna edemeyince telefonu Adalet Bakanımız Sayın Bekir BOZDAĞ'a verdi. Sayın Bakanımız da özetle; "ihbara konu TIR'ın MİT'e ait olduğunu, MİT kanunundaki özel düzenleme nedeniyle MİT görevlileri hakkında soruşturmanın Başbakanlık iznine tabi olduğunu, bu nedenle görevli savcının bu TIR'da arama yapamayacağını, yanında İçişleri Bakanı ile MİT Başkanının da bulunduğunu ve kendilerinin, Adalet Bakanının ve Müsteşarının TIR içinde silah bulunmadığını söylediklerini, bunların yalan söyleyip de ihbarcının mı doğru söylediğini belirttiğini", ayrıca ısrarla, "hukuka sahip çıkmamı, yetkimi kullanarak derhal görevli savcıdan dosyayı almamı ve başka savcıya vermemi, görevli savcıyı görevden aldığıma dair yazıyı Emniyete, Jandarmaya, ilgili yerlere göndererek aramaya engel olmamı" istedi.

Ben de daha sonra Sayın Adalet Bakanı Bekir Bozdağ ve Sayın Müsteşar Kenan İpek ile aramızda geçen ve ayrıntısını yukarıda belirttiğim telefon görüşme içerikleri yapılmakta olan soruşturmayı etkilemeye yönelik olduğundan tutanağa geçirerek imzaladım.

Hatay Kırıkhan'da durdurulan TIR nedeniyle olay yerine giden Cumhuriyet Savcısı Özcan ŞİŞMAN ile saat 20:45'te "…burada görevliler açtırmayız gibi şeyler var, bizzat gereğini yapıyoruz Başsavcım, açacağız şimdi, tamam" şeklindeki ifadelerin kullanıldığı iddiasına gelince;

Yukarıda ayrıntılı olarak izah ettiğim şekilde, Cumhuriyet Savcısı Özcan Şişman'ı cep telefonuyla aramama rağmen, adı geçen ile kesinlikle cep telefonunda konuşmadım. Dolayısıyla soruşturma maddesinde belirtildiği şekilde Cumhuriyet Savcısı Özcan Şişman'ın telefonda bana "…burada görevliler açtıramayız gibi şeyler var, bizzat gereğini yapıyoruz Başsavcım, açacağız şimdi, tamam" şeklinde konuşması kesinlikle söz konusu değildir. Getirtilen HTS kayıtlarında, Cumhuriyet Savcısı Özcan Şişman'a ait 505 ………… numaralı cep telefonu ile bana ait 554 …………. cep telefon numarası arasındaki görüşme bir defaya mahsus olmak üzere süresi 7 (yedi) saniye olarak belirtilmiştir. Bir kişinin telefonu açıp kulağına götürüp hiç konuşmadan ve zaman yitirmeden tekrar kulağından çekip kapatma tuşuna basarak konuşmayı sonlandırması işleminde en az 3-4 saniye geçer. Soruşturma maddesinde belirtilen konuşmadan önce üç nokta kullanılması konuşmanın öncesinin de olduğunu gösterdiği hususu da birlikte değerlendirildiğinde belirtilen sözlerin bırakın arta kalan 3-4 saniyelik zamanda, 7 saniyelik zamanda bile sarf edilmesinin mümkün olmayacağı tartışmasız bir gerçektir. Getirtilen HTS kayıtları ve olay yeri CD'si üzerinde bilirkişi incelemesi yaptırıldığında, olay yeri CD'sindeki savcı Özcan Şişman'ın söylediği belirtilen konuşmaların olay günü saat 20.45'de tarafımdan yapılan arama ile karşılaştırıldığında zamanın uyumlu olmadığı anlaşılacaktır. Bu itibarla sözü edilen konuda bilirkişi incelemesi talep ediyorum.

19 Ocak 2014 tarihinde Adana-Ceyhan'da durdurulan TIR olayına gelince;
Olay tarihinde (3) tane TIR'da kaçak silah sevkiyatı yapıldığına dair ihbar üzerine, kolluk görevlileri tarafından TIR'lar durdurulduktan sonra, İl Jandarma Komutanı Özcan Çokay beni telefonla arayıp ihbara konu TIR'ların kolluk görevlileri tarafından durdurulduğunu söyleyip aramada sorun çıktığını belirterek telefonu Adana Valisi Sayın Hüseyin Avni Coş'a verdi. Vali Bey bana TIR'ların MİT'in kontrolünde olduğunu ve aramanın yapılmaması konusunda ne yapılabileceğini sordu. Ben de görevli Cumhuriyet savcısının yasalar çerçevesinde ne gerekiyorsa onu yapması gerektiğini, benim kendisine müdahale ederek engellememin söz konusu olamayacağını söyledim.

Akabinde, Adalet Bakanlığı Ceza İşleri Genel Müdürlüğünde görevli Genel Müdür Yardımcısı sayın Aytekin Sakarya cep telefonundan beni arayarak Adana'da bir TIR durdurulup arama yapıldığını duyduğunu ve olayın ne olduğunu öğrenmek istediğini söyledi. Ben de kendisine "Sayın Genel Müdürüm, tırlarla silah sevkiyatı yapıldığına dair ihbar üzerine güvenlik görevlileri ihbara konu TIR'ları durdurmuşlar, TIR'larda bulunan görevliler kendilerinin MİT görevlisi olduğunu söyleyip aramaya engel olmak istemişler, MİT Yasası'nın 26. maddesi yapılmak istenen aramaya engel teşkil etmiyor, ben de artık bu olaylardan bıktım, bu yasayı değiştirin, siz de kurtulun biz de kurtulalım." dedim. Genel Müdür Yardımcısı konuşmasında gayet nezaketli olup bana aramanın yapılmaması konusunda herhangi bir telkini ve baskı içeren bir sözü olmadı. Sadece olayın içeriğini öğrenmek istemişti.

Daha sonra Başsavcı Vekili Ahmet Karaca cep telefonundan beni arayarak ihbara konu TIR'ın MİT'in kontrolünde ve MİT'in görevi kapsamında sevkiyat yaptığına dair resmi belge ibraz edildiğinden TIR'larda arama yapmadan serbest bıraktıklarını söyledi. Bu telefon konuşmasından kısa bir süre sonra Valilikten ikametgahıma gelen bir görevli bana kapalı zarf içinde Vali Beyin imzasını taşıyan başsavcı vekilinin telefonda bahsettiği resmi yazının bir örneğini verdi. Böylece; bir önceki yani 01/01/2014 tarihindeki olaya ilişkin başsavcı vekili veya savcıya arama hususunda bir talimatım olmadığı gibi 19/01/2014 tarihindeki olaya ilişkin de görevli başsavcı vekiline ve savcıya bir talimat vermiş değilim. Çünkü bu konuda da diğer soruşturmalarda olduğu gibi, mevzuat ne gerektiriyorsa o yapılmıştır.

Konuya ilişkin mevzuata gelince;

İhbara konu TIR'larda yapılmak istenen arama tarihinde yürürlükte olan 2937 sayılı Devlet İstihbarat Hizmetleri ve Millî İstihbarat Teşkilatı Kanununun 26 ncı maddesi;

"MİT mensuplarının veya belirli bir görevi ifa etmek üzere kamu görevlileri arasından Başbakan tarafından görevlendirilenlerin; görevlerini yerine getirirken, görevin niteliğinden doğan veya görevin ifası sırasında işledikleri iddia olunan suçlardan dolayı ya da 5271 sayılı Kanunun 250 nci maddesinin birinci fıkrasına göre kurulan ağır ceza mahkemelerinin görev alanına giren suçları işledikleri iddiasıyla haklarında soruşturma yapılması Başbakanın iznine bağlıdır."

Hükmü, olaydan sonra 17/4/2014 tarih ve 6532 sayılı yasanın 6 ncı maddesi ile başlığı "Soruşturma izni ve yargılama" olarak değiştirilip aşağıdaki 2. fıkra eklenmiştir. Şöyle ki;

"Cumhuriyet savcıları, MİT görev ve faaliyetleri ile mensuplarına ilişkin herhangi bir ihbar veya şikâyet aldıklarında veya böyle bir durumu öğrendiklerinde MİT Müsteşarlığına bildirirler. MİT Müsteşarlığının, konunun görev ve faaliyetlerine ilişkin olduğunu belirtmesi veya belgelendirmesi hâlinde adli yönden başkaca bir işlem yapılmaz ve herhangi bir koruma tedbiri uygulanmaz. Ancak birinci fıkra hükümlerine göre işlem yapılabilir."

Olay tarihinde yürürlülükte bulunan 2937 sayılı MİT kanununun 26. maddesi yapılan ihbar üzerine arama tedbirinin uygulanmasına engel değildir. Nitekim bu nedenle yukarda da belirtildiği şekilde MİT kanununun 26. maddesinde yapılan değişiklikle, "başkaca bir işlem yapılamaz" denmek suretiyle kaybolması muhtemel delillerin toplanması da engellenmiştir. Sonraki değişiklik ile getirilen bu yasak önceki düzenlemede mevcut değildir. **Bu değişiklik dahi tek başına yapılan işlemlerin olay tarihi itibari ile MİT kanuna aykırı olmadığını göstermektedir. Bu itibarla aleyhimdeki iddia dayanaktan yoksundur.**

Ayrıca; o tarihte yürürlülükte olan 2937 sayılı yasanın 4 ncü maddesine göre MİT'e aktif, yani operasyonel yetkiler verilmediğinden, MİT kendisine ait malzemeler dışında silah veya benzeri eşyayı ya da yardım içerikli eşyayı ithal veya ihraç edememektedir.

Prof. Dr. Ersan Şen'in "Adalet.org" isimli internet sitesinde yayınlanan "MİT'e Ait TIR ve Savcının Yetkisi" başlıklı makalesi ile Doç. Dr. Kasım Karagöz'ün (http://www.turkhukuksitesi.com/makale_1808.htm) Türk Hukuk Sitesi isimli internet sitesinde yayınlanan "2937 Sayılı Devlet İstihbarat Hizmetleri Ve Milli İstihbarat Teşkilatı Kanunu'nda 2014 yılında yapılan değişikliklerin Anayasal açıdan irdelenmesi" konulu makalesinde de aynı görüşe yer verilmektedir.

İhbara konu TIR'ın MİT'e ait olduğu hususu arama öncesinde tarafımca bilinmediği gibi hiçbir kişi ya da makam tarafından TIR'ların sevkiyatının MİT'in görev ve faaliyetlerine ilişkin olduğuna dair bilgilendirme ya da belgelendirme yapılmamıştır. Her iki olayın başlangıcında telefonda bana gerek dönemin Hatay Valisi Celalettin Lekesiz ve gerekse dönemin Adana Valisi Hüseyin Avni Coş'un ihbara konu tırların sevkiyatının **MİT'in görevi kapsamında olduğuna dair** bir beyanları olmayıp sadece ihbara konu TIR'ların MİT'e ait olduğunu ve bu nedenle arama yapılamayacağını söylemekle yetinmişlerdir. Zaten o günkü mevzuat da buna müsaade etmemektedir. Hatta Adalet Bakanı Bekir Bozdağ'ın sözlerin de TIR'ların sevkiyatının MİT'in görev ve faaliyetlerine ilişkin olduğuna dair bir beyan bulunmayıp, ihbara konu TIR'ın MİT'e ait olduğunu, MİT kanununda özel düzenleme nedeniyle MİT görevlileri hakkındaki soruşturmanın Başbakanlık iznine tabi olduğunu, bu nedenle görevli savcının bu TIR'da arama yapamayacağını ve TIR'ın içinde silah bulunmadığı şeklinde olmuştur.

Şunu da eklemek isterim ki, daha sonraki süreçte duyduğuma göre MİT'e ait TIR'ların sevkiyatından, başlangıçta Valinin, Emniyetin, Jandarmanın hatta MİT Adana Bölge Müdürünün bile haberleri olmamış, ancak; 19/01/2014 tarihinde Adana-Ceyhan karayolunda durdurulup aramada sorun çıkması üzerine, arama yerinde olan Cumhuriyet savcısına Adana Valisi Hüseyin Avni Coş tarafından sevkiyatın **MİT'in görevi kapsamında olduğuna dair** bir belge verilmesi üzerine TIR'lar yollarına devam etmiştir.

Sonuç olarak; tüm telefon konuşmaları ve toplanmasını talep ettiğimiz deliller muvacehesinde uygulamamız gösterecektir ki; 01/01/2014 tarihindeki Hatay, Kırıkhan'daki

TIR'ların durdurulması ve arama yapılmaması hususundaki gerek Adalet Bakanının ve gerekse Müsteşarın telefon aramalarına rağmen yasal sürecin devam ettirilmesinde yukarıda değinilen mevzuat çerçevesinde hareket edilmiş olup, MİT'in görevi kapsamında bu TIR'ların sevkedildiği belgelendirilemediğinden ve delillendirilemediğinden, soruşturma kapsamında kaybolması muhtemel delillerin toplanmasına çalışılmış ve Cumhuriyet savcıları tarafından yasal görev yerine getirilmiştir.

Yine 19/01/2014 tarihinde Adana, Ceyhan' da TIR'ların durdurulması ve delil toplanmaya çalışılması aşamasında bu TIR'ların MİT'e ait olduğu ve görevleri kapsamında sevkedildiklerine dair yazılı belge ibrazı üzerine, Cumhuriyet savcısı tarafından arama işlemine derhal son verilerek TIR'ların yola devamına izin verilmiştir. Dolayısıyla Cumhuriyet Başsavcılığımız birbirinin benzeri her iki olayda kendisine **sunulan delillere göre** hareket etmiş ve gereğine tevessül ederek yasal çerçevede görevini ifa etmiştir. Tüm bunlar göz ardı edilerek ve değinilen yasal mevzuattaki yükümlülüklerimiz atlanılarak, yerine getirilen görevimizin yasaya aykırı eylem ve işlem olarak değerlendirilmesi hukukilikten uzak olup yerinde değildir.

Bu itibarla; tarafıma isnad edilen suçlamalar kişisel ve tek yanlı yoruma dayalı niyet okumalardan ibaret olduğundan ve herhangi bir delile dayandırılmadığından kabul edilebilir değildir. Bu nedenle suçlamaları kabul etmiyor ve yapılan soruşturmanın işlemden kaldırılmasına karar verilmesini talep ediyorum. 18/03/2015

Süleyman BAĞRIYANIK 32378
Antalya Cumhuriyet Savcısı

<u>DELİLLERİM   :</u>
1- Bilirkişi incelemesi (yukarıda talep edilen 7 saniyelik görüşmeye ilişkin)
2- Tanıklarım;
-Bekir Bozdağ, Adalet Eski Bakanı
-Kenan İpek, Adalet Bakanı
-Savunmamda adı geçen telefon ile görüştüğüm kişiler
3- Telefon konuşmalarına ilişkin HTS kayıtları

<u>**EKLER**   :</u>
Ek-1 Mahkeme Kararı
Ek-2 Takipsizlik kararları
Ek-3 Telefon görüşmelerine ilişkin el yazısı notu
Ek-4 Adana CBS'a ait İşbölümü'nün ilgili kısmı
Ek-5 Prof. Dr. Ersan ŞEN'e ait makale

Müsteşar 10 kez aradı

Olay günü Müsteşar Kenan İpek beni 10 kez aradı. HSYK'nın da başkanı olan Adalet Bakanı ile HSYK 1. Daire üyeliği görevini de yürüten Adalet Bakanlığı Müsteşarı'nın 'TIR'ların Başbakan'ın izni olmadan aranamayacağı' hususundaki yasa maddesini telefonda hatırlatması ve bu hatırlatmanın birden çok kez tekrarlanması dikkate alındığında, 'hatırlatma' anlamının çok ötesinde 'talimat', en azından 'Anayasamızca yasaklanmış telkin' niteliğinde olduğu aşikârdır. Mevzuatımız ve evrensel hukuk normları, Adalet Bakanı ve müsteşarına yürütülen adli soruşturmaya müdahale hak ve yetkisi vermez.

Mevzuatın bana tanıdığı hak ve yükümlülükler çerçevesinde, görevimin ifası zımnında yerine getirmiş olduğum işlemlerin 'planlı bir organizasyonun parçası olduğum' şeklinde değerlendirilmesi, hukuki dayanaktan yoksundur. Bu itibarla, dayanaksız ithamın ulusal ve uluslararası mahkemeler nezdinde cezai ve hukuki davalara konu edileceği de hatırdan çıkarılmamalı.

Resmi belge getirilince

19 Ocak 2014 tarihinde Adana, Ceyhan'da durdurulan TIR olayına gelince; olay tarihinde 3 tane TIR'da kaçak silah sevkiyatı yapıldığına dair ihbar üzerine, kolluk görevlileri tarafından TIR'lar durduruldu. İl Jandarma Komutanı Özcan Çokay beni telefonla arayıp ihbara konu TIR'ların kolluk görevlileri tarafından aranmasında sorun çıktığını belirtti, telefonu Adana Valisi Hüseyin Avni Coş'a verdi.

Vali Bey bana TIR'ların MİT'in kontrolünde olduğunu ve aramanın yapılmaması konusunda ne yapılabileceğini sordu. Ben de görevli cumhuriyet savcısının yasalar çerçevesinde ne gerekiyorsa onu yapması gerektiğini, benim kendisine müdahale ederek engellememin söz konusu olamayacağını söyledim. TIR'ın MİT'in kontrolünde ve MİT'in görevi kapsamında sevkiyat yaptığına dair resmi belge ibraz edilince TIR'lar bırakıldı. Yazının bir örneği de bana ulaştırıldı."

Kanunun o maddesi değiştirildi

MİT TIR'larıyla ilgili 1 Ocak ve 19 Ocak 2014 tarihlerinde ihbar yapıldığında MİT Kanunu'nun 26. maddesi şöyleydi:

"MİT mensuplarının veya belirli bir görevi ifa etmek üzere kamu görevlileri arasından Başbakan tarafından görevlendirilenlerin; görevlerini yerine getirirken, görevin niteliğinden doğan veya görevin ifası sırasında işledikleri iddia olunan suçlardan dolayı ya da 5271 sayılı Kanun'un 250'nci maddesinin birinci fıkrasına göre kurulan ağır ceza mahkemelerinin görev alanına giren suçları işledikleri iddiasıyla haklarında soruşturma yapılması Başbakanın iznine bağlıdır."

17 Nisan 2014'te yasanın 6'ncı maddesi ile başlığı "Soruşturma izni ve yargılama" olarak değiştirildi ve şu fıkra eklendi:

"Cumhuriyet savcıları, MİT görev ve faaliyetleri ile mensuplarına ilişkin herhangi bir ihbar veya şikâyet aldıklarında veya böyle bir durumu öğrendiklerinde MİT Müsteşarlığı'na bildirirler. MİT Müsteşarlığı'nın, konunun görev ve faaliyetlerine ilişkin olduğunu belirtmesi veya belgelendirmesi hâlinde adli yönden başkaca bir işlem yapılmaz ve herhangi bir koruma tedbiri uygulanmaz. Ancak birinci fıkra hükümlerine göre işlem yapılabilir."

Olay tarihinde MİT Kanunu'nun 26. maddesi yürürlükteydi. Yapılan ihbarın, arama yapılmasına engel oluşturmadığını tutuklu cumhuriyet savcıları şöyle savunuyor: "MİT Kanunu'nun 26. maddesinde yapılan değişiklikle, 'başkaca bir işlem yapılamaz' denilmek suretiyle kaybolması muhtemel delillerin toplanması da engellenmiştir. Sonraki değişiklik ile getirilen bu yasak, önceki düzenlemede mevcut değildi. Bu değişiklik dahi tek başına yapılan işlemlerin olay tarihi itibarıyla MİT Kanunu'na aykırı olmadığını göstermektedir. Bu itibarla aleyhimizdeki iddia dayanaktan yoksundur."

Belgelendirme-Bilgilendirme yok

Başsavcı Süleyman Bağrıyanık, savunmasında "MİT Kanunu'nun 4. maddesine göre MİT'e aktif, yani operasyonel yetkiler verilmediğinden, MİT kendisine ait malzemeler dışında silah veya benzeri eşyayı ya da yardım içerikli eşyayı ithal veya ihraç edemez" görüşünü referanslarla destekliyor. Bağrıyanık şunları anlatıyor:

"İhbara konu TIR'ların MİT'e ait ya da sevkiyatın MİT'in görev ve faaliyetlerine ilişkin olduğuna dair hiçbir kişi ya da makam tarafından bilgilendirme ya da belgelendirme yapılmadı. Her iki olayın başlangıcında telefonda bana, gerek dönemin Hatay Valisi Celalettin Lekesiz gerekse dönemin Adana Valisi Hüseyin Avni Coş'un ihbara konu TIR'ların sevkiyatının 'MİT'in görevi kapsamında olduğuna' dair bir beyanları olmadı. Sadece 'ihbara konu TIR'ların MİT'e ait olduğunu ve bu nedenle arama yapılamayacağını' söylemekle yetindiler."

Hâkim ve savcıları şikâyet rekoru...

17-25 Aralık soruşturması kapsamında tutuklanan emniyet mensupları hakkında tahliye kararı veren hâkimler Metin Özçelik ve Mustafa Başer ve "MİT TIR'ları" olarak bilinen soruşturmada görev alan cumhuriyet savcılarının tutuklanması ve bunların yargılanmasına izin verilmesi de hayli tartışma konusu olmuştu. Açığa alma, yargılama izni verme HSYK 2. Dairesi'nin görev alanına giriyordu. O dairenin başında 8 yıl hâkimlik, 22 yıl müfettişlik yapmış, sosyal demokrat kimliğiyle tanınan Mehmet Yılmaz bulunuyordu. 16 Haziran 2015'te, yargıda olanları Yılmaz'a sordum, şunları anlattı:

İki hâkimin tutuklanması

"Hâkimler Metin Özçelik ve Mustafa Başer'in 'tahliye kararı verdikleri' için tutuklandığı sanılıyor. Hâkimler dosyadaki deliller ve bilgilere göre kanaat oluştururlar. Aksi halde delile bakmadan hüküm verme gibi bir netice ortaya çıkar ki bu da ilkel çağlarda yapılan yargısız infazlara benzer. Söz konusu hâkimlerin olayın başlangıcından itibaren yetkili olup olmadıkları, verdikleri kararın hukuki niteliği tartışmalı ama en önemli husus dosya incelemeden karar vermesidir. Dosyayı görmeden tahliye kararları verildi. Oysa savcılık dosyaları kendilerine göndermediyse savcı hakkında tutanak düzenlemeleri gerekirdi. Savcı kusurluysa, onun hakkında işlem yapılırdı.

Kanunda, dosyanın hangi mahkemeye gideceği belli olmasına rağmen oraya gönderilmiyor. Hâkim dosyayı görmeden, içinde ne olduğunu bilmeden karar veremez. Bu tür bir yaklaşımla görevin tarafsız yürütülemeyeceğine, yargının saygınlığına, güvenirliğine zarar vereceğini düşünerek hâkimleri açığa aldık.

MİT TIR'ları soruşturması

Kamuoyunda 'MİT TIR'ları' olarak bilinen soruşturmada, savcılar ve hâkim açığa alındı. Açığa alınma sebebi de yargı yetkisinin gerçek anlamda suç ve suçluyu ortaya çıkarma amacına yönelik olmayıp, farklı amaçlar içermesiydi; dosya kapsamından bunu tespit ettik. Yargının saygınlığı ve güvenirliğine zarar vereceği için görevden alındılar ve yargılama izni verdik. Tarsus Cumhuriyet Savcılığı'na dosya gönderildi, önümüzdeki hafta içinde iddianame düzenlenecek. Tarsus 2. Ağır Ceza Mahkemesi de son soruşturmanın açılmasına ya da açılmamasına karar verecek.

Hâkim ve savcılarla ilgili çok şikâyet olur. Davayı kaybeden, hâkimi, savcıyı şikâyet eder. Şu anda 12 bin civarında şikâyet dosyası var. Bu şikâyetler, inceleme izniyle müfettiş veya muhakkike veriliyor. Bu inceleme sonucu HSYK 3. Dairesi soruşturma izni verirse, soruşturma raporu HSYK 2. Dairesi'ne geliyor. Nihai kararı 2. Daire veriyor. Son yıllarda gelişen anlayış, şikâyetleri bu noktaya getirdi. Şikâyetlerin kimisi iyi niyetli ama çoğu da kötü. Hâkimi, savcıyı huzursuz ederse kendi lehine sonuç alacağını düşünenler var.

Artık bunun önünün alınması gerekiyor. HSYK olarak isimsiz, imzasız hiçbir şikâyet dilekçesinin soruşturulmaması düşüncesindeyiz. Yasamız henüz buna müsait değil ama yasanın bu hale getirilmesini amaçlıyoruz.

Zekeriya Öz neden suçlandı?

17-25 Aralık soruşturmalarını yürüten Cumhuriyet Savcıları Celal Kara, Muammer Akkaş, Mehmet Yüzgeç, Hâkim Süleyman Karaçöl meslekten ihraç edildi. Bunların gerekçesi de adalet ülküsü dışında başka amaçlarla soruşturma yürütmek, yasanın verdiği yetkilerin dışına çıkmak, yasanın verdiği yetkileri kötüye kullanmak. Bakırköy Ağır Ceza Mahkemesi son soruşturma açılması izni verdi. Bunlar Yargıtay'da yargılanacak. Savcı Zekeriya Öz ise 17 Aralık'la ilgili değil, meslek etiğine aykırı davranışlarda bulunduğu için meslekten ihraç edildi.

Karar veren hâkimin yeter ki B planı olmasın. Adalet ülküsüyle karar veren hâkimin her zaman yanındayız, arkasındayız. Yeter ki yargının tecellisi dışında amacı olmasın. Amaç adaleti gerçekleştirmek olsun. Yanlışlıklar, hatalar yine yargıdan döner.

Amacımız şu: Müslüman, gayrimüslim, inanan, inanmayan, hangi yaşam biçimine sahip olursa olsun, herkesin adliyeye güvenle girmesini, huzur içinde ayrılmasını hedefliyoruz. 30 yıllık bir yargı mensubu olarak hâkimlerin ferasetine, adaletine, tarafsızlığına güvenim tam. Tarafsız kalamayan, yetkilerini kötüye kullanan, adalet ülküsü dışında başka amaçlar taşıyan, suç işleyen kim olursa olsun hukuk içinde karşılığını bulacaktır."

Aradan yıllar geçti. 15 Temmuz darbe girişiminden hemen sonra 4 bin 302 hâkim ve savcı meslekten ihraç edildi, bunlardan yarısı tutuklandı. Yargıtay'ın haklarında ilk mahkûmiyet kararı verdikleri de, 17-25 Aralık soruşturmasını yapan emniyet mensupları hakkında tahliye kararı veren Metin Özçelik ve Mustafa Başer oldu.

MİT TIR'ları dosyalarında ilginç bilgiler var

7 Haziran milletvekilleri seçimleri yapılmış, yeni hükümeti hangi siyasi partilerin kuracağı, erken seçime gidilip gidilmeyeceği, seçim hükümetinin kurulup kurulmayacağı konuşulurken, "Ergenekon", "Balyoz" gibi davalarla hayatları karartılmaya çalışılanların yaşadıkları, bu kez başkalarına yaşatılıyor.

Suriye'ye giden TIR'larda arama yapılmasıyla ilgili olarak Cumhuriyet savcıları Süleyman Bağrıyanık, Ahmet Karaca, Aziz Takçı, Özcan Şişman, eski Adana Jandarma Komutanı Albay Özkan Çokay hakkında "Cebir ve şiddet kullanarak Türkiye Cumhuriyeti Hükümeti'ni ortadan kaldırmaya veya görevlerini yapmasını kısmen veya tamamen engellemeye teşebbüs" suçundan ömür boyu hapis cezası isteniyor. Haklarında hazırlanan iddianame mahkeme tarafından kabul edildi.

19 Ocak 2014'te Adana'da durdurulan TIR'larda arama yapan 13 asker de tutuklu. Aralarında Binbaşı Bekir Karataş, üsteğmen ve teğmen rütbelerinde bulunan Hüseyin Özmen, Önder Kır, Hakan Kaplan, İsmail Önder Ata da "casusluk"la suçlanıyor. Söz konusu operasyonla devletin gizli sırlarının ortaya dökülmesinin amaçlandığı öne sürülüyor. Askerler 7. Ağır Ceza Mahkemesi'nde yargılanıyor.

Bu işler öyle kolay mı?

14 asker, 4 savcının kendilerine ulaşan ihbarla ilgili işlemleri yaptıkları için casuslukla, hükümeti ortadan kaldırmaya dönük

eylemde bulunmakla suçlanmasına şaşırıyorsunuz. Askerlerin avukatlarından Ahmet Kaya'nın yazdıklarını okuyunca daha da şaşırıyorsunuz. Adana'da durdurulan silah ve mühimmat yüklü olduğu belirtilen TIR'ların Suriye'de Bayır Bucak Türkmenleri'ne de gönderildiği Adana 7. Ağır Ceza Mahkemesi'nin 2014/161 esas sayılı dosyasında savcılık iddiası, Cumhurbaşkanı, Başbakan ve bazı kamu görevlileri açıklamalarıyla resmiyet kazanmış oldu.

Oysa İstanbul Cumhuriyet Başsavcılığı'nın 2014/41637 hazırlık sayılı dosyasından yapılan soruşturmada, TIR'lardaki malzemelerin "Halep şehrindeki Türkmenler'e gittiği" ileri sürülerek soruşturma yapılıyor. Tutukluluk incelemesi ile şüphelilerin tutuklanması ve tutukluluğun devamına karar verilen Sulh Ceza Hâkimliği'ndeki gerekçelerde de yine "Halep şehrindeki Türkmenler'e bu yardımların gönderildiği" ileri sürülüyor.

Bu iki resmi dayanaktaki gerekçeler birbiriyle çelişkili. Avukat Ahmet Kaya da, "Kısa bir araştırma yapılsa, bu yardımların Halep şehrine yönelik olduğu, TIR'ların sürekli Reyhanlı Gümrük Kapısı'nı kullanmalarından da anlaşılırdı" diyor.

4 saatlik gecikme

3 Haziran 2015 tarihinde, hükümete yakınlığı ile bilinen gazetelerin birisinde Bayır Bucak Türkmenleri yetkililerinin; 19 Ocak 2014'te durdurulan 3 TIR'ın kendilerine ulaştırılmadığı için 200'e yakın köyün düştüğünü anlattıkları belirtiliyor. Oysa gerçek durum şöyle:

Arama yapılacağı gerekçesiyle durdurulan bu TIR'ların, MİT ile ilgili olduğuna ilişkin Adana Cumhuriyet Başsavcısı Süleyman Bağrıyanık'a belge sunulmasının hemen ardından TIR'lar, 4 saat içinde MİT yetkililerine teslim ediliyor ve gidişlerine izin veriliyor. Yani, bu TIR'lar gerçekten Bayır Bucak Türkmenlerine gidiyor olsaydı, 3-4 saat gecikmeyle de olsa onlara mutlaka ulaştırılırdı.

Gerçekler ortaya çıkarılmalı

Bu ülkede "darbe yapacaklar" denilip 364 asker hakkında dava açılmıştı. Bunların 237'si çok ağır cezalara çarptırılmıştı. Aradan

T.C.
ADANA
CUMHURİYET BAŞSAVCILIĞI
TALİMAT BÜROSU

Talimat No : 2014/6-4363

İFADE TUTANAĞI

TANIK AZİZ TAKCI (39852) Adana Cumhuriyet Savcısı

-Tanığa CMK 53 maddesi uyarınca gerçeği söylemesinin önemi,gerçeği söylememesi halinde yalan tanıklık suçundan dolayı cezalandırılacağı,doğruyu söyleyeceği hususunda yeminde edeceği anlatıldı ve CMK 55-56 maddeleri gereğince "Bildiğimi dosdoğru söyleyeceğime namusum ve vicdanım üzerine yemin ederim" şeklinde yüksek sesle tekrar ettirilmek suretiyle yemini yaptırıldı. saat 12:05

ANKARA GENEL KURMAY BAŞKANLIĞI ASKERİ SAVCILIĞI'nın 23.05.2014 tarih ve 2014/915450 Soruşturma sayılı talimatı ve ekleri okundu. Usulen yemini yaptırıldı. Soruldu.

İFADESİNDE:

Talimatı okudum. Talimata konu edilen her iki soruşturma da Adana TMK 10. Maddesiyle yetkili C. Başsavcı vekilliğinin 2014/2 soruşturma sayılı evrakı kapsamında tarafımdan yürütülmüştür.

Öncelikle sorulan hususlarla ilgili olarak 2014/2 soruşturma sayılı dosya incelendiğinde yeterli bilginin elde edilebileceğini düşünüyorum. Bunun dışında konunun bir kısım basın yayın organlarında ve bir kısım siyasiler tarafından çarpıtılarak yalan yanlış bilgilerin kamuoyuna verilmiş olmasından dolayı kendim de tanık olarak ifade vereceğim.

01/01/2014 tarihinde görevli olduğum TMK'nın 10. Maddesiyle görevli C. Savcılığı nöbetçi C. Savcısı olarak tarafıma Kırıkhan ilçe jandarma komutanlığı tarafından iletilen yazıda dorse ve çekici plakası verilen bir araçta terör örgütü El Kaide militanlarına götürülmek üzere silah taşındığının bildirilmesi üzerine ve ihbar içeriğine konu aracın hareket halinde olabileceği, Mahkemeden karar alınması durumunda tatil günü olması sebebiyle gecikmesinde sakınca bulunacağı değerlendirilerek tarafımdan arama izni verilmiştir. Arama kararı ilgili kolluğa gönderilmiş, ilgili kolluk tarafından gerekli tedbirler alınarak arama icra edilmek istenilmiş, buna karşılık araçta bulunan kişiler kendilerinin Mit görevlisi olduklarını ileri sürerek aramayı yaptırmamışlardır. Bunun üzerine olayın meydana geldiği Hatay bölgesinden sorumlu olan C. Savcısı Özcan ŞİŞMAN'ın o bölgeyi bilmesi ve kolluk görevlilerini tanımasından dolayı kendisi meydana gelen bu sorunun çözümü için olay yerine gitmek zorunda kalmıştır. C. Savcısının olay yerine gitmesine rağmen sorun çözülememiş şüpheli şahıslar aramayı yaptırmamış ve söz konusu araç yükü ile birlikte bölgeden uzaklaşmıştır. Aramayı fiilen icra etmeye çalışan kolluk kuvvetleri, olay yerine giden Kırıkhan C. Başsavcısı, C. Savcısı ve Adana C. Savcısı Özcan ŞİŞMAN tarafından ayrı ayrı tutulan tutanaklar ve kolluk tarafından tarafıma verilen bilgilere nazaran olay sırasında kendilerinin Mit görevlisi olduğunu iddia eden kişilerin kesinlikle buna ilişkin kimlik ibraz etmedikleri, görevli olduklarına dair herhangi bir belge göstermedikleri, hukuk tanımaz bir şekilde direnerek kimlik ve belge göstermeden olay yerinden ayrıldıkları bu nedenle aramanın yapılamadığı anlaşılmıştır. Bu olaydan sonra tarafımdan Mit neredeyse 4 yıl geçtikten sonra "pardon" denildi. İşte o askerlerden Amiral Cem Çakmak da önceki gün hayatını kaybetti. "Ergenekon Terör Örgütü" dediler, bu örgütün "hayali bir örgüt" olduğu aradan 7 yıl geçtikten sonra anlaşıldı. O davanın en uzun süre cezaevinde kalan sanıklarından Albay Muzaffer Tekin'in de Çakmak gibi cezaevi koşullarında hastalığı ilerlemişti. Nitekim tahliye olduktan kısa süre sonra vefat etti.

Sıra geldi bu kez "MİT TIR'ları Davası"na... Cumhuriyet başsavcısı, savcılar, jandarma komutanı, üsteğmen, teğmen, astsubaylar şimdi casuslukla, hükümeti devirmeye teşebbüsten yargılanıyor. 17-25 Aralık savcıları meslekten çıkarıldı, yargılanmalarına izin verildi. Yani, hükümetin aleyhine olabilecek yasal bir işlem yapanların bile cezaevine konulduğu, yargılandığı bir süreci yaşıyoruz.

Avukat Ali Kaya, o kadar iddialı ki, "Davaya konu olayın, maddi gerekçelerinin ve iç yüzünün ortaya çıkarılması için İstanbul Cumhuriyet Başsavcılığı'na ve Sulh Ceza Hâkimliği'ne dilekçe sunduk. Dilekçemizde geçen her bir soruya verilecek somut cevaplar, müvekkillerimizin suçsuz olduğunu ortaya koyacak, gerçek suçlular da ortaya çıkarılacaktır" diyor.

Milletvekili Enis Berberoğlu'nun tutuklanacağının ayak sesleri duyuluyordu

CHP Milletvekili Enis Berberoğlu, *Hürriyet* gazetesi haber müdürlüğü, genel yayın yönetmenliğinden önce Ankara'da yıllarca muhabirlik, *Hürriyet* gazetesinde temsilci yardımcılığı, temsilcilik görevlerinde bulundu. Onun vatanseverliğini, mesleki duyarlılığını Berberoğlu ile çalışan herkes bilir. Kamuoyuna "MİT TIR'ları" olarak yansıyan olayla ilgili görüntüleri *Cumhuriyet* gazetesine verdiği iddiasıyla, milletvekiliyken İstanbul 14. Ağır Ceza Mahkemesi tarafından 25 yıl hapis cezasına çarptırılan Enis Berberoğlu'nun durumunu, Avukatı Murat Ergün'den dinliyorum:

"Açıkça söylüyorum; Enis Berberoğlu hakkında verilen mahkûmiyet kararının ayak sesleri, davanın açılmasından aylar önce duyuluyordu. Henüz ortada fezleke dahi yokken yandaş medyada Enis Berberoğlu'nun ismi verilerek yapılan algı operasyonlarına bakarsanız ne dediğim anlaşılır. Can Dündar, *Tutuklandık* isimli kitabında 'Görüntüleri 27 Mayıs 2015 günü solcu bir milletvekili getirdi' diyor. Savcılık o gün Can Dündar ile telefonda konuşanları soruşturuyor. Enis Bey o dönemde milletvekili değil. Telefon kayıtları incelendiğinde o gün Can Dündar ile konuşan 'solcu milletvekili' sınıfına girebilecek dört isim bulunuyor. Asla diğerlerini suçlamıyor, imada dahi bulunmuyor, mantıksızlık üzerinde duruyoruz. Adı geçen dört ismin de Can Dündar ile 27 Mayıs 2015 günü telefonla konuşmaktan başka yaptığı bir şey yok. Ancak bir de bakıyoruz ki savcılık yazışmalarında HTS kayıtlarında adı geçen diğer üç isim hiç yok. Peki, neden diğerleri yok da, Enis Berberoğlu var? Tutuklanmasının üzerinden aylar geçmesine rağmen bunun hâlâ cevabı yok.

Fezlekede olmayan suçlamayla yargılandı

"HTS kayıtları sadece telefon konuşmasının kanıtıdır. Telefon konuşması nasıl olur da iki kişinin buluştuğunun, birinin diğerine bir şeyler verdiğinin kanıtı olur? Korkumuz odur ki, yerel mahkeme kararı onanırsa ülkemizde hiçbir yurttaşın hukuk güvenliği kalmaz.

"Enis Berberoğlu hakkında hazırlanan fezlekede TBMM'ye, hangi suçlamalardan dolayı yargılanacağı belirtilmiş, dokunulmazlık bu maddeler açısından kalkmıştı. İstanbul Cumhuriyet Başsavcılığı tarafından hazırlanan iddianamede de Berberoğlu'nun bu maddeler üzerinden yargılanması istenmişti. Ancak mahkeme, fezlekede yer almayan maddeden Berberoğlu'nu mahkûm etti. Dokunulmazlığı kalkan milletvekili, dokunulmazlığı hangi suç için kalktıysa sadece o suçtan yargılanabilir. Ama öyle olmadı. Hatta mahkeme kararında bu konuya hiç değinilmedi.

"MİT TIR'ları olarak bilinen haber, *Cumhuriyet* gazetesinin 29 Mayıs ve 12 Haziran 2015 tarihlerinde yayımlanmıştı. Her iki haberde de bulunduğu iddia edilen silah ve mühimmata ilişkin fotoğraflara ve bilgilere yer verilmişti. Oysa bu konudaki haber 16 ay önce Aydınlık gazetesinde yayımlanmıştı."

Anayasa Mahkemesi'nin görüşü

Haber nedeniyle tutuklanan *Cumhuriyet* gazetesinin o dönemdeki Genel Yayın Yönetmeni Can Dündar ile halen gazetenin Ankara Temsilciliği görevini yürüten Erdem Gül, 4 Aralık 2015 tarihinde Anayasa Mahkemesi'ne (AYM) bireysel başvuruda bulunmuşlardı. AYM Genel Kurulu tarafından verilen 25 Şubat 2016 tarihli kararda şu sonuçlara varılıyordu:

"Benzer görüntüler 16 ay önce başka bir gazetede yayımlanmıştır. Benzer bir fotoğrafın ve bilgilerin tutuklamaya konu haberlerden yaklaşık 16 ay önce yayımlanmış olması ve bunlara internet üzerinden dahi kolayca ulaşılabilmesi kuvvetli suç şüphesini ortadan kaldırır. İsnat olunan terör örgütüne yardım ve siyasal casusluk suçlarının ispatı açısından kuvvetli suç şüphesine dair somut olgular bulunmamaktadır. Erdem Gül ve Can Dündar tutuklanarak Anayasa ile koruma altına alınan temel insan hakları ihlal edilmiştir."

Bu karardan sonra, Erdem Gül ve Can Dündar tahliye edilmişti. Enis Berberoğlu da aynı haberler için yargılandı. Berberoğlu hakkında verilen mahkûmiyet kararındaki olaylar birebir Gül-Dündar dosyasına konu edilen olaylar. Bu durumda "Kesin ve bağlayıcı AYM kararı ortada iken aynı mahkeme nasıl olur da casusluk suçundan mahkûmiyet kararı verir?" diye merak ediyorsunuz.

Enis Berberoğlu'nun cezaevinde tek kişilik odada, psikolojik baskı altında tutulduğunu CHP'nin Tıp Doktoru Metin Lütfi Baydar söylüyor. Bağdat bombalanırken orada bulunan, Güneydoğu dağlarında ayak izleri olan "cesur yürek" gazeteci Enis Berberoğlu'nun tahliyesini diliyorduk ki İstanbul Bölge Adliye Mahkemesi 2. Ceza Dairesi'nden önemli bir haber geldi.

Bölge Adliye Mahkemesi: Casusluk yok

Enis Berberoğlu hakkında Cumhurbaşkanı Recep Tayyip Erdoğan ile MİT Müsteşarlığı adına şikâyette bulunulmuştu. Berberoğlu'na yüklenen suç da "Devletin Güvenliğine İlişkin Gizli Kalması Gereken Bilgileri Casusluk Maksadıyla Açıklamak." Enis-Casusluk. Bunların yan yana gelemeyeceğini onu tanıyan herkes bilir. İstanbul Bölge Adliye Mahkemesi'ne yapılan itirazdan sonra verilen kararda da Berberoğlu ile casusluğun bir arada olamayacağı da ortaya konuldu. Duruşma sürecini yansıtan tutanaklar, toplanan deliller, gerekçe içeriği ve tüm dosya kapsamına göre yapılan incelemeden sonra mahkeme şu gerekçeyle Berberoğlu'nun yeniden yargılanmasına hükmetti:

1 Ocak ve 19 Ocak 2014 tarihlerinde MİT'e ait yardım TIR'larının durdurulmasının FETÖ/PDY silahlı terör örgütünün sözde lideri Fethullah Gülen'in talimatıyla gerçekleştirildiği ve bu şekilde Türkiye Cumhuriyeti devletinin terör örgütlerine silah yardımında bulunduğuna yönelik asılsız şekilde kamuoyunda algı oluşmasını sağlamak suretiyle Türkiye Cumhuriyeti devletini 'Terörü destekleyen ülke' konumunda göstermeye çalışarak, böylelikle gerek örgüt yöneticisi Fethullah Gülen gerekse MİT

TIR'larının durdurulmasında görev alan kamu görevlilerinin de aralarında bulunduğu sanıklar hakkında silahlı terör örgütü kurma, yönetme, üye olma, devletin gizli kalması gereken bilgilerini siyasal ve askeri casusluk maksadıyla temin etme ve açıklama, Türkiye Cumhuriyeti Hükümeti'ni ortadan kaldırma veya görevini yapmasını kısmen veya tamamen engellemeye teşebbüs suçlarını işledikleri iddiasıyla İstanbul 14. Ağır Ceza Mahkemesine 2016/297 Esas ile kamu davası açıldığı ve bu dosya sanıklarından MİT TIR'larının durdurulması hususunda görev alan sanıklara ilişkin ayırma kararı verilerek aynı olaya ilişkin Yargıtay 16. Ceza Dairesi'nde görülen 2015/1 Esas sayılı dosya ile birleştirilmesine karar verilmişti.

Bu kapsamda Can Dündar ile ilgili olarak 29 Mayıs 2015 tarihinde yayınlanan görüntü ve haberlere ilişkin İstanbul 14. Ağır Ceza Mahkemesinin 2016/37 esasına kayden görülen dava neticesinde; sanığın cebir ve şiddet kullanarak Türkiye Cumhuriyeti Hükümeti'ni ortadan kaldırmaya veya görevlerini yapmasını kısmen ya da tamamen engellemeye teşebbüs etmek, silahlı terör örgütüne yardım, devletin gizli kalması gereken bilgilerini siyasal veya askeri casusluk amacıyla temin etme, devletin güvenliğine ilişkin gizli kalması gereken bilgileri casusluk maksadıyla açıklama suçlarından cezalandırılması istemiyle açılan kamu davasında sanık Can Dündar'ın anılan mahkemenin 6 Mayıs 2016 tarihli kararla silahlı terör örgütüne yardım suçundan açılan davanın tefrikine, cebir ve şiddet kullanarak Türkiye Cumhuriyeti Hükümeti'ni ortadan kaldırmaya veya görevlerini yapmasını kısmen ya da tamamen engellemeye teşebbüs etmek suçundan beraatına ve casusluk kastı ile başka bir devletle veya terör örgütüyle anlaşma olgusunun ispatlanamadığından bahisle TCK'nın 329/1. maddesi gereğince mahkûmiyetine karar verildi. Karar halen Yargıtay 16. Ceza Dairesinde temyiz incelemesinde bulunuyor.

21 saniyelik telefon konuşması

Can Dündar'ın *Tutuklandık* isimli kitabındaki "... Nihayet 27 Mayıs çarşamba günü öğleden sonra solcu bir milletvekili dostum getirdi görüntüleri ..." şeklindeki ifadesi, yapılan soruşturma sonucunda sanık Can Dündar'ın kullandığı telefona ait HTS verilerinin ve görüşme yapılan karşı telefon numaralarının baz bilgilerine göre sanık Kadri Enis Berberoğlu tarafından kullanılan telefondan 27.5.2015 günü saat 14:32:20'de Can Dündar'ı araması üzerine 21 saniye görüştükleri, sanığın kullandığı telefonla görüşme yapıldığı sırada "Şişli Büyükdere Cad. No 22/A İstanbul" adresi civarındaki baz istasyonundan sinyal verisi alındığı tespit edilmiştir.

Casusluk suçunu TCK'nın 327 ve 329. maddesinde düzenlenen suçlardan ayıran temel unsur eylemin casusluk kastıyla gerçekleştirilmesi hususudur, bu manevi unsurun oluşabilmesi için failin genel kastının yanında sözü edilen özel maksadının da bulunması gerekir.

TCK'nın 328. maddesi gerekçesinde askeri ve siyasi casusluk tanımına yer verilmiştir. Buna göre siyasal casusluktan maksat yabancı bir devlet yararına Türkiye Cumhuriyeti devletinin veya vatandaşlarının veya Türkiye'de ikamet etmekte olanların zararına olarak bilgilerin toplanması demektir. Suçun maddi unsuru, suça konu bilgileri siyasal veya askeri casusluk maksadıyla temin etmektir. Bilginin temini için kullanılan vasıtanın önemi olmadığı gibi, bilgiyi içeren belgenin de elde edilmiş olması ve temin edilen bu bilginin başkasına verilmiş olması şart değildir. Suç, sır olan bilginin elde edilmesi ile tamamlanmış olur. Suçun tamamlanması için bilginin başkasına aktarılması şart değildir.

Kamuoyunun bildiği olay sır değildir

Suça konu bilgi ya da belgelerin, "sırrın", daha önceden açıklanmamış ve kamuoyunun bilgisine sunulmamış olması gerekmektedir. Bu hususun değerlendirilmesinde konu ile ilgili daha önceden yapılan dayanağı gösterilmeyen yorumlar, rivayetler elbette ki sırrın ifşası olarak değerlendirilmez. Ancak bu kapsamda bulunmayan konu ile ilgili daha önceden yayınlanmış haberler sonucunda kamuoyu durumdan bilgi sahibi olmuş ise artık ortada herhangi bir sırdan bahsedilemeyeceği açıktır. Bu kapsamda milli güvenlik için tehdit oluşturan herhangi bir sır, kamuoyunun bilgisine sunulduktan sonra aynı konuyu içerir yapılan yayınların

T.C
İSTANBUL
BÖLGE ADLİYE MAHKEMESİ
2. CEZA DAİRESİ

TÜRK MİLLETİ ADINA

BÖLGE ADLİYE MAHKEMESİ KARARI
TUTUKLU

Esas No : 2017/1405
Karar No : 2017/1646

İNCELENEN KARARIN:

Mahkemesi : İstanbul 14. Ağır Ceza Mahkemesi
Tarihi : 14.06.2017
Numarası : 2016/205 Esas- 2017/97 Karar
Sanık : Kadri Enis Berberoğlu
Katılanlar : 1- T.C. Başbakanlık Milli İstihbarat Teşkilatı Müsteşarlığı
2- Recep Tayyip Erdoğan
Suç : Devletin Güvenliğine İlişkin Gizli Kalması Gereken Bilgileri
Casusluk Maksadıyla Açıklama
Suç Tarihi : 27.05.2015
Hüküm : TCK'nın 330/1, 62, 53/1-2-3. maddeleri uyarınca mahkumiyet

İstinaf Başvurusunda
bulunanlar : 1-Sanık müdafiileri 2- Resen

Yerel Mahkemece sanık hakkında verilen mahkumiyet hükmüne karşı istinaf yasa yoluna başvurulmakla başvurunun süresi ve kararın niteliği ile suç tarihine göre;

Dosya görüşüldü;

İstinaf başvurusunun reddi nedenleri bulunmadığından işin esasına geçildi.

Vicdani kanının oluştuğu duruşma sürecini yansıtan tutanaklar, toplanan deliller, gerekçe içeriği ve tüm dosya kapsamına göre yapılan incelemede;

İstanbul Cumhuriyet Başsavcılığı'nın 23.10.2015 tarihli 2014/41637 soruşturma sayılı iddianamesi ile; soruşturma kapsamında haklarında kamu davası açılan sanıkların FETÖ/PDY Silahlı terör örgütü içerisinde yer alarak Selam Tevhid olarak bilinen 2011/762 sayılı sözde Kudüs Ordusu terör örgütü soruşturması kapsamında uydurma delillerle Türkiye Cumhuriyeti hükümetini ortadan kaldırma veya görevini yapamaz hale getirmeye yönelik faaliyette bulundukları, bu amaçla 2011/762 soruşturma

E-İmza İle İmzalanmıştır.

numaralı dosyada üst düzey devlet yetkilisi ve kamuoyunda bilinen kişilerin görüşmelerini kayıt altına alarakbu görüşmelerin bir bölümünü tespit tutanağı haline getirip adı geçen kişileri sözde Kudüs Ordusu terör örgütü ile irtibatlı göstermeye çalıştıkları;

01.01.2014 - 19.01.2014 tarihlerinde MİT'e ait yardım tırlarının durdurulması eylemlerinin de yine 2011/762 sayılı soruşturma kapsamında FETÖ/PDY Silahlı terör örgütünün sözde lideri Fetullah Gülen'in talimatıyla gerçekleştirildiği ve bu şekilde Türkiye Cumhuriyeti devletinin terör örgütlerine silah yardımında bulunduğuna yönelik asılsız şekilde kamuoyunda algı oluşmasını sağlamak suretiyle Türkiye Cumhuriyeti devletini terörü destekleyen ülke konumunda göstermeye çalışarak, böylelikle gerek örgüt yöneticisi Fetullah Gülen gerekse MİT tırlarının durdurulmasında görev alan kamu görevlilerinin de aralarında bulunduğu sanıklar hakkında silahlı terör örgütü kurma, yönetme, üye olma, Devletin gizli kalması gereken bilgilerini siyasal ve askeri casusluk maksadıyla temin etme ve açıklama, Türkiye Cumhuriyeti Hükümetini ortadan kaldırma veya görevini yapmasını kısmen veya tamamen engellemeye teşebbüs suçlarını işledikleri iddiasıyla İstanbul 14. Ağır Ceza Mahkemesine 2016/297 Esas ile kamu davası açıldığı, ve bu dosya sanıklarından MİT tırlarının durdurulması hususunda görev alan sanıklara ilişkin tefrik kararı verilerek aynı olaya ilişkin Yargıtay 16. Ceza Dairesinde görülen 2015/1 Esas sayılı dosya ile birleştirilmesine karar verildiği;

Bu kapsamda Can Dündar ile ilgili olarak 29.05.2015 tarihinde yayınlanan görüntü ve haberlere ilişkin İstanbul 14. Ağır Ceza Mahkemesinin 2016/37 esasına kayden görülen dava neticesinde; sanığın Cebir ve şiddet kullanarak Türkiye Cumhuriyeti Hükümeti'ni ortadan kaldırmaya veya görevlerini yapmasını kısmen yada tamamen engellemeye teşebbüs etmek, Silahlı terör örgütüne yardım, Devletin gizli kalması gereken bilgilerini siyasal veya askeri casusluk amacıyla temin etme, Devletin güvenliğine ilişkin gizli kalması gereken bilgileri casusluk maksadıyla açıklama suçlarından cezalandırılması istemiyle açılan kamu davasında sanık Can Dündar'ın anılan mahkemenin 06.05.2016 tarih ve 2016/37 Esas ve2016/162 sayılı kararı ile; silahlı terör örgütüne yardım suçundan açılan davanın tefrikine, Cebir ve şiddet kullanarak Türkiye Cumhuriyeti Hükümeti'ni ortadan kaldırmaya veya görevlerini yapmasını kısmen yada tamamen engellemeye teşebbüs etmek suçundan beraatine, ve casusluk kastı ile başka bir devletle veya terör örgütü ile anlaşma olgusunun ispatlanamadığından bahisle TCK'nın 329/1. maddesi gereğince mahkumiyetine karar verildiği, kararın halen Yargıtay 16. Ceza Dairesinde temyiz incelemesinde bulunduğu,

Can Dündar'ın "Tutuklandık" isimli kitabındaki "... Nihayet 27 Mayıs çarşamba günü öğleden sonra solcu bir milletvekili dostum getirdi görüntüleri ..." şeklindeki ifadesi,yapılan soruşturma sonucunda sanık Can Dündar'ın kullandığı telefona aitHTS verilerinin ve görüşme yapılan karşı telefon numaralarının baz bilgilerine göre sanık Kadri Enis Berberoğlu tarafından kullanılan telefondan 27.5.2015 günü saat 14:32:20 de Can Dündar'ı araması üzerine 21 saniye görüştükleri,sanığın kullandığı telefonla görüşme yapıldığı sırada "Şişli Büyükdere Cad. No 22/A Istanbul" adresi civarındaki baz istasyonundan sinyal verisi alındığının tesbit edilmesine göre;

Dosyamız sanığının da söz konusu görüntüleri Can Dündar'a vererek, Silahlı terör örgütü olan FETÖ/PDY Silahlı terör örgütünün yukarıda yazılı amaçları doğrultusunda suça konu görüntüleri temin ederek ifşasını sağlamak suretiyle casusluk suçunu işlediğinin iddiaolunduğu olayda;

Sanığın milletvekili oluşuna göre 6718 sayılı yasa ile eklenen Anayasanın geçici 20.maddesi kapsamında İstanbul C.Başsavcılığı tarafından TBMM başkanlığına sunulmak üzere hazırlanmış olan fezlekedeki suç nitelendirmesiyle CMK 225/2 maddesi gereğince mahkemenin bağlı olmayışı karşısında bu yöndeki sanık müdafiilerinin istinaf talepleri yerinde görülmemiştir.

Atılı suça konu yasal düzenlemelerin değerlendirilmesinde;

TCK'nın 328 ve 330. maddelerinde düzenlenen casusluk suçunun konusu, "Devletin güvenliği veya iç veya dış siyasal yararları bakımından niteliği itibariyle gizli kalması gereken bilgilerdir." Suçun oluşabilmesi için temin edilen bilgilerin devletin güvenliği veya iç veya dış siyasal yararları bakımından

E-İmza İle İmzalanmıştır.

gizli kalması gereken sır niteliğindeki bilgilerden olması gerekir. Madde gerekçesinde de belirtildiği gibi suçun konusunu oluşturan bilgiler nitelikleri itibariyle gizli kalması gereken bilgiler olmalıdır.

Casusluk suçunu TCK'nın 327 ve 329. Maddesinde düzenlenen suçlardan ayıran temel unsur eylemin casusluk kastıyla gerçekleştirilmesi hususudur, bu manevi unsurun oluşabilmesi için failin genel kastının yanında sözü edilen özel maksadının da bulunması gerekir.

5237 sayılı TCK'nın 328. maddesi gerekçesinde askeri ve siyasi casusluk tanımına yer verilmiştir. Buna göre siyasal casusluktan maksat yabancı bir devlet yararına Türkiye Cumhuriyeti devletinin veya vatandaşlarının veya Türkiye'de oturmakta olan ikamet etmekte olanların zararına olarak bilgilerin toplanması demektir.suçun maddi unsuru suça konu bilgileri siyasal veya askeri casusluk maksadıyla temin etmektir. (Erem, a.g.e. Cilt 1 syf. 50, Gözübüyük Cilt 1, Syf 510, özel Syf. 1034, Öztürk Syf: 384) bilginin temini için kullanılan vasıtanın önemi olmadığı gibi, bilgiyi içeren belgenin de elde edilmiş olmasıve temin edilen bu bilginin başkasına verilmiş olması şart değildir. Suç sır olan bilginin elde edilmesi ile tamamlanmış olur. (Dr. Mehmet Yayla a.g.e. Syf. 197) Suçun tamamlanması için bilginin başkasına aktarılması şart değildir. (Erem a.g.e. Cilt Syf. 50)

Şu duruma göre; gerek TCK'nın 328. ve gerekse 330. maddesinde de düzenlenen suçların oluşabilmesi için; diğer unsurların yanında eylemin yabancı bir devlet yada örgüt yararına gerçekleştirilmesi ve bu şekilde devletin güvenliği veya iç veya dış siyasal yararları bakımından milli güvenliğin tehlikeye düşürülmesi gereklidir. Aksi halde yani casusluk kastının belirtilen şekilde bulunmaması durumunda eylemin TCK'nın 327 ve 329. Maddelerinde düzenlenen suçlara vücut verecektir.

Yine casusluk suçu yönünden;

Suça konu bilgi ya da belgelerin, "sırrın", daha önceden açıklanmamış ve kamuoyunun bilgisine sunulmamış olması gerekmektedir. Bu hususun değerlendirilmesinde konu ile ilgili daha önceden yapılan dayanağı gösterilmeyen yorumlar, rivayetler elbetteki sırrın ifşası olarak değerlendirilmez, ancak bu kapsamda bulunmayan konu ile ilgili daha önceden yayınlanmış haberler sonucunda kamuoyu durumdan bilgi sahibi olmuş ise artık ortada herhangi bir sırdan bahsedilemeyeceği açıktır. Bu kapsamda milli güvenlik için tehdit oluşturan herhangi bir sır, kamuoyunun bilgisine sunulduktan sonra aynı konuyu içerir yapılan yayınlarındaha etraflı da olsa sonradan yayınlanmasının milli güvenlik açısından oluşan sakıncası devam edip etmediği hususunun suçun oluşumu için belirlenmesi gereklidir.

A.İ.H.M.'nin bu konuyla ilgili temel görüşü ise gizli olarak addedilen bilgilerin basın organlarınca yayınlanmadan daha önce kamuoyunun bilgisi dâhilinde olup olmadığıdır. Avrupa İnsan Hakları Mahkemesi, 26.11.1991 tarihli Sunday Times/İNGİLTERE kararı bu duruma ışık tutacak niteliktedir. Divana göre, Amerika'da yayınlandıktan sonra kitabın gizliliği kalmadığından, milli güvenliği koruma gerekçesi ortadan kalkmıştır. İstihbarat teşkilatının etkinlik ve itibarının korunması ise yayın yasağı konulması için tek başına yeterli bir gerekçe olarak görülmemiştir. (Dr. Hacı Sarıgüzel Devlet sırlarına karşı suçlar ve casusluk suçları 2016 S: 183- Sunay 2001- S: 81)

Tüm bu açıklamalar ışığında Dairemizce yapılan incelemede;

1- Yargıtay 16. Ceza Dairesinin 28.06.2016 tarih ve 2016/638 Esas, 2016/4601 Karar sayılı; "... Kanunun amaç, kapsam ve gerekçesi ile yukarıda değinilen, dairemizce benimsenen doktrindeki görüşler ve yargısal kararlar birlikte değerlendirildiğinde; Başbakanın resmi konutlarında bulunan kriptolu telefonla yapmış olduğu tüm görüşmelerin uzun bir süre zarfında dijital ses ve görüntü kaydı yapan elektronik cihazla dinlenilip kayıt altına alınmasında siyasi casusluk kastının varlığı açılan örgüt davası ile birlikte değerlendirilmelidir." içeriğindeki içtihadında da belirtildiği üzere;

Sanığa atılı iddianın "FETÖ/PDY Silahlı terör örgütünün amacına yardım doğrultusunda örgüt tarafından sağlanan ve devletin güvenliği veya iç veya dış siyasal yararları bakımından niteliği itibariyle gizli kalması gereken bilgileri temin etmek" ve iddianamede sevk maddesi olarak gösterilmese de

E-İmza İle İmzalanmıştır.

yüklenen eylem itibariyle "ifşa etmek" suretiyle "siyasi casusluk suçu" olup; Yargıtay 16. Ceza Dairesi'nin yukarıda yazılı ilamında da belirtildiği üzere, somut olayda öncelikle sanığın iddiaya konu kastının varlığı ve sonucuna göre suçun hukuki niteliğinin tespiti bakımından sanığa atılı bu eylemin ayırma kararı verilen "Silahlı terör örgütüne yardım" suçuyla bir arada görülerek değerlendirilmesi gerektiği gözetilmeksizin, sanık hakkında silahlı terör örgütüne yardım suçundan açılan kamu davasının tefrikine karar verilmek suretiyle "siyasi casusluk kastının" tesbiti açısından bu hususun gerekçede tartışmasız bırakılması,

2- Gerekçeli kararda yukarıda bahsi geçen diğer sanık Can Dündar ile sanık Kadri Enis Berberoğlu'nun atılı suçu, "İştirak iradesi ile birlikte hareket etmek suretiyle işlediklerinin kabul edildiği", sanık Can Dündar'ın hakkında "istinaf incelemesine konu iş bu dosyada suça konu olan görüntüleri yayınladığı" iddiasına ilişkin olarak aynı suça konu görüntüler nedeniyle açılan İstanbul 14. Ağır Ceza Mahkemesinin 2016/37 Esas sayılı dosyasında, suça konu aynı görüntülerin yayın tarihi itibariyle "İfşa olunmadığı ve Devletin güvenliğine ve siyasal yararlarına ilişkin gizli kalması gereken bilgi niteliğinde olduğu" ancak; "casusluk suçunun unsurlarının oluşmadığı" gerekçesiyle suçun vasıf değiştirdiğinin kabul edilerek; TCK'nın 329/1. maddesi uyarınca mahkumiyetine karar verilmiş olması ve anılan dosyanın Yargıtay 16. Ceza Dairesi'nde temyiz inceleme aşamasında bulunması karşısında;

Her iki davada yayınlanmaları suça konu edilen belgelerin aynı olması ve istinaf incelemesine konu bu dosya sanığının belgelerinin yayınlanmasından sorumlu tutulmuş olması, ve yine suçu iştirak iradesi ile birlikte hareket etmek suretiyle işlediklerinin kabul edilmiş olması da göz önüne alındığında, İstanbul 14. Ağır Ceza Mahkemesi'nin 2016/37 Esas sayılı dosya sanığı Can Dündar hakkındaki Yargıtay incelemesine konu dosyadaki belgelerin "niteliği" ve buna bağlı "suç vasfına" ilişkin yapılacak tespitin iş bu dosya sonucunu da etkileyeceği; buna göre suç vasfının belirlenmesi ve delillerin birlikte değerlendirilmesi açısından her iki dosya arasında fiili ve hukuki bağlantı bulunduğu, bu sebeple Yargıtay 16. Ceza Dairesi'ndeki inceleme sonucunun beklenmesi ve sonucuna göre davaların birleştirilerek görülmesi veya Yargıtay 16. Ceza Dairesi'nce verilecek kararın sonucuna göre sanık Kadri Enis Berberoğlu'nun hukuki durumunun takdir ve tayini ile denetime olanak verecek şekilde gerekçeye yansıtılması gerektiği gözetilmeden yazılı şekilde yetersiz gerekçe ile hüküm kurulması,

3- Gerekçeli kararda, sanık Kadri Enis Berberoğlu'nun görüntüleri vermesindeki amacın; "Can Dündar tarafından gazetesinde yayınlanarak başta Cumhurbaşkanı olmak üzere iktidarda bulunan Ak Parti hükümetini 'MİT tırlarıyla Suriye'deki terör örgütlerine silah yardımı yapılıyor' şeklindeki algı operasyonu ile kamuoyu nezdinde yıpratmak, ceza soruşturmalara maruz bırakmak, ulusal ve uluslararası alanda özellikle Cumhurbaşkanı'nın savaş suçlusu olarak yargılanmasının önünü açmak, buna ortam sağlamaya çalışmaktır. Keza o dönemdeki iç ve dış olaylar gözetildiğinde ulusal güvenlikle ilgili hassasiyetlerin yaşanan terör olayları ve Suriye'deki olaylar nedeniyle üst safhada olduğu, başta Cumhurbaşkanı olmak üzere Fetullah Gülen ve yapılanmasına yönelik çalışmalar yapıldığı, operasyonlar gerçekleştirildiği, devletteki kadrolardan ayıklanmaya çalışıldığı, bu suretle Cumhurbaşkanı Tayyip Erdoğan'ın, Fetullah Gülen ve yapılanmasının baş düşmanı haline geldiği" "görüntülerin verildiği tarihlerdeki ortamın olağanüstü boyutta olduğu, MİT tırları olayının ifşası ile hazır ortam da müsait iken Cumhurbaşkanı ve Ak Parti hükümeti yöneticilerinin teröre destek veren, terörü finanse eden iddiaları ile ulusal ve uluslararası boyutta yargılanmaları sağlanarak ortadan kaldırılmalarının hedeflendiği, en iyi ihtimalle seçim öncesi hükümeti zora sokarak seçimi kazanmalarının önüne geçilmek istendiği, sanık Kadri Enis Berberoğlu'nun Cumhurbaşkanı Recep Tayyip Erdoğan'a ve Ak Parti hükümetine zarar vermek için siyasal amaçla hareket ettiği, hukuki ve cezai sorumluluklarının doğması, yeniden iktidar olmalarının önüne geçmek için devletin ulusal güvenliği, iç ve dış siyasal yararları bakımından gizli kalması gereken özü itibariyle devlet sırrı olan görüntüleri yayınlaması, ifşa etmesi amacıyla diğer sanık Can Dündar'a vermekten çekinmediği, sanıkların iştirak iradesi içinde birlikte hareket ettikleri "şeklindeki ifadelerle", en iyi ihtimalle" denilmek suretiyle suçun unsurları yönünden net bir belirleme yapılmadığı gibi bir siyasi partinin yurt içindeki seçimleri kazanmasını engellemeye yönelik eylemin hangi gerekçelerle casusluk suçunun

E-İmza İle İmzalanmıştır.

unsuru olduğunun gösterilmediği, bu nedenle hangi eylemin suçun unsuru kabul edilerek sanığın sorumluluğuna esas alındığının belirsiz bırakılarak gerekçelendirilmediği;

4- Kabule göre de;

Somut olayda devlet sırrı olduğu ve devletin güvenlik veya iç ve dış siyasal yararları bakımından milli güvenlik yönünden tehlike oluşturduğu iddiası ile suça konu edilen görüntü ve bilgilerin 29.05.2015 tarihinden önce 21.01.2014 tarihli Aydınlık gazetesinde aynı konunun görüntülü olarak yayınlanması iddiasına ilişkin İstanbul Cumhuriyet Başsavcılığının soruşturmasının devam ettiğinin ve yerel mahkemece anılan soruşturma dosyasının incelenmediğinin dosya kapsamından anlaşılması karşısında;

Anılan soruşturma dosyasının getirilerek 21.01.2014 tarihinde yayınlanan haber ve görsellerin işbu dava konusu görüntülerin bir parçası olup olmadığı, aynı olaya ilişkin bulunup bulunmadığının tesbitiyle varılacak sonucun gerekçede gösterilmesi gerektiği gibi bunun yanında varılacak sonuca göre iddianamede suça ilişkin yapılan anlatım karşısında sanığın suça konu görüntüleri temin ettiği ve ifşasını sağladığının iddia olunmasına göre; TCK'nın 328 ve 330. maddeleri kapsamında iki ayrı suçtan açılmış davanın bulunduğunun kabulünün gerektiği, bu durumda yukarıdaki gerekçeler doğrultusunda; sırrın daha önce ifşa edildiğinin kabulü halinde gizli kalması gereken bilgileri casusluk maksadıyla açıklama suçunun unsurlarının oluşmayacağı, bu kez gizli kalması gereken bilgileri casusluk maksadıyla ifşa öncesinde temin etme suçu yönünden değerlendirme yapılmasının gerekeceği, yerel mahkemece anılan hususlara yer verilmeden hüküm kurulması,

Kanuna aykırı ve istinaf başvurusunda bulunan sanık müdafiilerinin istinaf nedenleri bu sebeple yerinde görülmüş olduğundan CMK'nın 280/1-b ve 289/1-g maddeleri uyarınca diğer yönleri incelenmeksizin CMK' nın 272/1. maddesi gereği re'sen de istinaf yasa yoluna tabi olan hükmün öncelikle bu sebeplerden dolayı BOZULMASINA,

Atılı suçtaki kanunda öngörülen ceza miktarı ile Yerel Mahkemece sanığa verilen ceza miktarına göre kaçma şüphesinin görülmesi, mevcut delil durumu, tutuklulukta kaldığı süre karşısında, adli kontrol hükümlerinin yeterli olmayacağı değerlendirilerek CMK'nın 100/1, 104/3. maddeleri gereğince TUTUKLULUK HALİNİN DEVAMINA,

Kararın sanık müdafiilerine TEBLİĞİNE,

Tutukluluk halinin devamına dair karara yönelik olarak; CMK'nın 101/5. maddesi uyarınca dairemize verilecek dilekçe veya tutanağa geçirilmek üzere zabıt kâtibine beyanda bulunmak veyahut da bir başka İlk Derece Ceza Mahkemesi veya Bölge Adliye Mahkemesi Ceza Dairesi aracılığıyla dilekçe gönderilmek suretiyle İstanbul Bölge Adliye Mahkemesi 3. Ceza Dairesine İTİRAZ yasa yolu açık olmak üzere,

Dosyanın yeniden incelenmek ve hükmolunmak üzere hükmü bozulan İstanbul 14. Ağır Ceza Mahkemesi'ne GÖNDERİLMESİNE,

CMK'nın 286/1. maddesi uyarınca **kesin** olmak üzere 09/10/2017 tarihinde oybirliğiyle karar verildi.

Başkan	Üye	Üye
S. ÖZKAN	H. KÖŞÜM	F. KABADAYI
E-İmzalıdır	E-İmzalıdır	E-İmzalıdır

E-İmza İle İmzalanmıştır.

daha etraflı da olsa sonradan yayınlanmasının milli güvenlik açısından oluşan sakıncasının devam edip etmediği hususunun suçun oluşumu için belirlenmesi gereklidir.

Yayınlanmaları suça konu edilen belgelerin aynı olması ve istinaf incelemesine konu bu dosya sanığının belgelerinin yayınlanmasından sorumlu tutulmuş olması ve yine suçu iştirak iradesi ile birlikte hareket etmek suretiyle işlediklerinin kabul edilmiş olması da göz önüne alındığında, İstanbul 14. Ağır Ceza Mahkemesi'nin 2016/37 esas sayılı dosya sanığı Can Dündar hakkındaki Yargıtay incelemesine konu dosyadaki belgelerin "niteliği" ve buna bağlı "suç vasfına" ilişkin yapılacak tespitin işbu dosya sonucunu da etkileyeceği; buna göre suç vasfının belirlenmesi ve delillerin birlikte değerlendirilmesi açısından her iki dosya arasında fiili ve hukuki bağlantı bulunuyor. Bu sebeple Yargıtay 16. Ceza Dairesi'ndeki inceleme sonucunun beklenmesi ve sonucuna göre davaların birleştirilerek görülmesi veya Yargıtay 16. Ceza Dairesi'nce verilecek kararın sonucuna göre sanık Kadri Enis Berberoğlu'nun hukuki durumunun takdir ve tayini ile denetime olanak verecek şekilde gerekçeye yansıtılması gerektiği gözetilmeden yazılı şekilde yetersiz gerekçe ile hüküm kurulmuştur.

Seçimi kazanmasının engellenmesinin neresi casusluk?

Yerel mahkemenin gerekçeli kararında sanık Kadri Enis Berberoğlu'nun görüntüleri vermesindeki amaç şöyle belirtiliyor:

"Can Dündar tarafından gazetesinde yayınlanarak başta Cumhurbaşkanı olmak üzere iktidarda bulunan Ak Parti hükümetini 'MİT TIR'larıyla Suriye'deki terör örgütlerine silah yardımı yapılıyor' şeklindeki algı operasyonu ile kamuoyu nezdinde yıpratmak, cezai soruşturmalara maruz bırakmak, ulusal ve uluslararası alanda özellikle Cumhurbaşkanı'nın savaş suçlusu olarak yargılanmasının önünü açmak, buna ortam sağlamaya çalışmaktır.

"Keza o dönemdeki iç ve dış olaylar gözetildiğinde ulusal güvenlikle ilgili hassasiyetlerin yaşanan terör olayları ve Suriye'deki olaylar nedeniyle üst safhada olduğu, başta Cumhurbaşkanı olmak üzere Fetullah Gülen ve yapılanmasına yönelik çalışmalar yapıldığı, operasyonlar gerçekleştirildiği, devletteki kadrolardan ayıklanmaya çalışıldığı, bu suretle Cumhurbaşkanı Tayyip Erdoğan'ın, Fetullah Gülen ve yapılanmasının baş düşmanı haline geldiği, görüntülerin verildiği tarihlerdeki ortamın olağanüstü boyutta olduğu, MİT TIR'ları olayının ifşası ile hazır ortam da müsait iken Cumhurbaşkanı ve Ak Parti hükümeti yöneticilerinin teröre destek veren, terörü finanse eden iddiaları ile ulusal ve uluslararası boyutta yargılanmaları sağlanarak ortadan kaldırılmalarının hedeflendiği, en iyi ihtimalle seçim öncesi hükümeti zora sokarak seçimi kazanmalarının önüne geçilmek istendiği, sanık Kadri Enis Berberoğlu'nun Cumhurbaşkanı Recep Tayyip Erdoğan'a ve Ak Parti hükümetine zarar vermek için siyasal amaçla hareket ettiği, hukuki ve cezai sorumluluklarının doğması, yeniden iktidar olmalarının önüne geçmek için devletin ulusal güvenliği, iç ve dış siyasal yararları bakımından gizli kalması gereken özü itibariyle devlet sırrı olan görüntüleri yayınlaması, ifşa etmesi amacıyla diğer sanık Can Dündar'a vermekten çekinmediği, sanıkların iştirak iradesi içinde birlikte hareket ettikleri şeklindeki ifadelerle, 'en iyi ihtimalle' denilmek suretiyle suçun unsurları yönünden net bir belirleme yapılmadığı gibi bir siyasi partinin yurtiçindeki seçimleri kazanmasını engellemeye yönelik eylemin hangi gerekçelerle casusluk suçunun unsuru olduğunun gösterilmediği, bu nedenle hangi eylemin suçun unsuru kabul edilerek sanığın sorumluluğuna esas alındığı belirsiz bırakılıp gerekçelendirilmemiştir.

Daha önce başka gazetede yayımlanmış

"Somut olayda devlet sırrı olduğu ve devletin güvenlik veya iç ve dış siyasal yararları bakımından milli güvenlik yönünden tehlike oluşturduğu iddiası ile suça konu edilen görüntü ve bilgilerin 29.05.2015 tarihinden önce, 21.01.2014 tarihli Aydınlık gazetesinde yayınlanması iddiasına ilişkin İstanbul Cumhuriyet Başsavcılığı'nın soruşturması devam ediyor.

"Anılan soruşturma dosyasının getirilerek 21.01.2014 tarihinde yayınlanan haber ve görsellerin işbu dava konusu görüntülerin bir parçası olup olmadığı, aynı olaya ilişkin bulunup bulunmadığının tespitiyle varılacak sonucun gerekçede gösterilmesi gerekmektedir. Bunun yanında varılacak sonuca göre iddianamede suça ilişkin yapılan anlatım karşısında sanığın suça konu görüntüleri temin ettiği ve ifşasını sağladığının iddia olunmasına göre; TCK'nın 328 ve 330. maddeleri kapsamında iki ayrı suçtan açılmış davanın bulunduğunun kabulünün gerektiği, bu durumda sırrın daha önce ifşa edildiğinin kabulü halinde gizli kalması gereken bilgileri casusluk maksadıyla açıklama suçunun unsurları oluşmaz. Bu kez gizli kalması gereken bilgileri casusluk maksadıyla ifşa öncesinde temin etme suçu yönünden değerlendirme yapılması gerekecek. Yerel mahkemece anılan hususlara yer verilmeden hüküm kurulmuştur.

"Kanuna aykırı ve istinaf başvurusunda bulunan sanık avukatlarının temyiz nedenleri bu sebeple yerinde görülmüş olduğundan diğer yönleri incelenmeksizin re'sen de istinaf yasa yoluna tabi olan hükmün öncelikle bu sebeplerden dolayı BOZULMASINA, atılı suçtaki kanunda öngörülen ceza miktarı ile yerel mahkemece sanığa verilen ceza miktarına göre kaçma şüphesinin görülmesi, mevcut delil durumu, tutuklulukta kaldığı süre karşısında, adli kontrol hükümlerinin yeterli olmayacağı değerlendirilerek TUTUKLULUK HALİNİN DEVAMINA karar verildi."

9 Ekim 2017 tarihinde verilen kararla, Enis Berberoğlu o görüntüleri verse bile daha önce yayımlandığı için "devlet sırrı" sayılamayacağına, casusluk olamayacağına hükmedildi. Bu durum, Enis'in cezaevinin çıkış kapısına doğru gidişinin de ilk adımıydı.

Askere "Suriye'ye gir" emri verildi

Türkiye'yle Suriye arasında 11 sınır kapısı var. Bu kapılardan Mürşitpınar, Akçakale, Ceylanpınar, Şenyurt, Nusaybin ve Islahiye kapıları 2015 yılının Haziran ayında terör örgütü PKK'nın kontrolüne geçmişti. Karkamış ve Çobanbey kapıları terör örgütü IŞİD'in denetiminde... Cilvegözü ve Öncüpınar kapılarının hâkimi Suriye rejim muhalifleri... Geriye kalan tek kapı Yayladağ ise Suriye rejiminin kontrolünde...

911 kilometrelik Türkiye-Suriye sınırı işte bu hale getirildi. 911 kilometreden kala kala Suriye yönetiminin elinde 27 kilometre kaldı. O sınır kapıları, Ortadoğu ülkelerine açılan ihracat kapılarımızdı. Türkiye'nin de katkısıyla Suriye'de gelinen durumdan en çok zarar gören ülkelerin başında da ülkemiz geliyor. 2 milyon kişiye yakın Suriyeli de topraklarımızda perişan bir vaziyette...

Savaş nedeni olarak gösterildi

Suriye yönetimine karşı ayaklanmaları, direnmeleri için o ülke vatandaşlarını kışkırtan, durum tersine dönünce ülkemize gelmelerini isteyenlerin hesapları yine tutmadı. Dönemin Başbakanı Erdoğan, bir hafta içinde Suriye rejiminin çökeceğini sanıyor, Şam'da bulunan Emeviye Camii'nde cuma namazı kılacağını söylüyordu.

Cumhurbaşkanı Erdoğan, Suriye yönetiminin boşalttığı yerlerde Kürt Devleti kurulmasına izin verilmeyeceğini, bu durumun "kırmızı çizgimiz" olduğunu belirtiyor. Yani "savaş nedeni" sayıyor. Cumhurbaşkanının "savaş nedeni" saydığı gelişmelerin sorumlusu kim? Bu işler nasıl buralara geldi?

"Analar ağlamasın" diye diye, Güneydoğu'yu adeta terör örgütü ve yandaşlarına teslim edenler, askerleri karakolundan, birliğinden çıkamaz hale getirenler, "alan hâkimiyeti"nin terör örgütünün eline geçmesini sağlayanlar, ülkemizi şimdi savaşa sürüklemek istiyorlar. Savaş tamtamları çalınıyor.

İftarda, yazılı emir istendi

Güneydoğu'da bir dönem terörle mücadele edenlerin başlarına neler geldiğini bilen asker, şimdi çok dikkatli... Hemen her konuda "yazılı emir" istiyor. 18 Haziran'da Cumhurbaşkanı Recep Tayyip Erdoğan, Başbakan Ahmet Davutoğlu, Genelkurmay Başkanı Orgeneral Necdet Özel iftar nedeniyle bir araya geldiklerinde Suriye konusu ele alındı.

Hükümet, Suriye toprakları içinde "güvenli bölge" oluşturulmasını istiyor. Askere "gir" deniliyor, asker "yazılı emir" soruyor. Çünkü bir ülke toprağına "gir" demekle olmuyor bu işler. Suriye'nin bugün o bölgelerde egemenliği olmasa bile topraklarına Türk askerinin girmesi "savaş nedeni"dir. Asker bu durumun uluslararası boyutunun nerelere doğru gidebileceğini de çok iyi kestiriyor.

Türkiye'yi yabancı ülke toprağına soktuğunuz zaman, o ülkenin bir uçağının gelip kendi hava sahası içinde bulunan yabancı ülke askerine bomba yağdırdığını düşününüz. Ardından, Türkiye'nin uçakları Suriye'ye girecek. Buyurun size savaş...

Orgeneral Özel, "yazılı emir" isteyince Davutoğlu, "O emri daha önce vermiştik" diyor. Özel, o emrin "güvenli bölge"yi kapsamadığını belirtiyor. Bunun üzerine Davutoğlu, Başbakanlık Müsteşarı Kemal Madenoğlu'na "yeni emri hazırlayın" diyor. Hemen aynı akşam, o emir Genelkurmay Başkanı Orgeneral Necdet Özel'e veriliyor.

Güneydoğu'da isyan provası

Dışişleri Bakanlığı ile Genelkurmay arasında uyumlu bir çalışma başlıyor. Türkiye'nin Suriye'de "güvenli bölge oluşturmak" Suriyelileri terör örgütlerinden korumak için "güvenli bölge" oluşturulmasının gerektiğinin anlatılması öngörülüyor. Bu,

Suriye'ye Rusya ile yapılan temas sonucu ulaştırılıyor. Aynı şekilde İran'a da benzer bilgiler veriliyor.

Bu tür bilgilendirmeler yapılmadan girilmesi halinde sorunların daha büyük olacağı değerlendiriliyor. Aynı bölgede terör örgütleri PKK ve IŞİD'in askerlerimize saldırabileceği de dikkate alınıyor. İşte, Türkiye'nin, PKK-PYD kontrolü altındaki yerlerde güvenli bölge oluşturmak istemesi, PKK'yı da rahatsız ediyor. Askerin Suriye'ye girmesi durumunda, örgütün Güneydoğu'da, devlete karşı isyan provalarına girebilecekleri de değerlendiriliyor ve bunlara göre bir yapılanmaya gidiliyor.

Genelkurmay Başkanı Orgeneral Necdet Özel'in "emekliliğine 1,5 ay kala Suriye'ye girmemek için direneceği" yorumları da yapılıyor. Konuştuğum bir askeri yetkili, "Böyle bir şey olabilir mi? Hükümet emir verdikten sonra gereği yapılır. Asker bir taraftan hazırlıklarını yaparken, diplomatik girişimler de devam ediyor. Bu konuda kapsamlı bir planlama yapılması gerekiyor. Yoksa, yabancı bir ülke toprağında sıkıntılar yaşanır" diyor.

Cumhurbaşkanı Erdoğan, Türkiye'nin Suriye topraklarına girmesini belki de en çok isteyenlerin başında geliyor. Dileriz, bu girişin arkasında "erken seçim hesapları yatmıyordur" derken Cumhurbaşkanı Recep Tayyip Erdoğan'ın başkanlığında Milli Güvenlik Kurulu toplantısı yapıldı. "Suriye ile mutabakata varılmadan Suriye topraklarına askerimizin girmesi çılgınlıktır" sözleri de askerler tarafından sıkça dile getirildi. Çünkü bir adım attıktan sonra bunun geri dönüşü de son derece zor. Suriye Hükümeti'nin kontrolünden çıkan ve teröristler tarafından işgal edilen yerlere askerimiz girmeden havadan yere ya da karadan karaya füzeyle, uzun namlulu silahlarla o bölgeleri atış altına almak mümkün. Bundan sonrasını komutanlar şöyle anlattı:

"Uluslararası savaş hukuku kapsamında, yapılan işlem suç oluşturur. Çünkü siz Birleşmiş Milletler'den (BM) onay almadan başka bir ülkenin topraklarına hedef gözetmeksizin atışta bulunuyorsunuz. O bölgede ölecek ya da yaralanacaklar resmi silahlı kuvvetler olmadığı için öldürülen her kişi sivil vatandaş olarak kabul edilir ve bunun hesabı ileride Türkiye Cumhuriyeti Devleti'nden, isterse Lahey Adalet Divanı nezdinde sorulur. Bu BM'ye verilmiş onursuz bir koz olur.

Bunun örneği var. Bosna'daki katliamlarda sivil vatandaşların öldürülmesiyle ilgili olarak Sırp general yargılanıyor. Asker, hükümetten yazılı bir emir almadıkça, hükümet böyle bir sorumluluğu kabul etmeyebilir. Böyle bir emir almadan yapılacak harekât, atış emrini veren Türk Silahlı Kuvvetleri'nin generallerinin savaş hukuku kapsamında yargılanmasına yol açar.

Hukuki alt yapısı olmalı

Silahlı Kuvvetler'in yazılı emir alması da yeterli olmaz. Bunun için daha önce TBMM'den alınan yetkinin yeterli olup olmadığı da hukukçular tarafından incelenmeli, daha önce alınan tezkerenin güvenli bölgeyi kapsayıp kapsamadığı üzerinde durulmalı. Yoksa Silahlı Kuvvetler, savaş hukukuna aykırı kanunsuz emri uygulamış duruma düşer. Çünkü ateş edilen yer, bilinmeyen bir yer olmayacak. Emir verilirse Suriye'ye girilir. Ama bunun hukuki alt yapısının da iyi hazırlanması, Suriye, İran, Rusya, ABD gibi ülkelere böyle bir şeye niçin giriştiğimiz çok iyi anlatılmalı. Bu yapılmazsa ülke olarak zor durumda kalınır.

"Girelim"le olmuyor, bunlara da hazır olun!

Önce Irak sınırı için "kevgire döndü" deniliyordu. Buna Suriye sınırımız da eklendi. Denetimsiz, kontrolsüz, birileri giriyor-çıkıyor, sınırlarımızı korumakla görevli olanlar da bu duruma seyirci kalıyor. Sınır ötesine geçen Türk vatandaşları da IŞİD ya da PKK için savaşıyorlar. Cenazeleri ülkemize getirildiğinde de belli çevreler onları "şehit" sayıyor. Cumhurbaşkanı Recep Tayyip Erdoğan, yeni hükümet kurulmasını bile beklemeden, gelecek hükümete ağır bir yük bırakıyor. Askerimizin Suriye'ye girmesini istiyor. Suriye ile ilişkileri bozan Erdoğan, bu ilişkileri düzeltmekten çok hâlâ geriyor. Bugün "Kürt koridoru" diye nitelendirilen bölgenin oluşmasının sorumluları arasında Suriye ile ilişkileri bozanların da bulunduğunu unutmayalım.

Savaşan bu ülkenin vatandaşları

Sınır ötesine savaşmak için geçilmekle kalınmıyor. Teröristlere Türkiye üzerinden mühimmat, silah ve gıda ikmali de yine aynı örgütler aracılığıyla gerçekleştiriliyor. Yani, terör örgütleri, yeterli önlem alınmadığı için topraklarımızı lojistik merkezi olarak kullanıyor.

Terör örgütü üyesi PKK'lıların silahlarıyla Güneydoğu'da rahatça dolaşmalarına seyirci kalınıyor. Onlar yöre halkı üzerinde "baskı aracı" olarak sağda-solda dolaşıyor, propaganda yapıyor, eli silah tutan gençleri sınır ötesindeki çatışmalara götürüyor. Terör örgütü IŞİD'e de yine Türkiye üzerinden önemli katılımlar oluyor. Yani, başka bir ülke toprağında bu ülkenin vatandaşları ölüyor, öldürüyor.

AKP'lilerin, Türk Silahlı Kuvvetleri'nin Suriye'ye girmesi, güvenli bölgeler oluşturulmasını istemesine karşın, Silahlı Kuvvetler'deki genel eğilim, böyle bir girişimin Suriye'nin onayı alınmadan yapılmasının çok sakıncalı olacağı ve ülkemizi batağa çekeceği yönündedir.

Nereden gidiyorlar?

Askerin girmesi halinde, terör örgütü PKK ve yandaşlarının 6-7 Ekim'de gerçekleştirdikleri kalkışmaya benzer bir girişimi başlatacakları beklenen bir durum. Yalnız onlar değil, IŞİD'in de bazı bölgelerimizde her an kanlı eylemlere girişebileceği değerlendiriliyor.

Bunların önlenmesi için devletin caydırıcı gücünü vatandaş hissetmeli, görmeli. Bunu görmedikleri sürece olayları, örgütlere katılımı, sınır ötesine izinsiz giriş-çıkışları önleyemezsiniz.

Dinci örgütler arasında işbirliği, "cihad bölgesi" olarak adlandırdıkları Afganistan'da, Bosna'da, Çeçenistan'da, Irak'ta başlamıştı. O yüzden her ülkede, o örgüt adına eylem yapmaya hazır hücreler bulunuyor. IŞİD'e Türkiye'den katılımlar daha çok Gerede, Karamürsel, Yalova, Bursa, Adapazarı, Bolu, Ankara ve Adıyaman'dan oluyor. Bu örgüte ilgi duyanların oranı da yüzde 6 civarında...

"Fetih ordusu destekleniyor"

Genelkurmay İstihbarat Başkanı'yken tutuklanan, ardından beraat eden emekli Korgeneral İsmail Hakkı Pekin'le sohbetimizde ilginç bilgiler ediniyorum. İşte onlardan bir bölüm:

"Suriye'de Kürdü Kürde, Arabı Araba, Müslümanı Müslümana kırdırtıyorlar. Türkmenler de arada eziliyor. Bu gelişmeleri de Türkiye Cumhuriyeti seyrediyor. Kararlılık gösterip sınırlarımızı geçilmez hale getirse, ABD Suriye konusunda geri çekilmek durumunda kalır. Suriye'nin önceliği IŞİD'le mücadele... Suudi Arabistan ve Katar'ın önceliği orada Kürt Devleti kurulmasıdır.

Türkiye hangi akla hizmetle Esad muhaliflerinin birleşmesiyle Türkiye ve Suudi Arabistan destekli olarak kurulan Fetih Ordusu'nu destekliyor? Türkiye, PKK-PYD tehdidine uygun bir çıkış yapmak zorunda... IŞİD'i yavaş yavaş Lübnan'a doğru kaydırıyorlar. Hizbullah ve IŞİD arasında Kuzey Lübnan'da çatışma çıkacak. Bunun amacı İsrail'in istediği gibi, Lübnan'ı Lazkiye'ye kadar uzatıp Büyük Lübnan'ı ve ülkenin güneyinde Dürzi Devleti kurma projesi yatıyor.

Suudi Arabistan ile İsrail, Kürt Devleti kurulması konusunda anlaşmış durumda... Süratle IŞİD'i, Fetih Ordusu'nu desteklemekten vazgeçmeliyiz. Esad'a karşı mücadele edenleri destekleme politikasını terk edersek, Esad'ın da ülkemize pozitif yaklaştığı görülecektir."

Cumhurbaşkanı artık Esad'ı devirmekten vazgeçmeli, Şam Emeviye Camii'nde cuma namazı kılmak istiyorsa eskiden olduğu gibi Suriye ile dost olmalı, dost kalmalıyız.

Önemli uyarı: Kara bela Türkiye'yi sarıyor

Onların tanışmaları "Cihad Bölgesi" olarak adlandırdıkları Afganistan, Çeçenistan, Bosna, Irak ve çatışmaların yoğun yaşandığı ülkelerde oldu. O birliktelikten sonra terör gruplarının dünyanın değişik ülkelerinde yandaşları oldu. Bir ülkede çatışmaya mı girilecek, haber ulaştırılıyor, onlar "görev bölgesi"ne gidiyor. Bazıları da bulundukları ülkeden ayrılmıyor, "ülkede eylem yap" denildiğinde onlar da harekete geçiyor.

Son dönemde IŞİD örgütü militanlarının ülkemizde de eylemler yapacağına ilişkin istihbarat birimlerinin uyarıları oluyor. Silahlı Kuvvetler'in, Suriye topraklarına girmesi durumunda, ülkemizde de IŞİD eylemlerinin başlayabileceği "devlet katı"nda sıkça dile getiriliyor, bu yapılanmanın Türkiye ayağının giderek güç kazandığı anlatılıyor.

Bahçeli milletvekillerini dinledi

MHP Genel Başkanı Devlet Bahçeli, 20'li gruplar halinde MHP milletvekilleriyle iftarda bir araya geldi; seçimler, yeni hükümet, koalisyon ve komşu ülkelerdeki gelişmeler konuşuldu.

Daha önce İslam İşbirliği Teşkilatı Genel Sekreterliği görevinde bulunan Prof. Dr. Ekmeleddin İhsanoğlu da, Suriye sınırındaki gelişmeler ve bunun muhtemel sonuçlarını anlattı. İhsanoğlu'nun konuşmasında AKP-MHP koalisyonunu önerdiği, buna Bahçeli'nin sert tepki gösterdiği iddiası da yayıldı. Ancak, İhsanoğlu koalisyon konusuna değil, Suriye'ye değindiğini, konuşmasından sonra genel başkanın da nazik bir ifadeyle görüşlerini açıkladığını kaydetti.

Seçimlerin hemen ardından MHP'nin AKP ile koalisyon kuracağı iddiaları öne çıkmıştı ama Bahçeli'nin AKP'nin kabul edemeyeceği önerileri oldu. İbre, MHP'nin hükümette yer almayacağı, ana muhalefet görevini üstleneceğine döndü. Bahçeli'nin "gereken fedakârlığı yaparız" açıklaması, bu kez MHP'nin hükümet ortağı olabileceği yorumlarını kuvvetlendirdi. İhsanoğlu sohbetimizde, "Partimiz doğru bir pozisyonda" diyor, "Partimizin tespit ettiği politikanın arkasında duruyoruz" diye ekliyor.

Korku imparatorluğu

İhsanoğlu, İslam ülkelerindeki gelişmeleri İslam İşbirliği Teşkilatı'nın eski genel sekreteri olarak da yakından izliyor. Ne olup bittiğini sorduğumda kaygılarını şöyle anlattı:

"Bugün radikalizm, yani aşırıcılıkla birlikte şiddette de büyük bir artış görülüyor. Şiddetin artışı, tedhiş, terör hareketlerinin evrensel boyut alması, herkesin farklı bir şekilde düşünmesini zorluyor. Bugün herhangi bir İslam dünyasında yaşanan hadiseler Nijerya'sından Afganistan'a, Orta Afrika'sına kadar bütün İslam coğrafyasını ilgilendiriyor. Ayrıca Batı dünyasıyla olan münasebetlerimizi de zedeliyor.

IŞİD'in ortaya çıkışından sonra, Bağdadi'nin halifelik iddiasında olması, İslam dünyası olarak bizim bu meseleleri farklı bir şekilde ele almamızı gerektiriyor. Günümüzdeki olaylar Hasan Sabbah misali bir eylem değil, bunlar bir çeşit 'Terörist Gruplar Konfederasyonu'dur. Bu konfederasyonun başındaki adamlar çok zekice hareket ediyor, bir nevi korku imparatorluğu kurmuş bulunuyorlar.

Işid bizim için tehlike

Bunlarla bizim uğraşmamız lazım ama tek başımıza da sonuç alamayız. Bütün ülkelerle beraber çalışmamız gerekiyor, Birleşmiş Milletler Güvenlik Konseyi'nin kararlar çıkarıp uluslararası düzeyde mücadele edilmesini zorunlu görüyorum. Türkiye her şeyden önce bu örgütlere uzak ve soğuk durmalı. Bunların Türkiye'ye sızmalarına, ülkemizden de bunlara katılımlara karşı alınacak önlemler etkili bir biçimde uygulanmalı.

Türkiye'de, bir IŞİD potansiyeli fikriyatı var. Bu, vatandaşlarımız arasında giderek yaygınlaşıyor. Bunların oranı yüzde 1 bile olsa çok önemli bir sayıya ulaşıyorlar. Benim değerlendirmeme ve aldığım bilgilere göre bu tahmin edilenden daha yüksek bir sayıya ulaşıyor.

Din adına yaptıkları

Suriye'de, Irak'ta yaşanan gelişmeler bizi şüphesiz derdinden etkiliyor. Suriye'nin parçalanması, Irak'ın bütünlüğünü bozup bağımsız devletler kurulması ülkemiz için de önemli sorunları beraberinde getirecek. Bunlarla uluslararası düzeyde mücadele yapılmadığı takdirde, uzun vadede çok tahripkâr olacaklar, ülkelerin parçalanması sonucunu getireceklerdir. Ortadoğu'da haritalar değiştirilmek isteniyor.

Bakmayın siz bu örgütlerin dini kullanmalarına. Din bunlar için bahane. Dinin haram kıldığı ne varsa, bunlar hepsini sözde din adına yapıyor. Dine en büyük ihanet, zarar bunlardan, radikal hareketlerden geliyor."

Prof. Dr. Ekmeleddin İhsanoğlu'nun bu uyarıları boşuna değil. Yaklaşan ve ülkemizi sarması beklenen tehlikenin farkında. Farkında olmayanlara duyurulur.

"Bunlara hazır olun",
"Kara bela Türkiye'yi sarıyor"

Şanlıurfa'nın Suruç ilçesinde göstere göstere gelen patlamada 31 vatandaşımız hayatını kaybetti. Açıkçası bunlar bizim için sürpriz olmadı. Çünkü böyle bir eylemin yapılabileceğini gazetedeki köşemde ısrarla vurgulamış, "Şu olacaklara hazır olun" demiştim.

Gerçek olan durum şu: Önce, Irak sınırı için "kevgire döndü" deniliyordu. Buna Suriye sınırımız da eklendi. Denetimsiz, kontrolsüz birileri, giriyor-çıkıyor, sınırlarımızı korumakla görevli olanlar da bu duruma seyirci kalıyor.

Sınır ötesine geçen Türk vatandaşları da IŞİD ya da PKK için savaşıyorlar. Cenazeleri ülkemize getirildiğinde de belli çevreler onları "şehit" sayıyor. Sınır ötesine savaşmak için geçilmekle kalınmıyor. Teröristlere Türkiye üzerinden mühimmat, silah ve gıda ikmali de yine aynı örgütler aracılığıyla gerçekleştiriliyor. Yani terör örgütleri, yeterli önlem alınmadığı için topraklarımızı lojistik merkezi olarak kullanıyor.

Terör örgütü üyeleri PKK'lıların silahlarıyla Güneydoğu'da rahatça dolaşmalarına seyirci kalınıyor. Onlar yöre halkı üzerinde "baskı aracı" olarak sağda solda dolaşıyor, propaganda yapıyor, eli silah tutan gençleri sınır ötesindeki çatışmalara götürüyor. Terör örgütü IŞİD'e de yine Türkiye üzerinden önemli katılımlar oluyor. Yani, başka bir ülke toprağında bu ülkenin vatandaşları ölüyor, öldürülüyor.

Terör örgütleri konfederasyonu

1 Temmuz'da bu köşede, örgütlerin kanlı eylemler yapabileceğini şöyle aktarmıştık:

"PKK ve yandaşlarının 6-7 Ekim'de gerçekleştirdikleri kalkışmaya benzer bir girişimi başlatacakları beklenen bir durum. Yalnız onlar değil IŞİD'in de bazı bölgelerimizde her an kanlı eylemlere girişebileceği değerlendiriliyor. O yüzden, istihbarat birimleri 'muhalifleri', 'hayali örgütleri' değil, gerçek örgütlerle bağlantılı olanları izlemeli.

Dinci örgütler arasında işbirliği, 'cihat bölgesi' olarak adlandırdıkları Afganistan'da, Bosna'da, Çeçenistan'da, Irak'ta başlamıştı. O yüzden her ülkede, o örgüt adına eylem yapmaya hazır hücreler bulunuyor. IŞİD'e Türkiye'den katılımlar daha çok Gerede, Karamürsel, Yalova, Bursa, Adapazarı, Bolu, Ankara ve Adıyaman'dan oluyor. Bu örgüte ilgi duyanların oranı da yüzde 6 civarında."

13 Temmuz 2015'te "Önemli uyarı: Kara bela Türkiye'yi sarıyor" başlığını taşıyordu. İslam ülkelerindeki terörü MHP Milletvekili Ekmeleddin İhsanoğlu, İslam İşbirliği Teşkilatı'nın eski genel sekreteri olarak yakından izliyor. Sohbetimizde İhsanoğlu şu uyarıda bulunmuştu:

"Bugün radikalizm yani aşırıcılıkla birlikte şiddette de büyük bir artış görülüyor. Şiddetin artışı, tedhiş, terör hareketlerinin evrensel boyut alması, herkesin farklı bir şekilde düşünmesini zorluyor. Günümüzdeki olaylar Hasan Sabbah misali bir eylem değil, bunlar bir çeşit 'Terörist Gruplar Konfederasyonu'dur. Bu konfederasyonun başındaki adamlar çok zekice hareket ediyorlar, bir nevi korku imparatorluğunu kurmuş bulunuyorlar.

...Türkiye her şeyden önce bu örgütlere uzak ve soğuk durmalı. Bunların Türkiye'ye sızmalarına, ülkemizde de bunlara katılımlara karşı alınacak önlemler etkili bir biçimde uygulanmalı. Türkiye'de, bir IŞİD potansiyeli fikriyatı var. Bu, vatandaşlarımız arasında giderek yaygınlaşıyor. Bunların oranı yüzde 1 bile olsa çok önemli bir sayıya ulaşıyorlar. Benim değerlendirmeme ve aldığım bilgilere göre bu tahmin edilenden daha yüksek bir sayıya ulaşıyor.

Suriye'de, Irak'ta yaşanan gelişmeler bizi şüphesiz derinden etkiliyor. Suriye'nin parçalanması, Irak'ın bütünlüğünü bozup bağımsız devletler kurulması ülkemiz için de önemli sorunları be-

raberinde getirecek. Bunlarla uluslararası düzeyde mücadele yapılmadığı takdirde, uzun vadede çok tahripkâr olacaklar, ülkelerin parçalanması sonucunu getireceklerdir. Ortadoğu'da haritalar değiştirilmek isteniyor.
Bakmayın siz bu örgütlerin dini kullanmalarına. Din bunlar için bir bahane. Dinin haram kıldığı ne varsa, bunlar hepsini sözde din adına yapıyorlar. Dine en büyük ihanet, zarar bunlardan, radikal hareketlerden geliyor."

Cevaplandırılamayan Suruç soruları

Suruç, Suriye'deki resmi adı Ayn El Arab olan, Kürt grupların Kobani dedikleri ilçeyle adeta iç içe geçmiş durumda... Mürşitpınar Sınır Kapısı'na uzaklığı 4 kilometre. Demiryolunun 30 metre ilerisinde Suriye toprakları başlıyor. Gireni çıkanı belli olmayan, nüfusu 200 bine yaklaşan bu ilçe, Suriye bağlantılı olayların Türkiye'deki önemli bir merkezi sayılıyor.

Bu ilçe, alçakça bir eylem sonucu 32 gencimizin hayatını kaybetmesiyle gündemde... Canlı bombanın uzaktan kumandayla, telefonla patlatıldığı değerlendiriliyor. Güvenlik birimleri tarafından 300'e yakın telefona el konuldu. Olay yerine yakın sinyal veren bu telefonlar uzmanlar tarafından incelendi bununla da bir yol alınmaya çalışıldı.

Adil Findo'nun intikamı mı?

Sınır bölgelerinde terör örgütü PKK kendisine göre bir "istihbarat teşkilatı" kurmuş. Patlamadan tam 10 gün önce Veysi Kurt, Suruç ilçesine bağlı Murat Mahallesi'nde yol kenarında ölü olarak bulundu. Daha önce Kobani'de savaşan Kurt, Türkiye'ye döndü, güvenlik güçlerine itiraflarda bulundu. Böylece 30 PKK'lının yakalanmasını sağladığı için, kendilerine "Apocu Fedailer" adını veren teröristler tarafından öldürüldü.

Gaziantep'te polisle 13 saat çatışabilecek bir güce sahip olan IŞİD için bu kent son derece önemli. IŞİD'in Suriye-Cerablus Dış İlişkiler Sorumlusu olduğu, aynı zamanda IŞİD ile MİT arasında ilişkiyi sağladığı gerekçesiyle, "Apocu Fedailer" tarafından Adil

Findo ve oğluna da suikast düzenlendi. IŞİD'in, önemli bir elemanına karşı düzenlenen suikast için intikam eylemine girişmiş olabileceği de güvenlik güçlerinin araştırdığı konular arasında yer alıyor.

Arama niçin özel güvenliğe bırakıldı?

Gelen grubun üzerlerinin polis tarafından değil, özel güvenlik tarafından arandığı iddiası var. Bu iddia doğruysa canlı bombanın üzerinde bomba düzeneği bilerek mi yakalanmadı?

Bir eylem gerçekleştirildiği zaman polis önce "Bu eylem kime yaradı?" sorusunun cevabını arar. "HDP'nin Diyarbakır mitinginde bombayı kim patlattırdıysa, Suruç eylemini de aynı kişiler yaptırdı" varsayımına göre de güvenlik birimleri iz sürüyor. Aynı gün, terör örgütü PKK'nın Adıyaman'da bir askerimizi şehit etmesi, Doğubayazıt'ta yol kesmesi, araç yakması da hayli ilginç. "Çözüm Süreci" döneminde 13 köy korucusunu şehit eden, dördünü uzun süre rehin tutan örgütün, eylemleri başlatması da yürütülen planın bir parçasıdır.

AKP hükümetinin en büyük hatalarından biri, "terörle mücadele" ile "Çözüm Süreci"ni birbirine karıştırması oldu. Terörle mücadele etmeyerek örgütün alan hâkimiyetini kurmasının, bölge halkı üzerinde etkinliğini artırmasının yolunu açtı. Asker halkın gözünde "Karakolundan çıkamaz, operasyon yapamaz" hale getirildi. PKK'nın devlet yapılanması olan KCK güçlendirildi, örgüt kendilerine yakın olanları silahlandırdı. Öyle bir noktaya gelindi ki, HDP'nin bazı yöneticileri halkın kendi kendini korumasını istiyor. Demek ki halk kendi kendisini koruyacak kadar silahlandırılmış.

IŞİD varsa ABD var

Milli Güvenlik Kurulu'nun (MGK) ülkemiz açısından tehdit önceliği IŞİD değil PYD içindir. IŞİD'in bulunduğu topraklardan görevini tamamladıktan sonra mutlaka gideceğine inanılıyor. Bugün IŞİD'in sınırımızda bulunmasının nedeni de "IŞİD olmazsa, orada ABD olmayacak" diye açıklanıyor. Suriye topraklarında oluşturulmak istenen "Kürt koridoru"nun, Türkiye açısından Irak'ın kuzeyindeki Kürt bölgesinden daha tehlikeli olduğu değerlendiriliyor. Oradaki Kürt koridoru, Türkiye'nin Arap dünyasıyla, Türkmenlerle bütün bağını koparacak.

Konuştuğum bir askeri yetkili, eyleme farklı bir bakış açısı getiriyor ve şunları söylüyor:

"Türkiye'nin bir güvenlik bölgesi oluşturmak istemesi ABD ve İngiltere'yi çok rahatsız etti. 'Suriye'ye girersen ben kendi elemanlarımla ülken içinde her türlü karışıklığı çıkarırım, haddini bil' deyip ülkemizi Suriye'ye müdahale etmekten vazgeçirmek istiyorlar. Türkiye'nin o bölgeye müdahil olması halinde Kürt koridoru açılması uzun yıllar yine ertelenmiş olacaktır."

"Eylemi kim yaptı"dan çok böyle bir eylemi güvenlik güçlerimizin niçin önleyemediği üzerinde öncelikli olarak durulmalı. Sahi birilerinden bunun hesabının sorulacağına siz inanır mısınız? Bazı terör örgütlerini hoşgörüyle karşılayan, bazılarıyla müzakere yapılarak onları da tatmin edecek siyasi çözümler bulunmasını önerenler ve destekleyenler, bu gibi insanlık dışı saldırıların manevi sorumluları arasında değil mi?

Devletin "sakıncalı" piyadeleri

Bazı siyasiler, yorumcular "Türkiye'de casuslar cirit atıyor" der. Türkiye aleyhine casusluk yaptığı iddiasıyla son 15 yıldır yakalanan, hüküm giyen yok. Ama Diyanet personelinden MİT personeline, valilerden hazine personeline, sigorta müfettişine, askere kadar yaklaşık 2 bin 400 kişi ile ilgili İzmir Casusluk ve Fuhuş Davası'nda ilginç gelişmeler de oldu, oluyor...

Bakıyorsunuz aynı konuda suçlanan Kara, Hava, Deniz Kuvvetleri personeli meslekten atılıyor ama Jandarma personeliyle, İçişleri Bakanlığı'na bağlı birimlerde kimseye dokunulmuyor. Çünkü o dosyada bakan, o dosyada vali isimleri de var.

Bakın şu yazıya

"İzmir Askeri Casusluk ve Fuhuş Davası" denilince, tutuklandıkları için kamuoyu daha çok askerlerin mağduriyetinden haberdardı. O davada isimleri geçen 2 bine yakın bürokrat ise kurumlarında "sakıncalı piyade" muamelesine tabi tutuldu. Kumpasta ismi geçen kişilerin bazıları bulundukları görevden alındı, kimisi disiplin cezasına çarptırıldı, meslekten çıkarıldı.

Kurumlara gönderilen cumhuriyet savcısının yazısı "Fuhuş, insan ticareti, fuhşa aracılık, şantaj, tehdit, özel hayatın gizliliğini ihlal etme, kişisel verileri kayıt altına alma, devletin güvenliğine ilişkin bilgileri temin etme, yasaklanmış bilgileri temin..." diye başlıyorsa zaten yandınız demektir.

Söz konusu suç örgütü adına faaliyette bulundukları gerekçesiyle İzmir, İstanbul, Ankara, Antalya, Ordu, Balıkesir'de 48 kadın aynı gün gözaltına alınıyor, bunlardan 20'si tutuklanıyor. Bunlar, İzmir Fuhuşla Mücadele Komisyonu'na sevk ediliyor. 4 kadının bulaşıcı zührevi hastalık virüsü taşıdığı belirtiliyor. Kurumlara şu uyarıda bulunuluyor:

"Konu ile alakalı olarak yapılan çalışmalarda, kurumunuzda görevli oldukları anlaşılan, ekli listede isimleri belirtilen kişilerin, hastalık taşıdıkları tespit edilen eskort bayanlarla irtibatlı olduğu değerlendirilmiştir."

Sadece Genelkurmay Başkanlığı'na gönderilen isim listesi 6 sayfadan oluşuyordu. Kurumlara "Personeliniz kadınlardan hastalık kapmış olabilir. Eşlerinin hastalanmaması için koruyun, muayene ettirin" mesajı ulaştırılıyordu. Böylece yüzlerce kamu görevlisi "casus", "fuhuşçu" damgasının yanı sıra kadından geçen zührevi hastalık virüsü taşımakla da deşifre ediliyordu.

Casus olduklarına inandılar

Kıyımın büyüğünü askerler arasında, Başbakan Yardımcısı Ali Babacan yaptı. Dosyada ismi geçen Merkez Bankası ve Hazine Müsteşarlığı personelinden yaklaşık 30 kişi için işlem yapıldı. Onların yöneticilerine Emniyet'ten gelen görevliler brifing verdi ve ismi geçenlerin "casus" olduğuna inandırmaya çalıştılar. Hemen ardından da disiplin cezası sonucu meslekten çıkarılanlar oldu, makam sahiplerinin görevden alınmaları gerçekleşti. Daha garip olaylar da yaşandı. Bazı kamu görevlilerinin de davaya eklenmesi için Cumhuriyet Savcılığı'na suç duyurusunda bile bulunuldu. Onlara bu zulmü yapanlar, bugün hepsi hakkında takipsizlik kararı verildiğini de biliyorlardır.

Bürokratların masumiyet karinesi ilkesini çiğneyen, onları baştan suçlu kabul edip cezalandıranlar, mahkemenin verdiği takipsizlik kararından sonra hiç değilse gereğini yapmalı, zedeledikleri itibarlarını iade etmelidir. Bu yapılmadığı sürece, kurumlarında onlara "sakıncalı piyade" muamelesi yapılmaya devam edilecektir.

İTÜ, bilirkişiliği kabul etmedi

İzmir Askeri Casusluk Davası'nda isimleri geçen askerlerden Jandarma hariç diğerlerinin önemli bir bölümünün Silahlı

Kuvvetler'le ilişiği kesilmişti. Onların, Silahlı Kuvvetler'e dönebilmek için açtıkları dava sessiz sedasız devam ediyor. Meslekten atılanlardan birisi de Bağdat Askeri Ataşemizdi. Avukatlığını Murat Ergün'ün yaptığı o asker, Askeri Yüksek İdare Mahkemesi'nin kararıyla göreve dönebildi. İşin ilginç yanı, asker üyelerin bu dönüşe karşı çıkmalarıydı.

Şimdi davanın son durumuna bakalım. 2012 yılından bu yana mağdur edilen askerler, bürokratlar, bilirkişi incelemelerini reddetmişlerdi. Mahkeme, belgelerin inceleme görevini TÜBİTAK'a vermek istedi. Ancak, buna karşı çıkıldı. İstanbul Teknik Üniversitesi'ne gönderilmek istendi, "Bizim işlerimiz yoğun, bakamayız" cevabı alındı. Şimdi, İzmir'deki üniversiteler ünlü davanın belgelerini inceleyip raporunu sunacak.

Casusluk dışında hepsi "bulaşıcı hastalık virüsü" taşıyan kadınlarla ilişki kurmuş gibi listelenenler sıkı durun, bir "kumpas davası" daha çökmek üzere...

Adamı horoz gibi öttürürler

Koalisyon hükümetinin kurulması için temaslar bayramda da devam edecek. 7 Haziran akşamı, AKP'nin olmayacağı bir hükümet kurulacağına inanılıyordu. Böyle bir hükümetin kurulamayacağı MHP Genel Başkanı Devlet Bahçeli'nin 8 Haziran'ın ilk saatlerinde yaptığı açıklamayla çöktü. O günden bugüne senaryolar yazılıyor. Henüz sonuç yok.

Yargıda ne ilginç kararlar, Emniyet'te ne ilginç uygulamalar olduğunu onca yoğun gündem arasında kaçırıyoruz. Biraz onlardan söz edelim.

Nasıl ötüyormuş nasıl?

Polis Meslek Yüksekokulları; Emniyet Teşkilatı'nın "Polis Memuru" ihtiyacını karşılamak üzere önlisans düzeyinde eğitim-öğretim yapan, Polis Akademisi Başkanlığı'na bağlı parasız yatılı ve resmi üniformalı yükseköğretim kurumudur. ÖSYM tarafından yapılan Öğrenci Seçme Sınavı'nı kazananlar bu eğitim kurumuna öğrenci olabilmekte ve iki yıllık eğitim-öğretim dönemini başarıyla tamamlamaları kaydıyla aday polis memuru olarak atanmaya hak kazanıyorlar.

Mezunlar atama beklerken, yönetmelik değişti ve adaylara mülakat uygulandı. Avukat Hatice Aytekin'in Nöbetçi İdare Mahkemesi'ne sunduğu dilekçeden öğreniyoruz ki amaç farklı. Polis adaylarını horoz gibi öttürmüşler. Dahasını dilekçeden okuyorum:

"Yönetmelik gereği karttan çekilen sorular haricinde adaylara babasının mesleği, annesinin başörtülü olup olmadığı, taklit yeteneğinin olup olmadığı, horozun nasıl öttüğü, gittiği dershanenin adı, makarna yapmayı bilip bilmediği, Rusya eski başkanının ve karısının adının ne olduğu, referansının kim olduğu, hangi özel yeteneklere sahip olduğu gibi ciddiyetsiz ve sözlü sınavın objektifliğine gölge düşüren sorular da sorulmuştur.

Mülakat sonuçları 10 gün sonra açıklanmış, iyi ötmeyen, makarna yapmayı bilenler bu durumda polis olamamış. Üstelik de sınav sonucu ilan edildikten bir hafta sonra da internetten kaldırılmış..."

Bu Emniyet'in hali...

Mahkeme "Bu kul hakkı" dedi

Samsun'un İlkadım İlçe Milli Eğitim Müdürü Cengiz Çetinkaya, Atatürk Mesleki ve Teknik Anadolu Lisesi'nin öğretmenler odasına geldi. Okulun, eğitimin sorunları konuşuldu. Öğretmenlerin sendikanın çağrısına uyarak nöbet tutmama eylemi ele alındı. Çetinkaya toplantının sonuna doğru öğretmenlerin nöbet tutmama eylemi ile ilgili olarak "Arkadaşlar nöbet tutmamanın vicdani sorumluluğu var. Eğer bir öğrencinin başına bir sıkıntı gelirse bundan vicdani sorumluluk doğar" dedi.

Felsefe Öğretmeni Mahmut Yücel, kendilerinin sorumlu olmadığını, sorumluluğun düzenleme yapmayan Milli Eğitim Bakanlığı'nda olduğunu öne sürdü. Taraflar arasında tartışma çıktı. Cengiz Çetinkaya, Öğretmen Mahmut Yücel'e "edepsizlik yapma", "demagoji yapma" dedi. Öğretmen Yücel de "Ben edepsizlik yapmıyorum, demagoji yapmıyorum" karşılığını verdi. Sonunda Felsefe Öğretmeni Mahmut Yücel, İlçe Milli Eğitim Müdürü Cengiz Çetinkaya hakkında Cumhuriyet Savcılığı'na suç duyurusunda bulundu.

Savcılık taraf ve tanık beyanlarını değerlendirdi, Milli Eğitim Müdürü'nün sözlerinin kaba, incitici ve nezaket dışı ifadeler olduğunu, şikâyetçi öğretmenin onur, şeref ve saygınlığını rencide edici boyutta olmadığını değerlendirdi. Savcı Yargıtay içtihatlarını da dikkate alıp "kamu davası" açılmasını gerektirecek herhangi bir suç konusu eylemin bulunmadığı, kamu adına kovuşturma yapılmasına yer olmadığına" karar verdi.

Uhrevi yönü bulunan durum!

Felsefe Öğretmeni Mahmut Yücel, savcılığın kararına itiraz etti. Dilekçesinde "edepsizlik yapma" şeklindeki hitabın onur ve saygınlığını rencide ettiğini, TDK sözlüğüne göre "edepsiz" kelimesinin anlamının "utanılacak işleri sıkılmadan yapan, utanmaz, sıkılmaz, terbiyesiz kimse" olarak tarif edildiğini öne sürdü, kararın kaldırılmasını talep etti.

Sulh Ceza Hâkimliği, "edepsiz" kelimesinin ceza yasasında düzenlenen "hakaret" suçunu oluşturup oluşturmayacağını değerlendirdi. Mahkemenin itirazın reddine ilişkin kararında şu ifadeler yer aldı:

"Cumhuriyet Başsavcılığının da kovuşturmaya yer olmadığı kararına dayanak olarak alınan Yargıtay kararında da belirtildiği üzere bu söz incitici, nezaket dışı bir söz olarak kabul edilebilir ve bu haliyle muhatabının gönlünün alınması da örf ve adetlerimizin gereğidir. Her ne kadar beşeri-pozitif hukuk sisteminin konusu olmamakla birlikte muhatabını inciten her davranış kul hakkına girmek olarak da uhrevi yönü bulunan bir durum teşkil edebilir ki bunun da İslam inanç sistemi içindeki yeri, önemi ve telafisi bilenlerce malumdur."

Felsefe Öğretmeni Mahmut Yücel, evrensel ve ulusal hukuk çerçevesinde değil, uhrevi dünyadan (öbür dünya) söz edilerek karar verilmesine şaştı kaldı...

Bu da yargının hali...

Şaşırtan karar: 63-54-49

Yasadışı sesli ve görüntülü dinlemeler, izlemelerle elde edilen kayıtların belli merkezlere servis edildiğini, şantaj amaçlı olarak kullanıldığını, savcıların, hâkimlerin, bazı kamu görevlilerinin nasıl karar vermesi konusunda etkilemeye çalışıldığını yaşanan onca olaydan sonra herhalde bilmeyenimiz kalmamıştır.

17-25 Aralık soruşturmalarında AKP'li bakanların isimlerinin karıştığı yolsuzluk, rüşvet, kara para olayları, başbakanın ve bakanların çocuklarının isimlerinin geçtiği soruşturmalardan sonra cemaatle bağlantılı oldukları gerekçesiyle binlerce emniyet mensubu açığa alındı, görev yerleri değiştirildi, kimisi meslekten çıkarıldı. Ardından, hâkimler, savcılar tutuklanmaya, meslekten çıkarılmaya başlandı. Hâkimler ve Savcılar Yüksek Kurulu'nun (HSYK) aldığı kararla 49 hâkim ve savcı açığa alındı. Acaba çok önemli bulgulara mı ulaşıldı diye merak ediyorsunuzdur.

"İz" ve "emare" dediler

HSYK Başmüfettişi MİT Müsteşarlığı, Emniyet Genel Müdürlüğü İstihbarat, Organize Suçlar, Terörle Mücadele Dairesi başkanlıklarına 63 hâkim ve savcının isimlerinin bulunduğu listeyi 27 Mayıs 2015 tarihinde gönderdi. Listedeki yargı mensuplarının "paralel yapı"nın ve onlarla bağlantılı olan dernek, vakıf ya da okullarla bağlantıları olup olmadığının bildirilmesini istedi. MİT ve Emniyet ortak çalışma yürüttü. Savcı ve hâkimlerin açığa alınmasının gerekçesi şu cümlelerle belirtildi:

A- Ankara Cumhuriyet Başsavcılığı Anayasal Düzene Karşı İşlenen Suçları Soruşturma Bürosu'nca yürütülen 2014/75025, 2014/50403 sayılı soruşturmalar kapsamında Fethullah Terör Örgütü/ Paralel Devlet Yapılanması (FETÖ/PDY) ile irtibatlı olduğu/ olabileceği değerlendirilen yargı mensupları ile ilgili ifadeler bulunuyor.

B- Araştırmaya konu yargı mensuplarının, gerek açık kaynaklardan elde edilen bilgilerde ve gerekse değişik illerde yürütülmekte olan FETÖ/PDY örgütüne yönelik soruşturmalarda, örgütün "yargı imamı, imam yardımcıları" gibi aralarında yurtdışına kaçmış üst düzey sorumluların da bulunduğu mensuplarıyla irtibatları yapılan analizler neticesinde tespit edildi.

Yürütülen kapsamlı çalışmalar sonucu, aşağıda isimleri yazılı, talimat kapsamında yer alan yargı mensuplarının PDY kapsamında örgütlü şekilde hareket ettiklerine ve örgütle bağlantılı olduklarına dair iz ve emareler görülmüştür."

Listeden çıkarılanlar

Bu soruşturma İstanbul'daki Selam Tevhid Örgütü soruşturması kapsamında yapıldığı öne sürülen usulsüz dinleme kararlarıyla ilgili savcıların talepleri, hâkimlerin kararlarıyla ilgiliydi.

Gelelim ilginç olan duruma: Usulsüz olduğu öne sürülen dinleme kararlarını talep eden ve dinleme kararında imzası bulunan toplam 63 yargı mensubunun ismi bulunuyor. HSYK müfettişine gönderilen raporda, 63 isimden 54'nün FTÖ/ PDY yapılanmasında yer aldığı belirtildi. Rapor üzerine müfettiş de, 54 hâkim ve savcının, haklarında soruşturma izni verilerek açığa alınmalarını HSYK'dan istedi. Yani müfettiş talebi ve HSYK kararından anlaşılan o ki, araştırılan konu dinlemelerin usulsüz olması değil, hangi isimler tarafından verilmiş olduğuydu.

Soruşturma dışına çıkarılanlar

Çünkü EGM listesinde örgütsel bağ içinde olmadığı belirtilmesine karşın Selam Tevhid dosyasında usulsüz dinleme kararlarına imza attıkları halde, "soruşturma ve açığa alma" kararları dışında tutulan 9 isimden bazıları dikkat çekiciydi. Örneğin, halen

İstanbul'daki tüm kritik kararlara imza atabilme yetkisi bulunan bir hâkim 115, başka bir hâkim 276, Bilal Erdoğan'ın da şüphelisi olduğu 25 Aralık dosyasına takipsizlik kararı veren Cumhuriyet Savcısı 5, Balyoz Davası'ndaki yeniden yargılama taleplerini reddeden hâkim ise 33 ayrı hukuksuz olduğu öne sürülen dinleme kararına imza atmış. Ancak, 9 isim soruşturma dışında tutuldu. Buna karşın, nöbet gününde bir dinleme kararına imza atan hâkim açığa alınıyor, diğerleri ise kapsam dışında tutuluyor.

HSYK 3. Dairesi, 54 hâkim ve savcı hakkında soruşturma izni verdikten sonra, müfettişin açığa alma talebini karara bağlaması için dosyayı 2. Daire'ye gönderdi. Bir ayıklamanın da burada yapıldığı anlaşılıyor. 54 isimden 49'u açığa alınırken, 5 yargı mensubu ise bu kararın dışında tutuldu. Bu isimlerin de dinleme kararlarında imzası bulunmasına karşın hangi kriterlere göre soruşturma kapsamı dışına çıkarıldığına ilişkin ilginç iddialar var.

Resmi belgelere dayanarak bir gerçeği daha ortaya koyalım. Başından beri Selam Tevhid soruşturması kapsamında 7 bin kişinin dinlemeye alındığı yandaş basının konusuydu. Ama HSYK dosyasında bu rakamın 239 kişiyle ilgili olduğu anlaşıldı. Yani bir yalan daha çöktü.

Sonuçta, hâkimler ve savcılar da adalet arıyor...

Size çok çarpıcı bir bilgi aktarmak istiyorum

Bölücü terör örgütünü "barışçı" bir örgüt gibi gösterenler, son üç gün içinde yaşananları duyuyorlardır herhalde. Terörle mücadele etmeyi bırakıp sadece "Çözüm Süreci" üzerinde durulursa, ülke işte bu hale getirilir.

Sanki yıllardır ülkeyi Recep Tayyip Erdoğan yönetmiyormuş gibi, İstanbul'da ellerinde uzun namlulu silahlarla dolaşanları çok yadırgamış. İstanbul Emniyet Müdürlüğü'ne, Emniyet'le hiç ilgisi olmayan kişiyi özel uçağıyla getirip göreve başlatan, böyle bir tablonun İstanbul'da olacağını da öngörebilmeliydi.

Güneydoğu'da her tarafta uzun namlulu silahlarla dolaşılmasına, halkın adeta rehine tutulmasına alışıldı. Yani Güneydoğu il ve ilçeleri için "tamam" diyorlar. Oradaki görüntüler artık Türkiye'nin Batı illerine de taşınıyor. 26 Temmuz 2015'de örgütün geldiği noktayı anlatayım. Terör örgütü Güneydoğu'nun her yanında gücünü artırdı. Örgüte katılımlar çoğaldı. Eğitime ağırlık verildi. Örgütün dağ kadrosunda özellikle tabanca kullanmaları konusunda eğitilen teröristler, kent eylemleri için görevlendirildi. PKK'nın Kandil'deki yöneticileri de "bize verilen sözler tutulmadı, ateşkes süreci bitmiştir" deyip terör fitilini ateşledi.

Terör örgütü bu eylemlerini Batı illerine taşıyacak. Vatandaşı bazı etkili eylemlerle yıldıracak, isteklerinin yerine getirilmesi için kullanmaya kalkışacak. "Ne olacaksa bir an önce olsun" denilip terör örgütünün isteklerinin yerine getirilmesi için halk da yönlendirilecek.

Bayrağımız asılamıyor

Güneydoğu'da güvenlik güçlerine nefes aldırılmayacak. Çocukları, kadınları öne sürüp bölgeden ayrılmaları için yıldırma politikası uygulanacak. Bugün askerimiz Güneydoğu il ve ilçelerinde "çarşı izni"ne bile çıkarılmıyor. Çünkü onların asker olduğunun bilinmesi durumunda çarşı ortasında şehit edileceğinden endişe ediliyor. Açıkçası asker uzun süredir askeri birliğinin içinde yiyip-içip yattı.

Bir polisin üniformalı olarak caddede yürüdüğünü hayal bile edemezsiniz. Ancak zorunlu hallerde il-ilçe caddelerine kendilerini koruyan başka bir grupla hareket edebiliyor. Sıkı korunan belli başlı resmi binalar dışındaki kamu binalarının önünde bile artık bayrağımızı göremezsiniz. Çünkü bayrağımızın yerine başka şeyler asılmış.

Cumhurbaşkanı, halkın terör nedeniyle yılgınlığa düşmemesini öneriyor önermesine ama Cumhurbaşkanımızın, yüzlerce korumayla dolaşması, güvenlikle ilgili kamu görevlilerinin, kendi kampuslarında bile 8-10 korumayla dolaşmaları da ülkede güvenli bir ortamın kalmadığı biçiminde yorumlanıyor.

Kamu görevlilerini kaçırma planı

22 Temmuz 2015 tarihinde Adalet Bakanlığı tarafından HSYK'ya gönderilen genelge çok çarpıcı. 1185/49346 sayılı genelgeyle şu uyarıda bulunuluyor:

"Bölücü terör örgütünün kamu görevlilerini kaçırmayı planladığı, kaçırma eyleminde, kaçırdıkları şahısları serbest bırakmak için uluslararası insani yardım örgütünün aracı olması talebinde bulunacakları, cezaevinde yatmakta olan hükümlü ve tutukluların bırakılması karşılığında kaçırdıkları şahısları serbest bırakacağı bilgisi alınmıştır.

Bu kapsamda son günlerde artan terör olayları da dikkate alınarak gereken hassasiyetin gösterilmesinin cumhuriyet savcıları ve mahkemelere duyurulması rica olunur."

Daha genelge yerlerine ulaşmadan, değişik illerden kamu görevlilerinin kaçırıldığına ilişkin haberler geliyor. Eşlerinin gözlerinin önünde askerlerin nasıl şehit edildikleri İmralı'da, örgüt başı Abdullah Öcalan'ın duruşmalarında da anlatılıyordu. Hemşire Yıldız Namdar ağlayarak eşinin nasıl şehit edildiğini anlatırken Mahkeme Başkanı Turgut Okyay da ağladığını göstermemek için kalemini masanın altına düşürüp, onu alıyor bahanesiyle göz yaşlarını siliyordu. İşte, terör örgütü o günlerini özlemiş gibi eylemlerine kamu görevlilerini şehit ederek, kaçırarak başladı.

Şanlıurfa'nın Suruç ilçesinde 32 vatandaşımız canlı bomba eylemiyle hayatını kaybetti. Bunun bir IŞİD eylemi olduğu açıklandı. Size çok çarpıcı bir bilgi aktarmak istiyorum. Şanlıurfa İl Emniyet Müdürlüğü'ne bağlı İstihbarat Şubesi'nde, C masasında yani dinci örgütlerle ilgili çalışma yapması gereken masada bir tane bile rütbeli personel yok. Ne komiser yardımcısı, ne komiser ne de başkomiser. Dinci örgütlerle ilgili masanın durumu böyle de, PKK'ya bakan masanın durumunu da farklı sanmayın.

Kritik bazı illerde istihbarat şubesinin başında bile rütbeli personel bulunmadığını biliniz. Terörün kol gezdiği illerde bunlar yaşanırsa, varın gerisini siz düşünün...

Başının üstünden kurşun geçmeyenler

Güneydoğu'da 7 Haziran seçimlerinde beklediği oyu alamayan AKP, politikalarında "makas değiştirdi" ve teröristle mücadele etmeye karar verdi. Hava harekâtları, terör örgütü militanlarının toplu bulunmaları, silah ve mühimmat depolarının yerlerinin saptanması, lojistik merkezlerinin imhasında kuşkusuz önemlidir. Dahası teröristler üzerinde de müthiş bir psikolojik etkisi vardır. Ama bunlara rağmen, hava harekâtlarıyla tek başına sonuç alınması da beklenmemeli.

Kuzey Irak harekâtlarının etkili bir biçimde yapıldığı dönemde, Refah Partisi İl Başkanı Recep Tayyip Erdoğan, "Bunlar teröristle mücadele etmiyor. Dağı taşı bombalayıp dönüyorlar" diyordu. Bugün başkomutanı olduğu Silahlı Kuvvetleri'mizin, 2002 yılında AKP hükümetine "sıfır terör"le ülkeyi teslim ettiğini hatırlıyor mu?

Sorunlar uykuya yatırıldı

Çünkü hükümet hem terör örgütünü hem de örgüt bağlantılı yasal yapılanmalarını kontrol altında tutabilmek için devamlı yumuşak geçişlerle durumu idare etti. Sorunları "uyutarak" yol alacağını, terörü bitireceğini düşündü.

Unuttuğu bir şey oldu: Dağdaki eşkıya ile legal alanda Türkiye'de faaliyette bulunan yandaşlarının işbirliği içinde olduğunu zannetti. Halbuki dağdaki eşkıya 35 yılını vermiş, kesinlikle toprak ödünü almadan bu işten uygun yollarla vazgeçmeyi düşünmüyor. İşte, örgütün bu yapısını görmediler. Zaman içinde "Biz Güneydoğu halkını doyururuz, sağlık sorunlarıyla ilgileniriz, ekonomik problemlerini çözeriz, halkla yakınlaşırız, onlar da örgütten desteğini çeker, örgütte asimile olup gider" demeye başladılar.

Bunu yaparken bölgede mevcut yapıyı dağıttılar. Olağanüstü Hal'in kaldırılmasıyla, güvenlik açığına yol açabilecek yasal düzenlemeler yapılmadan tüm önlemlerden birden vazgeçildi. Devletin güvenlik etkinliği kalktı. Bunun sonucu terör örgütü mensupları bölge halkının tepesine bindi. Buna rağmen 13 yılda AKP yetkilileri hep "Teröristler bu halkı kandıramaz. Bu halka her türlü desteği veriyoruz. Onlar bizden yana" dediler.

Askeri kışlasına çektiler

Burada da yanıldılar. Vatandaş köyünde, mezrasında, yaylasında güvenlik görevlisi yerine sadece elinde silahıyla teröristleri gördü. Gecenin bir yarısı kapısı silahlı kişilerce çalındı. Siz kendinizi onların yerine koyun. Bu zora, bu zorbalığa karşı devleti göremezseniz ne yapabilirsiniz? Güce, silaha karşı boyun eğdiler. Can güvenliği, mal güvenliği için terör örgütünün yanında yer almaya başladılar.

Güvenlik güçlerimiz ne oldu? Onları da kışlalarına çektiler. "Sakın valinin onayı olmadan araziye çıkmayın" dediler. Asker de denileni yaptı. Çünkü onlara operasyon izni de, hükümetten gelen talimat nedeniyle valiler tarafından verilmedi.

Yasal sorumluluklarını, bölge özelliğine göre yapanların suçlu duruma düşecek biçimde yargılanmalarını öngören yasal düzenlemeler yapıldı. Böyle olunca ilerde kanun karşısında kişisel zarar göreceğini düşünen komutanlar da tamamen geri plana çekildi.

Sınırlardan giriş-çıkışlar "aman kaçakçılarla da dokunmayın" talimatı nedeniyle terörist giriş-çıkışlarına da açıldı. Daha çok terörist giriş-çıkış yaptı, örgüt kendisine yakın gördüğü milisleri, bazı aileleri silahlandırdı. "Ayaklanmaya hazırlık" provaları da 2014 yılından itibaren yoğun bir biçimde sürdürüldü. Devlet yetkililerinin yüzlerce koruma aracıyla dolaşır biçimde görülmesi, halktaki kaygıyı ve terör örgütünden yana olanları artırdı.

Adalet Bakanlığı'nda kurulan masa

AKP hükümeti döneminde, gerçek terör örgütlerinin üzerine gitmek yerine, AKP'ye karşı olanlar için hayali örgütler yaratıldı. AKP için muhalif bilinen hemen herkesin yasadışı telefonları dinlendi, izlendi ve onlar için birer örgüt bulundu. Bu yapının yasadışı işlerine yol verenler, aslında kendilerinin, ailelerinin de aynı şekilde dinlenebileceğini hiç düşünmediler. Dönemin güç sahiplerine, her istediklerini de yaptırır hale geldiler.

Bölücü terör örgütü PKK'yı el üstünde tutanlar, Güneydoğu'da devlete yakın aşiretleri, yıllarca askerle beraber olan köy korucularını yok saydılar. Düne kadar devletin yanında olanların bir bölümü, ortada bırakılmışlığın çaresizliğiyle terör örgütüne yanaştılar. Şunu kabul edelim, Güneydoğu, 5 yıl önceki Güneydoğu değil. Dağlarında da, şehirlerinde de ne yazık ki terör örgütü etkili hale gelmiş...

Bakanlığa günlük rapor

HDP'nin seçim barajını aşması, 7 Haziran 2015 seçiminde 80 milletvekili çıkarması AKP'nin bütün hesaplarının bozulmasına neden oldu. "Çözüm" süreci deyip terörle mücadeleyi yıllarca askıya aldılar. Sanki şu yaşananların sorumlusu onlar değilmiş gibi davranıyorlar.

Kamu güvenliğini sarsan, demokratik rejimi, devletin ülkesi ve milletiyle bölünmez bütünlüğünü tehdit eden, yurt düzeyinde can ve mal güvenliğini, eğitim ve öğretim özgürlüğünü tehlikeye sokan terör ve şiddet eylemleri yayılıyor. Bunlara karşı demokratik hukuk devleti kuralları içinde etkili bir şekilde mücadele edilmesi için suçların soruşturulmasının ivedilikle yapılması, gerekli görüldüğü takdirde kamu davası açılmasının büyük önem taşıdığı nihayet anlaşılmış olacak ki, Adalet Bakanlığı tarafından HSYK Başkanlığı'na gönderilen yazıda şu uyarılarda bulunuluyor:

IŞİD (DAEŞ) DHKP-C, El Kaide, MLKP, PKK (KCK/ YPG/ YDG-H) ve diğer terör örgütlerine yönelik yapılan soruşturmalar sonucunda elde edilecek bilgiler çizelgeye ayrıntılı olarak işlenip söz konusu örgütlere yönelik yapılan soruşturmalar kapsamındaki bilgiler her gün 09.30-16.30 saatleri arasında güncellenerek internetle Bakanlık adresine gönderiliyor.

Her cumhuriyet başsavcılığında bir cumhuriyet savcısı ve yedeği belirlendi, bunlara her an ulaşabilecek, irtibat sağlanabilecek bilgiler de 27 Temmuz'da Bakanlık tarafından istendi.

Yeni operasyonlar

Adalet Bakanlığı'nın terör örgütlerine dönük yapılan çalışmalarla ilgili olarak böyle bir genelge yayımlaması, bundan böyle örgütlerin üzerine gideceğinin işareti olarak da görülebilir. "Devlet düzeninin korunması ile ilgili suç oluşturabilecek olaylar ve örgütlü suçlar"a karşı geç de olsa koordineli bir çalışma yürütülmesi gerekiyor.

Adalet Bakanlığı Ceza İşleri Genel Müdür Vekili Fahrettin Kırbıyık, cumhuriyet savcılarıyla genel müdürlük bünyesindeki "Örgütlü Suçlar Bürosu"nda görevli tetkik hâkimleri arasında da uyumlu bir çalışma yapılabilmesinin yolunu da açtı. Şimdiye kadar bu tür çalışma yöntemlerinin bulunmaması da büyük bir eksiklikti.

MESRASYON BİLDİRİM FORMU

TEM 3080-2493 5K -15/Pl İs!

İLGİ   Haritalar Van L 48 a3- a4 Van L 48 b1-b4 Numaralı 1/25 000 Ölçekli Pafta

1 SORUMLU KOMUTANLIK   Bitlis İl Jandarma Komutanlığı

2 OPERASYON BÖLGESİ   Kapanan Tepe (58-45), Bablek Tepe (55-45)
                       Kanyadızan Sırtları (57-46)

3 OPERASYON MAKSADI   BTÖ mensuplarının faaliyet gösterdiği değerlendirilen Kapanalı Tepe (58-45), Bablek Tepe (55-45), Kanyadızan Sırtları (57-46) nda bulunduğu değerlendirilen muhtemel sığınak ve depoların bulunması için A/T, K/G, Pusu faaliyeti icra etmek ve bölgede faaliyet gösterdiği değerlendirilen BTÖ mensuplarını etkisiz hale getirmek maksadıyla

4 OPERASYON KUVVETİ   (4) JÖH Tımı, (4) TTZA Kobra Aracı,
                       (1) TEM Unsuru, (1) İSTH Unsuru

5 İHTİYAT KUVVETİ   (2) JÖH Timi (Kışlasında)

6 OPERASYON BAŞLAMA VE BİTİŞ ZAMANI   271500 C TEM 15 - EMİRLE

Murat KOÇANLI   Y Emre KARAMANOĞLU   Halil ŞEN
Jandarma Binbaşı   Dr Jandarma Yarbay   Jandarma Albay
TEM Şube Müdürü Vek.   1' inci İl J.K.Yrdc.   İl Jandarma Komutanı

Uygun görüşle arz ederim

Salih ALTUN
Vali Yardımcısı

.../07/2015

Orhan ÖZTÜRK
Bitlis Valisi

Gönülen uzun üzerine planlanan faaliyet
ileri bir tarihe ertelenmiştir.
27.07.2015

Orhan ÖZTÜRK
Bitlis Valisi

GİZLİ

Başkomutan olmadan önce "Hava harekâtları hikâye" diyordu.

Cumhurbaşkanı Recep Tayyip Erdoğan, Kuzey Irak'tan söz ederken "Sınır ötesi operasyon yaparız", "Bir gece ansızın gelebiliriz" dedi. Terör olaylarının yeniden ülke gündemine girmesi, Cumhurbaşkanı'nın sınır ötesi operasyonu konuşması, terörle mücadelede Recep Tayyip Erdoğan'ın geçmişte neler söylediğine bakmamız gerektiğini anımsattı.

Mahkeme kararıyla, Kayseri Milli Gençlik Vakfı'nda arama yapıldı. Bu aramada üzerinde "Recep Tayyip Erdoğan-Ümraniye" yazılı bir video kaset bulundu. Terörle Mücadele Şubesi'nde görevli 201698, 49702 ve 60154 sicil numaralı görevliler tarafından kasetin çözümü yapıldı. Önemli bir belge... Bu kaset ve çözümü Ankara Adliyesi'nde duruyor.

"Laiklik tabii elden gidecek"

Marşlar, alkışlar arasında kürsüye Recep Tayyip Erdoğan geliyor. Mikrofona birkaç kez üfleyip çalışıp çalışmadığını denedikten sonra gür bir sesle şiir okumaya başlıyor:

> Mihraptan ilahi kelam geliyor,
> Yere dipsiz gökten selam geliyor,
> Ne para ne pul ne makam ne mevkii,
> Savulun kalplere adil düzen geliyor.

Recep Tayyip Erdoğan'ın Refah Partili (RP) olduğu günler... Erdoğan da, RP'nin İl Başkanı... Şiirden sonra alkış geliyor. Laikliği, Güneydoğu'da terörün o dönemde niçin önlenemediğini, bombaların niçin atıldığını anlatıyor.

Erdoğan, "Tutturmuşlar 'laiklik elden gidiyor, laiklik elden gidiyor' diye. Bu millet istedikten sonra tabii elden gidecek ya... Ve bunun önünü kesemezler" diyor. Alkışlar yükseliyor. Erdoğan konuşmasına laiklik, egemenlik anlayışıyla devam ediyor:

"Hem laik hem Müslüman olunmaz. Ya Müslüman olacaksın ya laik. İkisi bir arada olduğu zaman adeta ters mıknatıslanma yapar. Mümkün değil ikisinin bir arada olması. Durum böyle olunca 'Ben Müslümanım' diyenin aynı zamanda gelip 'laikim' demesi mümkün değil. Niye? Çünkü Müslümanın yaratıcısı olan Allah, kesin hâkimiyet sahibidir. Egemenlik kayıtsız şartsız milletindir. Bak yalan. Koskoca bir yalan. Nereye giderken? Sandığa giderken milletindir. Ama maddede de manada da egemenlik kayıtsız şartsız Allah'ındır. Bu inceliği iyi kavramaya mecburuz."

"Bunlar tatbikat yapıyorlar, tatbikat"

Erdoğan, o dönem hayli etkili olan ve önemli sonuçlar alınan operasyonlara geliyor. Cudi Dağı'nın niçin bombalandığını, terörün nerede olduğunu o günlerde şöyle açıklıyor:

"Hâlâ terörü Cudi Dağları'nda arıyorlar, terörü Kuzey Irak'ta arıyorlar. Terör Meclis'te, terör Bakanlar Kurulu'nda... Orada işi halledin. Cudi Dağları'nda basmadıkları bir santimetre kare yer kalmadı. Yalan. Bir santimetrekare dedikleri Cudi Dağı'nı geçen hafta yine bombaladılar. Hani bir santimetre yer kalmamıştı?

Kuzey Irak'ı bombaladılar televizyonda da gösteriyor. Yok 'PKK'nın ini cini bitmiş.' Ne oldu? Ne anlıyorsunuz? Yukarıdan uçaklar gidiyor bombaları indiriyor. Niye? Yahu Amerika bomba satacak, silah satacak, stokların erimesi lazım ki tekrar o stokları doldursun, onun tatbikatını yaptılar olay bu kadar basit. Yok şuymuş, yok buymuş hepsi hikâye?"

"Vur" emri verildi ama...

Dönem geldi, Erdoğan başbakan oldu. Onun döneminde askerimizin Kuzey Irak'a kara harekâtı yapmasına son verildi. Yüzlerle ifade edilen teröristin öldürüldüğüne ilişkin açıklamalara vatandaşın inandığını söyleyemeyiz.

Askerlerimiz "Çözüm Süreci" döneminde bile insansız ve insanlı hava araçlarıyla keşif ve gözetlemeleri ihmal etmedi. Günün birinde terörist kamplarının bombalanması emrinin verileceğini de biliyorlardı. Sonunda askere "vur" emri verildi.

Teröristlerin lojistik, haberleşme merkezlerinin ve silah-mühimmat, gıda depolarının yeri belirlenince bunlara karşı uçakların kullanılması etkili olur. Ama siz teröristleri toplu olarak bulamadığınız sürece attığınız bombalardan etkili bir sonuç alamazsınız. Sadece terör örgütü mensuplarını psikolojik olarak çökertebilirsiniz. O yüzdendir ki hava harekâtı tamam ama bu harekât kara harekâtıyla desteklenmeden sonuç alınamayacağını konuştuğum askerler de söylüyor.

Ne kadar başarılı olunduğu söylense de, sadece hava harekâtlarına güvenmeyelim. Unutmayalım, hava harekâtları için "hikâye" diyen bir başkomutan var.

Güneydoğu havası ve kesilen yollar

Televizyonlarda hava ve yol durumu raporları verilir. Yollarla ilgili olarak il ya da ilçe adı verilip hangi kilometreler arasında "yol çalışması" ya da "heyelan" olduğu belirtilip yolun kapalı ya da araçlara kontrollü olarak geçiş izni verildiği kaydedilir.

2015 yılının Ağustos ayında illeri birbirine bağlayan ana yolların sıkça kapalı olduğu belirtiliyor. Yolların kapanması heyelan ya da yol çalışmasından değil, teröristlerin yol denetimini ele geçirmesinden kaynaklanıyor. Yolları kesiyorlar, kimlik kontrolleri yapıyorlar, eğer onların aradığı bir kişi değilseniz belli bir süre tutulduktan sonra gidişinize izin veriliyor.

Mardin'in Nusaybin ilçesi, Suriye'nin Kamışlı ilçesiyle karşı karşıya bulunuyor. Bir zamanlar Türkiye'de olmayan ürünler kaçak olarak bu ilçeye gelir, oradan Türkiye içlerine dağıtılırdı. Halk da, esnaf da bu durumdan memnundu...

İlçenin çıkışında ünlü Nezirhan tesisleri bulunuyordu. 1970'li yılların sonuna doğru yaptırılan o tesis, Ortadoğu'nun en ünlü tesisi olarak bilinirdi. Suriye'den, Irak'tan gelenler o tesiste konaklar, yüzme havuzunda serinler, çok zengin ve geniş arazisi içinde bulunan bahçesinden meyve ve sebzelerini de toplarlardı. Tesislerin hemen arkasında uzanan sıradağlara turlar düzenlenirdi. Ziyafetler, yöreye gelen bakanlar, bürokratlar için bu tesiste verilirdi.

Turizm Bakanlığı'nın ilk belgeli tesisi yıllarca terör nedeniyle kapalı kaldı. Yeniden açılması için hazırlıkların tam sonuna gelindiğinde, Güneydoğu'da başlayan sıkıntılı süreç nedeniyle bu tesisin açılıp açılmayacağı da belirsizliğe girmiş. Mardin'de bulunan bir meslektaşım, bölgeye hayat verecek tesisin yeni halini de anlata anlata bitiremedi. Ama terör dalgası yayılınca bu tesis gibi birçok tesis belki yine kapalı kalacak. Olan yine Mardinli'ye, Nusaybinli'ye olacak... 5 Ağustos 2015'de bazı ilçe ve illerimizin havası şöyleydi:

Burası Habur Sınır Kapısı

Habur Sınır Kapısı'ndan yurda giren araçlar çoğu kez güvenlik nedeniyle gümrüklü alanın dışına çıkamıyor. Özellikle geceleri gidemiyorlar. Daha önce PKK ve IŞİD militanlarının cenazeleri bu kapıdan alınırken, hükümetin yeni bir kararıyla cenazeler artık alınmıyor. O yüzden zaman zaman HDP ve PKK'ya yakınlığıyla bilinenler, çatışmalarda ölenlerin yakınları Habur Sınır Kapısı önüne gelip basın açıklaması yapıyor, tepkilerini ortaya koyuyorlar ve olay yerinden uzaklaştırılıyorlar. Her cenazeyi gösteriye, eyleme dönüştürdükleri için cenazelerin alınmaması yoluna gidildiğini öğreniyorum.

Bazı günler Habur'a giriş yapabilmek için Irak'ın Zaho bölgesinde 4-5 gün sınırı geçmek için bekleyen araç sürücüleri oluyor. Konu hakkında birisiyle konuştum, "Tam 4 gündür bekliyorum. Şu an en az 3 bine yakın araç burada" diyor. Son dönemde daha çok güvenlik nedeniyle, geceleri girişler belli saatte durduruluyor.

Burası Hakkâri ilimiz

Hakkâri'de bulunan bir arkadaşımla telefonla konuşuyoruz. "Hakkâri-Çukurca, Hakkâri-Şırnak yolları tam 6 gündür trafiğe kapalıydı" diyor.

Terör örgütü militanları o yollardan geçen araçları durduruyor, önce araçlar üzerindeki kontak anahtarını alıyor. Böylece onlar izin vermeden araçların oradan ayrılmasına izin verilmiyor. Durdurdukları araçlardan insanları indirip kimlik kontrolü yapıyorlar. Sürücülere tıpkı trafik polislerinin sorduğu gibi "ehliyet-ruhsat" diyor. Verdikleri belgeleri inceliyorlar. Devlete ait araçları büyük bir zevkle yakıyorlar. Karşılarına geçip gülüyorlar. Teröristlerin o yolları denetim altında tuttuğu bilindiği için asker-polis o yolları kullanmıyor.

Hakkâri'de insanlar gündüzleri de, geceleri de pek sokağa çıkmıyor. Saat 21.00'den sonra tepelerden askeri birliğin bulunduğu alana taciz atışları başlıyor. Onlara karşılık verince bir anda "cayırtı" kopuyor. Gündüzleri caddelerde üniformalı polis-asker göremezsiniz. Zırhlı araçlarla çıkanların üzerinde de çelik yelek bulunuyor.

Bir kez daha yazayım: Bölge halkı huzur istiyor. Artık anlayın...

Bunlar neyin hazırlığı?

Bölgenin havasını 9 Ağustos 2015 tarihli yazımda anlatmayı sürdürüyorum. Kürdistan İşçi Partisi (PKK), Güneydoğu'da gücünü artırmak için her yola başvuruyor. İlçeler silah deposu haline getirildi. Yalnız Güneydoğu'nun değil, Batı'daki birçok ilde örgütün patlayıcı depoladığını da MİT ve PKK yöneticileri tarafından Oslo'da yapıldığı öne sürülen görüşmelerin basına yansıyan ses kayıtlarından öğrenmiştik. Bunlar neyin hazırlığı?

Yörede yaşayanlar, günün hangi saatinde eylemin yapılacağını biliyor. Bunlar, sevdikleri kamu görevlilerine de "Şu saatler arasında, şu bölgede dışarıya çıkmayın" uyarıları yapıyor. Yani, onların başına bir şey gelmesini istemiyorlar. Ama herkes böyle değil. Örgütün elinde, kaçırdıkları güvenlik görevlileri olduğunu da unutmayalım.

Yüksekova'da bir teröristin elinde roketatar, birinde uzun namlulu silah. Eylem için cadde ortasında, gündüz vakti ilerliyorlar. İlçede roketatarların olabileceği aklınıza gelir mi? Ben şaşırmadım. Çünkü 26 Ekim 2014'te örgütün Yüksekova planını bu köşede şöyle yazmıştık:

"Terör örgütü, Yüksekova ve Nusaybin ilçelerini 'başkaldırı' planlanan öncelikli iki ilçe olarak belirledi ve bu iki ilçede buna göre hazırlıklar yapılıyor. Yüksekova'da üç askerimizin cadde ortasında şehit edilmesiyle de, güvenlik güçlerini üzerlerine çekmeyi planlıyor.

20 kişi, Öz Savunma biriminin merkezini oluşturuyor. Çevre köylerden silahlı gençler ile Yüksekova ilçe merkezindeki gençlerde RPG-7 ve Kalaşnikof silahları var. Bunlar arasından şehir eylemleri için özel bir ekip oluşturuluyor."

Kamyon kamyon silah dağıtıldı

Örgütün, milisleri nasıl silahlandırdığını da şöyle aktarmıştım:
"Terör örgütü PKK'nın, Suriye ve Irak'ta yaşanan çatışmalarda önemli ölçüde yeni silahlara kavuştuğu, ellerindeki silahların bir bölümünü de 'milis' adı verilen halkın silahlandırılmasında kullanıldığı belirlendi. Bu kapsamda Yüksekova'da 5 bin, Cizre'de 7 bin, Şemdinli'de ise yaklaşık bin silah dağıttı.

Başta Cizre ve Yüksekova olmak üzere örgütün 'asayiş birimi' adını verdiği silahlı grupları, aynı zamanda telsiz haberleşmesini de yapabiliyor. Suriye'de olduğu gibi 'kanton'lar oluşturmayı da hedefledikleri, Ankara'ya ulaşan bilgiler arasında yer alıyor."

Terör örgütü, devletin karakollarına yakın yerlerde 'paralel' karakolları devreye koydu. Bu karakollar aynı zamanda 'mahkeme' olarak da kullanılıyor, gözaltına aldıkları vatandaşlar sorgulamalarından sonra sözde mahkemelere sevk ediliyor. Yüksekova'ya 7 km uzaklıktaki Değerli,15 km uzaklıktaki Genişdere ve Erikli köylerindeki karakol ve mahkemeleri de örnek olarak hatırlatayım. İran'a açılan sınır kapısı Esendere'de bulunan 1. Sınır Taburu'na 3 km uzaklıkta da PKK karakolu bulunduğunu da bilmeyen yoktu.

O hendekler onun için

"Çözüm Süreci" dönemini terör örgütü silahlanmak ve milis yapılanmasını etkinleştirmek için çok iyi kullandı. Bugün Güneydoğu'nun kritik ilçelerinde örgütün silah depoları bulunuyor. İşte bunları ortaya çıkarmak için güvenlik güçlerinin belirlediği hedeflere gitmesi "hendek"lerle önlenmeye çalışılıyor.

Güvenlik güçlerine göre Cizre, İdil, Silopi, Yüksekova, Nusaybin ve Uludere ilçeleri örgütün silah yığınağı yaptığı ilçelerin başında geliyor. Örgütün başta erzak olmak üzere önemli ihtiyaçları da yine bu ilçelerden karşılanıyor. Örgütün "milis gücü" dağ kadrosunun ihtiyaçlarını karşıladığı gibi eleman sağlama görevini de hiç aksatmıyor.

Eğer yeniden askere "operasyona çıkmayacaksın", polise "hendekleri aşmayacaksın" talimatı vermezse, güvenlik güçlerinin önceliği silah ve mühimmat depolarını ortaya çıkarmak olacak. Şimdi, bu gidişler hendeklerle, roketatarlarla, uzun namlulu silahlarla engellenmeye çalışılıyor. Silahların susmasını isteyenler, bu depoların ortaya çıkarılmasına da katkı vermeli...

O yarbay aynen şunları söyledi

Türkiye, Yarbay Mehmet Alkan'ı, şehit edilen kardeşi Yüzbaşı Ali Alkan'ın Osmaniye'de düzenlenen cenaze töreninde tabuta kapanıp ağlayan, ağlatan isyan dolu sözleriyle tanıdı. Yarbay ağabey, ağzından "çözüm"ü düşürmeyenlere ne oldu da şimdi "savaş" demelerine tepki gösteriyordu.

Bakın şu hale, şehidimizin cenaze namazı bile kılınamadı. Son dönemde 6 şehit veren Osmaniye'de cenaze namazlarının kılınmasında düzen-intizam diye bir şey olmadığı görüldü. İl müftüsünün arkasında AKP milletvekilleri, il başkanı şehit ailesinin önündeki sıraya geçirilmeye çalışılıyor. Oysa şehit ailesinin arkasındaki sırada MHP milletvekilleri Mevlüt Karakaya, Seyfettin Yılmaz, Ruhi Ersoy ile Fahrettin Oğuz Tor bulunuyordu. Nedir yani AKP'li milletvekillerinin özelliği?

Nedense son dönemde cenaze namazı kıldıranlar, terör örgütü PKK'nın adını bile anmıyor, onları besleyen, eylemlere teşvik edenler için bir çift söz söyleyemiyor. Osmaniye'de, müftünün tutumu, yaşanan karışıklık, müftü ve AKP milletvekillerine olan tepkiler nedeniyle şehit yüzbaşının cenaze namazı bile kıldırılamadı. Bu durum, halkı daha da öfkelendirdi. Müftü, cenaze namazının mezarlıkta kıldırılacağını söyledi. MHP Kadirli İlçe Başkanı Çağlar Bağcılar'a sordum, "Mezarlıkta cenaze namazının kıldırılacağı söylenmesine rağmen orada da namaz kıldırmadılar. Bunu herkes bilsin" dedi.

Sonuçta, şehidimizin cenaze namazını kıldıramayan, terör örgütüne, onları koruyup kollayan, besleyenlere tepki gösterilemeyen bir ülke haline getirildik. Eserinizle övünün!

Allah'a havale etti

Yarbay Mehmet Alkan'a disiplin soruşturması açanlar, ona ceza vermek isteyenler kendilerini Yarbay Mehmet Alkan'ın yerine koysunlar. Şehit edilen kardeşine cenaze namazı bile kıldırılamıyor.

Komutan bir anda PKK'lı, Fethullahçı, Ergenekoncu yapılıyor. Telefonda Yarbay Alkan'a yazılanları, söylenenleri hatırlattım, cevabı "Hepsini Allah'a havale ediyorum. Başka ne diyeyim?" oldu. Disiplin soruşturması için de "Neye karar verirler bilemiyorum" dedi.

İşte biz telefonda konuşurken, "son dakika" haberi olarak Şemdinli'de iki askerimizin şehit edildiği belirtiliyordu. Şehit ağabey bu acı haberi bizden önce almıştı. Hatırlattığımda şunları söyledi:

"Kardeşimin şehit olmasından sonra onun son şehit olması, başkalarının da ocağında bu acıların yaşanmaması için dua ettim. Bunu yürekten diledim. Şemdinli'den iki şehit haberini aldığımda o ailelerinin nasıl acılar içinde olduğunu yaşayan birisi olarak biliyorum."

Şehit ağabeyi yarbayın sonunu merak etmişsinizdir. 15 Temmuz 2016 darbe girişiminden sonra meslekten ihraç edilenler arasına girdi.

Bakın şu rezalete, ilçenin içinde, askerin karşısında PKK kampı

Şırnak'ın Cizre ilçesi... Telefonda patlama seslerini, onlara karışan silah seslerini duyuyorum. Telefonda konuştuğum kişi, "Bunlar sadece uzun namlulu silahların sesi değil" diyor. Roketatar, havan sesleri olduğunu söylüyor. Çatışma başlayalı bir saat olmuştu, hâlâ devam ediyordu.

İlçe halkı adeta açık bir cezaevi hayatı sürüyor. Özellikle devlete yakınlığı ile bilinen aşiret mensupları neredeyse son bir aydır evlerinden çıkamıyor, çarşıya, hastaneye gidemiyor. Türkiye'yi böyle bir ortamda seçime götürüyorlar.

İnanmanız çok zor biliyorum. Ama 25 Ağustos 2015 tarihinde gerçek durum bu. Anlatacağım olay yalnız Şırnak'ın Cizre ilçesinde değil, Güneydoğu'nun bazı ilçeleri için de geçerli. Askeri birliğin önünün PKK'nın "kamp yeri" olabileceği birkaç ay öncesine kadar aklınıza gelebilir miydi? Bugün başta Cizre olmak üzere durum böyle...

Cizre'de bulunan Keşif Taburu'nun 150 metre uzağında bulunan PKK kampından, askeri birliğe roket, havan atışı yapılıyor. Çadırlarını kurmuşlar, örgütün dağdaki kampları neyse burası da öyle. Kendilerini o kadar güvende hissediyorlar ki, gelenleri gidenleri hiç eksik olmuyor.

Keşif Taburu ile Nur Mahallesi'nde bulunan Emniyet Müdürlüğü'nün arası 500 metre bile değil. Emniyet'in bulunduğu tepenin hemen yakınındaki iki katlı bina, terör örgütü karargâhı gibi kullanılıyor. Silahlar buradan dağıtılıyor. Bu binayla ilgili rivayetler muhtelif... Altında sığınaklar, başka binalara ulaşmak için tüneller bulunduğu belirtiliyor. Bir saldırı ya da güvenlik güçlerinin girmeye çalışması halinde düzeneği hazırlanmış patlayıcılar yerleştirilmiş.

Terör örgütünün kampına ve sözde karargâhına giren çıkan belli değil. İlçenin her tarafını tutmuşlar, kimlik denetimi de yapıyorlar. Bakıyor, Türkiye Cumhuriyeti Nüfus Cüzdanı gösteriyor, karşılığında ceza kesiliyor. Mutlaka Kürt Nüfus Cüzdanı göstermeliymiş. Kürt kimliği olmayanlar sorgulanıyor, çocuk yaştakiler ve gençler "asker kaçağı" diye örgüte götürülüyor. Okullar açıldığında çocuklar nasıl gidecek, öğretmenler ne yapacak?

Terör örgütü öyle azgın, öyle zalim ki Cizre'den ayrılmak isteyenlere "Gidebilirsin ama önce evinin, iş yerinin, tarlalarının tapusunu alalım" diyorlar. Cizre'den Mersin'e göç etmek isteyen aile, tam ayrılırken bu talep karşısında, eşyalarını kamyondan indirmek zorunda kalıyor.

Bunlarla da yetinmiyorlar. Özellikle devlete yakın olduğunu bildikleri kişileri zor duruma düşürmek için yüklü miktarda para istiyorlar. Cizre'de terör örgütü tarafından o günlerde 52 kişiden 5 gün içinde 1'er milyon lira vermelerini istiyorlar. Kabul etti etti, etmedi o kişiyi daha zor günler bekliyor.

Askeri birliklere yemek götürülemiyor

Bölücü terör örgütü, yıllardır hayalini kurdukları "kurtarılmış ilçeler" oluşturmak için büyük mesafe almıştı. Örgüt dağdan inmiş, ilçe ve il merkezlerini kendi denetimine almanın çabasına girişmiş. Sivil halkın arasına katılıyor, onlardan da destek alıyor, güvenlik güçlerinin hareket kabiliyetinin büyük ölçüde kısıtlanması sağlanıyor.

Güvenlik güçleriniz sivil halkın zarar görmemesi için daha dikkatli, özenli hareket ediyor. Çünkü terör örgütü halkı kendisine siper yapıyor. Onlar hayatını kaybettikçe devlete olan tepki de artıyor. O günlerde terör örgütünün sözde "özerklik" ilan ettiği, kendi yönetimini oluşturmayı öngördüğü ilçe sayısı 17'ye yükseldi. Açıkçası bu ilçelerde görev yapan kaymakam da, cumhuriyet savcısı da, kolluk güçleri de, asker de "yarın ne olacağı" kaygısını da taşıyor. "Çözüm Süreci" öncesi o bölgelerde görev yapan, terörle mücadele eden komutanlar bugün değişik mahkemelerde yargılanıyor.

Her tasarıyı, teklifi istediği zaman yasalaştıran AKP, söz konusu asker olunca işleri ağırdan alıyor. Örneğin iç güvenlik bölgesinde görev yapan subay, astsubay ve uzman çavuşların geçmiş dönemde sadece görevlerine yönelik olarak yapmış oldukları fiillerden dolayı şu anda bile haklarında dava açılıyor, bu kişiler çok sıkıntılı süreçler yaşıyor.

Şırnak'tan arayan okurumuz, "Bu bölge elimizden gitti, gidiyor. Askerin de köy korucularının da eli kolu bağlı. Kendilerine ateş edilmediği sürece asla terör örgütü militanlarına karşı silah kullanmama talimatı verildiğini" belirtiyor, terör örgütü güçsüz hale getirilmeden yöre halkının gerçekte ne düşündüğünün bilinemeyeceğini de ekliyor. Yani, halkın örgüt korkusu içinde olduğunu belirtiyor.

Yalnız onlar değil, Cizre'de görevli bir kamu görevlisinin eşi yaşananları "Askerin elini kolunu bağlayanlar bu vebali nasıl ödeyecek? Askerler çatışmanın göbeğinde, biz çaresiziz. Bu ülke, askerini, asker ailesini bu kadar hor kullanmasın. Milli Eğitim Bakanı'na da yazdım ama cevap yok. Teröristler polise, askere nasıl böyle pervasızca saldırıyor da onlara sadece 'kendinizi koruyun, saldırmayın' diye emir veriliyor. Hepsi, askeri alanın telleri arkasında korumasız ve sahipsiz" diye açıklıyor.

Cizre'nin olaylarıyla ünlü Nur Mahallesi'nde bulunan Keşif Taburu'nun hemen 150 metre uzağında terör örgütünün kampı bulunduğunu, emniyet müdürlüğü binasının hemen yakınında da örgütün sözde karargâhı olduğunu bu köşede duyurmuştum. Genelkurmay Başkanı Orgeneral Hulusi Akar, bu konularla yakından ilgileniyor. Hükümete öneriler götürüyor, eksiklikleri sıralıyor.

Asker kışlasında. Sadece jandarma ve polis sokağa çıkabiliyor. İşte onları engellemek için Cizre'nin cadde ve sokaklarına hendekler kazdılar, kum torbalarını kendilerine siper ettiler. Geçiş noktalarına patlayıcı yerleştirdiler. Cizre'de bulunan askeri garnizona giden yollar da yine örgüt tarafından kazıldı, hendeklerin başında teröristlerin yanı sıra siviller de bulunuyor. Dolayısıyla askeriyeye giriş çıkış olmaması için çaba gösteriliyor. İşte Cizre'de hafta içinde yaşanan durumu yerinden öğreniyorum:

"Askeri garnizonun kapısından çıkan kadın, çocuk, yaşlı herkes hedef. Şu anda büyük sorun var. Yaşananları, duygularımızı tam olarak dile getiremiyoruz. Yollar terör örgütü tarafından kapatılmış, ilçe onların elinde. Askerlere yemek ve malzemeleri götürülemiyor. İki gündür yemek yok. İşte bu kadar sahipsiziz. Artık yorum yapamayacağım."

Garnizona giden yollar tutulmuş. Havadan ikmal ise terör örgütünün elindeki silahlar nedeniyle hayli tehlikeli. Çünkü örgütün elinde çok sayıda havan, uçaksavar, roketatar ve Docka ağır silahı da bulunuyor.

Konuyu Ankara'daki bazı askeri yetkililere de sordum. Kimisi "Bu durumda söylenecek bir şey yok" dedi, bazıları da "Askere yemek gidemiyor diye bir şey olur mu?" karşılığını verdi. Ama o dönem durum böyleydi

Böylesi ne duyulmuş ne de yaşanmıştı

Erzurum'un Karaçoban ilçesine bağlı Kırımkaya'dan Recep Beycur 7 ay önce askere gitti. Acemi birliğinden sonra Siirt'e gönderildi. Bölücü örgüt mensupları, içinde Recep'in de bulunduğu zırhlı araç geçerken, önceden yola yerleştirdikleri mayını patlattı. Recep'le birlikte 8 askerimiz şehit oldu.

Şehitler için tören yapıldı. Sonra tabutları, bayrağımıza sarılı olarak memleketlerine gönderildi. Recep'in cenazesi köyüne getirildiğinde, "Öyle bir patlama olmuş ki Recep 40 parçaya bölünmüş" deniliyordu. Bu durum, teröre olan öfkeyi daha da artırdı. Olayların birden tırmanmaya başlamasından devletin bazı yetkilerini de sorumlu tutanlar vardı.

Annelerin, babaların, kardeşlerin içi yanıyordu. Analar saçlarını yola yola evlatlarının arkasından ağıtlar yakıyordu. Cumhurbaşkanı Recep Tayyip Erdoğan da başka bir şehidimizin cenaze töreninde onlar için şöyle konuşuyordu:

"İnanıyoruz ki şahadet makamına ulaşmış olan bu şehidi uğurluyoruz. Ne mutlu onun ailesine, ne mutlu onun tüm yakınlarına. Peygamberlikten sonra en yüce makam, makamların yücesi olan böyle bir makama kardeşimiz ulaşmış durumda."

Oğlu şehit olan çiftçi Hamit Beycur, "Vatan sağ olsun" diyordu. Köylerine sağ olsun kaymakam gelmiş, müdürler gelmişti. Onlara gözyaşlarını göstermemeye çalıştı. Hep "Vatanımız sağ olsun, milletimiz var olsun" diyebildi. 7 ay önce askere gönderdiği oğlunun dönüşünün böyle olacağını hiç tahmin bile etmemişti. Herkes baba gibi soğukkanlı değildi. Babanın, annenin halini görenler, kardeşlerinin çırpınışlarını, kendilerini yerden yere atışını gören tüm köylüler ağlıyordu.

Onu köylüleri "Şakir" diye bilir ama nüfus kaydında ismi Kazım olarak geçer. Kulağı ağır işitiyor. 58 yaşındaki Kazım İpek'in 8 çocuğu var. Recep Beycur'un hem köylüsü, hem de akrabası. Recep'in patlama sonucu parça parça olduğunu öğrendiğinde askere gidecek çocukları da aklına geldi. Bu nasıl bir savaştı, bu iş nereye gidiyordu? Öfkelendi, "Kardeşi kardeşe niye öldürtüyorlar?" diye bağırdı.

Yalnız o değil, 38 yaşındaki Ömer Bulur da akrabası ve köylüsü Recep'in şehit edilişine isyan ediyordu. Gazetecileri görünce, "Gazeteciler, gazeteciler Allah rızası için bunu Cumhurbaşkanı'na yazın, söyleyin, yeter artık, kardeşi kardeşe kırdırıyor. Tek parça askere gönderdiğim yeğenimi niçin 40 parça olarak aldım. Onun evladı olmuş olsa, bu duruma dayanabilir miydi?" dedi.

12 gün sonra çağırdılar: Hakaret etmişsin

Günler geçti. Muhtar Mehmet Sait Uğuz'u Karaçoban İlçe Jandarma Komutanlığı'ndan aradılar. Köylülerinden Kazım İpek'in bir ifade için karakola gelmesini istediler. Muhtar, bu durumu Kazım İpek'e söyledi. O da jandarma karakoluna yalnız gitti, "Benim ifadelik neyim varmış?" dedi.

Durum kötüydü. Ağır duyan kulakları "Sen Cumhurbaşkanı'na hakaret etmişsin. Onun için ifadeni alacağız" sözlerini güçlükle duyabildi. Jandarma, savcı derken kendisini "tutuklanması" istemiyle hâkim karşısında buldu. Hâkime, "Ben tutuklanacak ne suç işledim ki tutuklanacakmışım?" dediğinde söylenenleri anlamadı bile... Hınıs Adliyesi'nde görevli hâkim "1 Eylül 2015/665 soruşturma sayılı dosyadaki bilgilere göre Cumhurbaşkanı'na hakaret etmekle suçlanıyorsun" dediğinde o şunları söyledi:

"Şehit olarak gelen Recep Beycur yakın akrabamdır. Kızım Özlem de onların gelinidir. Askerler şehit evine geldiğinde biz de gittik. Üzüntümüzden kahrolmuştuk. Ben orada kimseye hakaret etmedim. Hele ki Cumhurbaşkanı'na hiç hakaret etmedim. Şehidi 19 Ağustos'ta toprağa verdik. O gün ve daha sonraki günlerde de kimse bana 'sen hakaret ettin' demedi, kimse benim kimliğimi de sormadı. İki hafta geçtikten sonra ihbar yapılıyor. Madem hakaret ettimse niye o gün gelip beni kimse sorgulamadı? Neden bu kadar beklendi?"

Hâkim, "Cumhurbaşkanı'na hakaretten tutuklanmasına..." dedi. Avukat, "8 çocuklu, yeri yurdu belli olan şüphelinin adli kontrole tabi tutulmasını" istedi. Ancak sonuç değişmedi. Köye bir ateş düşmüştü. Şehit Recep Beycur'un acısı tazeyken akrabası tutuklanıyor, köy iyice matem yerine dönüyordu.

Kazım İpek tutuklanmış ama başkaları da ifade için karakola çağrılmıştı. "Yazın gazeteciler, yazın" çağrısında bulunan 38 yaşındaki Ömer Bulur da 25 Ağustos'ta Karaçoban Polis Karakolu'na çağrılmıştı. "Devlet büyüğüne hakaret, halkı askere göndermemeye teşvik, tehdit, suç ve suçluyu övme" suçlamasıyla karşı karşıyaydı. Dahası, bazı gazetelerde kendisine "provokatör" denilmiş, bazıları PKK'lı, bazıları IŞİD'ci ilan etmişti. Kendisini aradım, Ömer Bulur şunları söylüyordu:

"Ben provokatör olsam, PKK'lı olsam provokatörlüğümü yapar sonra izimi kaybettirirdim. Oysa ben köyümdeyim, yerim, yurdum belli. Ben halkı askerlikten soğutmaya kalkışsam, 4 tane yeğenim askerde, onları askerden çağırırdım. Yeğenini kaybetmiş birisi olarak içim yanıyordu. İçi yanan, içi acıyan insan bazen ne dediğini, ne söylediğini bile bilmez. Ben kimseye hakaret etmeden duygularımı dile getirdim. Kazım abi tutuklandı, benimle ilgili soruşturma sürüyor. Başka kimleri çağırırlar bilemiyorum. Ama bir kez daha söylüyorum içim yanıyor içim."

Kırımkaya köyü, büyükşehirle birlikte mahalle olmuştu. Ama tarihinde böyle bir acı yaşamamışlardı. Bir başka köyü, "Bunu da bize yaşattılar ne diyeyim gazeteci bey, ne diyeyim? Şehit acısının yerini şimdi tutuklamalar aldı" diyordu.

Bizi kandırmayın,
Vali Yardımcısı her şeyi anlattı

2015 yılının Eylül ayıydı. Terör olaylarında adından sıkça söz ettiren ilimizin değişik dönemlerde valiliğe vekalet de eden vali yardımcısı "Hepimiz buralarda ölümü bekliyoruz" dediğinde hiçbir şey söyleyemedim. Sonra "Hepinizi Allah korusun" diyebildim. Gözlerim yaşardı. Aynı gün, Güneydoğu'dan gelen telefon ise daha vahim bir durumu ortaya koyuyor, "Askerliğimiz bitmesine rağmen yollar güvenli olmadığı için, helikopter gelmediği için buradan ayrılamıyoruz" diyordu.

Bayramdan sonra okullar açılacak. Biliniz ki köylerin büyük bir bölümüne öğretmenler "güvenlik" nedeniyle gönderilmeyecek. Gidenler rapor alıp oradan ayrılmanın çabası içinde olacak. Kendinizi bir an onların yerine koyun ve düşünün...

Ambulanslara el koyuyorlar

"Çözüm Süreci" hataları yüce devletimizin elini ayağını kırdı. Bir kamu görevlisi görevleri gereği de olsa köylere gidemez hale geldi. Hastalar için ambulans isteniyor. İçinde acil yardım teknisyeninin de bulunduğu araçla köye gidiliyor. Bakıyorsunuz, o ambulans bir daha dönmüyor. Çünkü teröristler ambulanslara el koyuyor, götürdükleri sağlık teknisyenlerini kendi amaçları doğrultusunda çalıştırıyor. Vali yardımcısından dinliyorum:

"Artık köylere gidemiyoruz. Ambulanslara el konulduğu için ambulans gönderemiyoruz. Çünkü gönderdiklerimize el koyuyorlar. Örgütle bağlantılı olan köylerdeki milisler ambulansları bir daha göndermiyorlar. Hastanelerde polis görev yapması gerekirken, polis bulunduramıyoruz. Teröristler kayda alınmadan hastanelerde muayene ve tedavi ettiriliyor."

Görevleri hayat kurtarmak olanların hayatları tehlikede. Bir hastayı hastaneye yetiştirmek için çabalayanların başlarına bunlar geliyorsa gerisini siz düşünün.

Operasyona çıkılamıyordu çünkü...

Askeri yetkililere "Çözüm Süreci" döneminde neden operasyon yapmadıklarını sorduğumuzda hep, "Biz operasyon yapmak istiyoruz ancak valiler operasyon izni vermiyor. Ne zaman operasyon yetkisi istedikse, hazırladığımız formun bir örneğini Genelkurmay Başkanlığı'na gönderdik. Gün gelir bize 'neden operasyon yapmadınız?' denilirse biz de kendimizi savunmak için bu belgeleri ilgili makamlara göstereceğiz" diyorlar.

Valinin izinli olduğu dönemde valiliğe vekalet eden, her sabah emniyet müdürü, jandarma komutanı, MİT bölge başkanının katıldığı toplantılarda bulunan vali yardımcısından dinliyorum:

"Açıkçası kimse risk almak istemiyor. Örneğin jandarma komutanı teröristlerin bulunduğu yerleri söylüyor. Hemen ardından da, 'Eğer operasyon yaparsak burada çok şehit veririz. Her tarafı patlayıcılarla doldurdular' diyor. Bu sözleri söyleyen, operasyon yapılması durumunda çok şehit vereceğini belirten komutanın operasyon yapma niyeti olmadığı ortada. Tabii ki amacımız şehit vermemek. Ama alana çıkmadan da teröristle mücadele edemezsiniz. Valiler de, komutanlar da illerinde olay olmamasını arzular. Açıkçası Çözüm Süreci'nde etrafında olup bitenleri herkes görmezden geldi."

Kendi kalelerinde...

Terör örgütünün kırsal kesimdeki çalışmalarını, en iyi o yörede yaşayan yurttaşlar bilir. Adım atışlarından haberdardırlar. Ama "Çözüm Süreci"yle birlikte köy korucuları devlet tarafından ihmal edildi. Devlete yakın aşiretler "yok" sayıldı. "Haber elemanı" olarak kullanılanlar deşifre edildi. Sonuçta devlete bilgi gelmez oldu.

TUTANAKTIR

a. Van İl J.K.lığının 151200 C MAY 13 İSTH:2000- 30264 -13/ İDM sayılı yazısı.
b. Van İl J.K.lığının 16 Mayıs 2013 TEM: 3080- 30475-13/ Pl.Ks. sayılı "Operasyon Bildirim" yazısı,
c. Van İl J.K.lığının 16 Mayıs 2013 TEM: 3080- 30475-13/ Pl.Ks. sayılı "Karakol Takviyesi" yazısı,
d. Van İl J.K.lığının 161830 C MAY 13 TEM: 3080- 30581-13/ Pl.Ks. sayılı "Harekat Kontrolüne verilmesi" yazısı:

1. İlgi (a) yazı gereği Gürpınar İlçesi Kırkgeçit ve Oğuldamı J.Krk.K.lıkları sorumluluk alanında yapılan çıkarılan kestirmeler alınmıştır.
- Sözde Çatak gurubu sorumlusu Digor (Ç/A)'lı İrfan TORİ (K) ile Sözde Botan Saha Van Eyaleti Çatak Gücü Simko İsmail (K) Osman Hoşengi'nin 15.05.2013 günü saat 09.46'da Gürpınar ilçesinin güneyinde, Van bölgesinde 38SLG 4826286689 (374854N-0431634E) koordinatlarında.
- Sözde Botan Saha Van Eyaleti sorumlusu Depin (Ç/A), Körüklü Grubu Fırat Kutay'ın 15.05.2013 günü saat 09.53'de Gürpınar ilçesinin güneyinde, Van bölgesinde 38SLG 5227796421 (375412N-0431911E) koordinatlarında.
- Sözde Botan Saha Van Eyaleti sorumlusu Diyadin (Ç/A), Gürpınar Grubu sorumlusu 15.05.2013 günü saat 09.57'de Gürpınar ilçesinin güneyinde, Van bölgesinde 38SLH 4837613944 (380338N-0431618E) koordinatlarında kestirmesi alınmıştır.

2. Söz konusu kestirmesi alınan BTO mensuplarının Gürpınar ilçe J.K.lığına bağlı Oğuldamı ve Kırkgeçit J.Krk.K.lıkları ile Çatak ilçe J.K.lığına bağlı Bilgi J.Krk.K.lığına ve yakın emniyet unsurlarına taciz/saldırı türü eylemler gerçekleştirebilecekleri değerlendirildiğinden ilgi (b) Valilik Makamından "ONAY" alınması için Valilik Makamına gidilmiş, Vali Yardımcısının uygun görüşüyle yazı Sayın İl Valimize arz edilmiştir. İl Valimiz tarafından;
a. 17 Mayıs 2013 tarihinde başlayarak emirle bitirecek olan, Gürpınar-Kırkgeçit J.Krk.K.lığı sorumluluk bölgesinde 2106 Rk. Tepe (58-10) ve Köz Mevkii (61-14) bölgesinde, (2) Jöh Timi, (1) J.Komd. Timi, (1) Pöh Timi, (4)TTZA'nın katılarak uygulayacağı operasyonun iptal edilmesine,
b. Karakollara ve yakın emniyet unsurlarına yapılacak taciz/saldırı türü eylemleri önlemek maksadıyla (1) Jöh Timi, (2) TTZA Kırkgeçit J.Krk.K.lığına, (1) Jöh Timi Oğuldamı J.Krk.K.lığına takviye edilmek üzere Gürpınar İlçe J.K.lığı Harekat Kontrolüne verilmesi,
c. Karakollarda görevli personelin mevzi dışına çıkmaması,
d. Herhangi bir saldırı olduğunda misliyle karşılık verilmesi talimatı verilmiştir.

3. Alınan talimatlar doğrultusunda (1) Jöh Timi, (2) TTZA ile Kırkgeçit J.Krk.K.lığı, (1) Jöh Timi ile Oğuldamı J.Krk.K.lığı takviye edilmek üzere Gürpınar İlçe J.K.lığı Harekat Kontrolüne verilmesi hususunda 16 Mayıs 2013 tarihli "Karakol Takviyesi" Valilik Oluru alınmıştır.

4. İlgi (d) mesaj emirle 16 Mayıs 2013 günü saat:19.30'dan itibaren (2) Jöh Timi, (2) minibüs ve (2) Kobra TTZA ile Gürpınar İlçe J.K.lığına sevk edilmiştir. Timler Gürpınar İlçe J.K.lığına varışta (2) Kobra TTZA'yı da alarak Kırkgeçit ve Oğuldamı J.Krk.K.lıklarına hareket edecek, takviye görevini yerine getirecektir.

İş bu tutanak düzenlenerek imza altına alınmıştır. 16 Mayıs 2013 Saat: 19.00

Melim ALKAN	Coşkun DOĞAN	Murat BULUT	Celal ÇELİK
J.Kurmay Albay	J.Albay	J.Bçb.	J.Kd.Bçvş
Jandarma Komutanı	İl J.K.Yrd.	TEM Ş.Md.	TEM Ş.Pl.Astsf

Asker operasyona çıkmayı bırakın, kendini koruyabilmek için karakolunun bahçesine ikinci bir duvar daha yaptırdı. Vali yardımcısının deyimiyle "kendi kalemize çekildik." Siz kalenizden dışarıya çıkamazsanız, dağda, köyde olmazsanız bilgi gelmez. O yüzdendir ki bazı köylerde bölücü terör örgütünün sözde "mahkeme"ler kurmasına, halkı sorgulamasına rağmen güvenlik birimleri bunları duymazdan geliyor. Devlet yetkilileri duysa bile ne olduğunu vali yardımcısından dinliyorum:

"Açıkçası kamu görevlilerinin hemen hiçbiri risk almak istemiyor. Arama izinleri alınamıyor. Gerekçesi de 'makul şüphe' olmaması gösteriliyor. Açıkçası hep beraber geri duruyoruz. Siz geri durdukça bölücü örgüt militanlarının cesareti artıyor, halk bu durumda korkudan devletten uzak durmaya çalışıyor. Bizlerin bu pasif durumu devam ettikçe halkı kazanmamız da mümkün değil. Teröristler de bu durumdan yararlanıp ciddi güç haline geliyor."

Bölücü terör örgütü militanları 30 yıldır aynı patikalardan geçiyor, aynı mağaraları kullanıyor, aynı yerlerde dinleniyor, eğitim alanları aynı. Ancak "Çözüm Süreci" döneminde örgüt, ilçelerde eylem yapacak grupları özel olarak eğitti. Kuzey Irak'ta bulunan boş köyleri "eğitim alanı" olarak kullandı. İşte eğittikleri bu gruplar şimdi ilçelerdeki eylemleri yönlendiriyor. Bir vali yardımcısı "10 gün önce şurada çatışma oldu. 10 gün sonra aynı yerde 13 polisimiz şehit edildi. Devlet, 'Niye tedbir almadın?' diye sorgulamazsa biz daha çok şehit vermeye devam ederiz" diyordu. Durumlar böyle haberiniz olsun...

Bakmayın siz o kutlamalara, "gazi"yi yasadan bile çıkardılar

Mustafa Kemal Atatürk'e 19 Eylül 1921'de "gazi"lik unvanı verilişinin yıldönümü, "Gaziler Günü" olarak kutlanıyor. Günümüzde "gaziler" denince de akla Güneydoğu'da yaralanan askerlerimiz geliyordu. 15 Temmuz 2016 darbe girişiminden sonra "Demokrasi Gazileri" öne çıktı. Bu ayrıma aslında herkes karşı.

Kurtuluş Savaşı'mızdan sonra Atatürk, "Savaşta birçok kahramanımız oldu. Gazilerimizi, şehitlerimizin yakınlarını ödüllendirelim, gururlandıralım ve gelecek nesillere örnek gösterelim" diyor. Bu amaçla bir komisyon kuruluyor. Bütün illere yazı gönderiliyor, kurtuluş mücadelesinde yararlılıklar gösterenlerin öyküleri dinlenip uygun bulunanların isimlerinin bildirilmesi isteniyor.

Gelen 80 bin isim arasından

"Ben savaşta büyük kahramanlıklar gösterdim" diyen 80 bin kişinin ismi Ankara'ya ulaştırılıyor. Devlette bulunan kayıtlar inceleniyor, kişilerin anlatımları araştırılıyor ve sonuçta 6 kişilik komisyon ancak 6 bin 920 kişiyc "gazi"lik unvanı verilmesini uygun buluyor. Bu kahramanların İstiklal Savaşı beratını Mustafa Kemal Atatürk imzalıyor.

Gazilerimiz el üstünde tutuluyor. Günümüzde yok edilmeye çalışılan, üzerine saray kondurulan Atatürk Orman Çiftliği'nin gerçek adı Gazi Çiftliği'dir. O isim, çiftlikte çalışan gazilerin adını taşır. Dahası gazilerimiz için çiftliğin hemen yanında evler yapılıyor. İşte o evlerin bulunduğu yer sonra, bugün de bulunan Gazi Mahallesi olacaktır. Çiftliğin diğer ucunda çalışanlar için yine bir mahalle kuruluyor. Orada oturan gazilerin bulunduğu yer ise bugün "Ergazi" olarak bilinen semttir. Dahası, Ergazi'de Atatürk kendi parasıyla bir ilkokul yaptırmış. O günlerin tanığı bir gazi, vefatına kadar her yıl okul açılışında gelip şiirler okuyor, Atatürklü günleri anlatıyormuş.

Gazi sayısı yükselişte

Demokrat Partili yıllara geliniyor. Adnan Menderes başbakan. 1952 yılında 1002 Sayılı Kanun'la İstiklal Savaşı gazisi sayısını 6 bin 920'den 45 bine çıkartılıyor. 1953 yılında 1005 Sayılı Kanun'la Kore Savaşı'na gönderilen 4 tugaya da "gazi"lik unvanı verilmiş. Oysa savaşa üç grup katılmış, bunlardan 741'i şehit olmuş, 2 bin 147'si yaralanmış, 234'ü esir olmuş, 175'i de kaybolmuş. Kore Savaşı'na giden 16 bin kişi "gazi" olarak kabul edilmiş. Yani Kore'de savaşa katılmayanlar da gazi sayılmış.

1974 Kıbrıs Barış Harekâtı için görevlendirilen tüm askerler savaşa katılsın katılmasın hepsi gazi sayılmış. Bir anda gazi sayısı 47 binden 87 bine yükselmiş. Sonraki hükümetler döneminde kanunlar yine değiştiriliyor. 1980 yılı baz alındığında İstiklal Savaşı Madalyası almaya hak kazanan gazi sayısı 6 bin 920'den tam 193 bine çıkarılıyor. Açıkçası, savaşa katıldığı öne sürülen herkese madalya veriliyor. Atatürk döneminde gazilere demiryolu gelirlerinden hisse verilmiş. Tekel gelirlerinden belli bir pay onlara ayrılıyormuş. 1952'de TCDD'den gelen gelir kesiliyor, tütünden gelen yüzde 8 pay ise günümüzde 1,2'ye düşürülüyor.

Artık "gazi", "şehit" yok

Gelelim günümüze... Güneydoğu'da şehitler verilirken, yaralananların sayısı artarken Terörle Mücadele Kanunu kapsamında 1991 yılında yeni düzenlemeler yapıldı. Mustafa Kemal Atatürk nasıl yaptıysa, gazi ve şehit unvanlarının veriliş biçiminin de o günkü gibi olması hedeflendi. Kısmen yapıldı. Genelkurmay Başkanlığı şehit ve gazilerine sahip çıktı, onlar için yapılacak yasal düzenlemelerin hep takipçisi oldu.

AKP'li yıllara geldik. 3713 sayılı Terörle Mücadele Kanunu'nda "şehit" ve "gazi" tanımı yer alıyordu. Ama AKP'nin isteğiyle yasa değiştirildi, "gazi" ve "şehit" sözcükleri kanunlardan çıkarıldı. Şehitler için "vazife ölümü", gaziler için "vazife malulü" denildi. Görevliyken trafik kazası geçirip hayatını kaybedenle silahlı çatışmada şehit edilen arasında hiçbir fark kalmadı. Açıkçası, Batı'da bir askeri birlikte ranzasından düşüp ölen askerimizle, çatışmalarda hayatını kaybeden aynı yasa hükümlerine tabi oldu. 15 Temmuz gazilerine ise diğerlerine göre daha fazla haklar verildi.

Kimlik kartında daha önce gazi olanlar için "gazi", şehit eşi için "şehit eşi", annesi için "şehit annesi", babası için "şehit babası", kardeşi için "şehit kardeşi" yazıyordu. Oysa şimdi kimlik kartlarında "şehit yakını, gazi, gazi yakını, vazife malulü, vazife malulü yakını" yazıyor. Yani kimin ne olduğu belli değil.

Bu kartı kaşıyan herkes kendisini gazi gösteriyor. Genelkurmay Başkanlığı, terör ve terörün etkisiyle (mayın, patlayıcılar) yaralanıp malul olanlar için "gazi", ölenler için de "şehit" tanımı yapmıştı. Hükümet, oy uğruna bu kavramları genişleterek gazilik ve şehitlik kavramının değerini azalttı.

Bakmayın siz kutlamalara. Genelkurmay'da "Gazi"nin bir tek adı kaldı. Artık tüm yetki Aile ve Sosyal Politikalar Bakanlığı'nda, gaziler ve şehit yakınları politikanın kucağına atılmış.

13 polisimizin şehit edilmesinde ihmaller zincirine bakın

Olaylar önlenemediği gibi, meydana gelen olayların soruşturmalarında da mesleki tutuculuk, koruma içgüdüsü öne çıkıyor, kimseden hesap sorulmuyor. Suruç'ta, Diyarbakır'da, Reyhanlı'da son olarak Ankara'da büyük eylemler önlenemedi.

Ülkemizdeki görüntülerin komşu bazı ülkelerde yaşananlardan hiç farkı yok. Terörü önlemekle yükümlü olanlar istedikleri yasaları, yönetmelikleri çıkardılar. Terörle mücadele edebilmek için daha ne istiyorsunuz? Ya da ne istediniz de TBMM'de CHP ve MHP bunlara karşı çıktı? Karşı çıksa bile siz hiç onları dinlediniz mi?

Soruşturmalar kapatmaya yönelik

Ülkemizde önemli bir olay meydana geldi mi, başbakandan içişleri bakanından "olayı soruşturmak üzere müfettiş gönderdik" açıklaması gelir. Cumhurbaşkanı da "Devlet Denetleme Kurulu'nu görevlendirdim" der. Peki, o soruşturmalar sonucu acaba bugüne kadar "ihmali" olduğu için hakkında savcılığa suç duyurusunda bulunulan kaç kamu görevlisi var? Olay unutulmaya başlandıktan sonra soruşturma dosyaları da kapatılır.

Iğdır'da 8 Eylül'de 2015'de büyük bir patlama olmuştu. 13 polis memuru hayatını kaybetti. Ama bu olay meydana gelmeden önce aynı yerde yine eylem yapılmış, bir polis memuru yaralanmıştı. Eğer ilk olayın üzerine kararlı bir biçimde gidilmiş olsaydı, 13 polisimiz belki de şehit olmayacaktı. Belirttiğimiz gibi her önemli olaydan sonra "olayı soruşturmak üzere müfettiş gönderildi" deniliyordu ya, işte Iğdır'a da bir mülkiye müfettişi, bir de polis başmüfettişi gönderildi.

Bakalım orada neler olmuş neler

Büyük patlamadan önce yaşananlara da bakmak gerekiyor. Bakalım ihmaller zincirinin halkalarında neler varmış:

- Elim olay öncesinde terör örgütü tarafından Iğdır'a yönelik birçok saldırıda bulunuldu. Alınan istihbari bilgilerde örgütün bombalı eylem yapacağı duyumları alınmış, tüm bölgede aynı yöntem kullanıldığı için bunları önlemeye yönelik hendek kazmadan binaların etrafına beton bariyerler koymaya kadar birçok tedbir alınmasına rağmen her gün birçok polisi taşıyan, Dilucu Sınır Kapısı'na götürüp getiren araç için hiçbir önlem alınmadı.

- Olayla ilgili hiçbir istihbari duyum alınmaması kurum hafızasının kalmadığı ve Emniyet'in istihbarat yeteneğini kaybettiği yönünde kanaat oluşturdu.

- Olaydan 13 gün önce, 27 Ağustos 2015 tarihinde aynı servis aracına, aynı yerde terör örgütü mensuplarınca ateş açılmış, bir polis memuru yaralanmıştı. Ardından saldırıya uğrayan polisler Emniyet Müdürlüğü'ne can güvenlikleri olmadığını, sınırdaki lojmanlara yerleştirilebileceklerini, çalışma saatlerinin sabit olmaması gerektiğini ve zırhlı araç istediklerini belirttiler. İstekleri yerine getirilmedi. Sadece ağır makineli silahlara karşı dayanıksız kurşun geçirmez camlı araç verildi. Rütbeli personel ile idari personeli taşıyan Fiat Doblo marka araçlar da iptal edilerek tüm personel aynı araca bindirildi. Ayrıca patlayıcı madde yüklü kamyonet, bölücü terör örgütü mensupları tarafından polis aracının geçiş saatinde getirildi. Bu durum, teröristlerin aracın geçiş saatini bildiklerini, polisler için güvenlik nedeniyle "dönüşümlü saat uygulaması" yaptırılmadığını ya da görevlilerin buna uymadığını ortaya koydu.

- Aynı noktada iki karakol saldırıya uğradı ve terör örgütüne yakın olduğu bilindiği halde araç geçişinde ilgili bölgeye yönelik koruyucu önlemlere alınmadı.

- 13 polisin şehit edilmesinden sonra polise bu kez zırhlı Kirpi tipi araç verildi. Çalışma saatleri değiştirildi ve haftanın her günü yerine bir gün hareketlilik sağlandı.

- Olaydan sonra aracın zırhlı olduğu açıklanmış olsa da, olay sonrasında çekilen fotoğraflardan saldırıya uğrayan aracın sadece kurşun geçirmez camlara sahip olduğu, ağır makineli silahlara karşı dahi dayanıklı olmadığı anlaşıldı.

Şehit yakınları kargo uçağıyla gönderildi

- Gümrük Müsteşarlığı'ndan birçok kez istenmesine rağmen verilmeyen Dilucu Sınır Kapısı'ndaki lojmanlar, olayın ertesi günü polislere tahsis edildi.

- Cenaze töreni için gelen şehit yakınları kargo uçağıyla gönderildi. Fazla üşümemeleri için havaalanı misafirhanesine ait battaniyeler verildi. Bu duruma itiraz eden Hudut Alay Komutanı'na "başka seçenek olmadığı" söylendi.

"İhmal var mı, yok mu?" diye olayı soruşturmak üzere iki müfettiş geldi. İki müfettiş de Vali Yardımcısı Mevlüt Özmen'in "13 polisimizin şehit edilmesinde varsa bir ihmal, ilgili yöneticiler hakkında gereğinin yapılmasını arz ederim" dediği için gelmişti. Müfettişler çalışmalarını tamamladı ve Iğdır'dan ayrıldı. Kabak, "İhmali olan yöneticiler hakkında gereği yapılsın" diye yazan vali yardımcısının başına patladı.

Cumhurbaşkanı'na aynen böyle dedi: Cezaevinde gibiyiz

Güneydoğu'nun "Devlet yanlısı" aşiretleri AKP hükümeti döneminde başlatılan "Çözüm Süreci"nde öyle aşağılandılar ki, bazıları buna dayanamayıp terör örgütünden "özür" dilemek zorunda bırakıldı. Dahası, bazı aşiret liderleri devletin tutumuna, kendilerini ortada bırakmalarına tepki olarak topluca HDP'ye katıldı.

Bölgeden çok olumsuz haberler geliyordu. Cumhurbaşkanı Recep Tayyip Erdoğan, aşiret liderleriyle Ankara'da tam 10,5 saat süren toplantı yaptı. Görüşmenin bu kadar uzun sürmesinin nedeni yemekten sonra her aşiret lideriyle Cumhurbaşkanının baş başa görüşmesiydi. Onlardan Güneydoğu'da olup bitenleri dinledi, neler yapılması gerektiğini sordu. Bazı önerileri not aldı.

Aşiret liderleri içine düşürüldükleri durumu da anlattılar. Öyle zor, öyle sıkıntılı bir dönem yaşadıklarını anlattılar ki, bir zamanlar yörenin zenginlerinden sayılan bazı aşiret liderleri neredeyse ekmeğe muhtaç hale getirildiklerini söylediler. İsim vermeyeceğim ama konuştuğum aşiret reislerinin Cumhurbaşkanı'na anlattıklarından bölümler aktaracağım:

PKK'nın işgali altındayız

"Hükümetin başlattığı 'Çözüm Süreci'nden sonra bölücü terör örgütünün gerek dağlarda bulunan silahlı adamları, gerekse ilçelerdeki milisleri, köylerdeki uzantıları güvenlik güçlerinin hiç operasyon yapmamaları sonucu alabildiğine etkili oldular. Devlete bağlı olduğumuz için hedef alındık. Malımıza, mülkümüze el koydular. Meralarımıza çıkamaz olduk. Onlarla mücadele ettiğimizde devleti yanımızda göremediğimiz için mücadelemiz de sınırlı kaldı.

Bir zamanlar ekinlerimiz vardı. Hayvancılık yapıyorduk. Bugün onlardan da mahrumuz. Ekinlerimizi ekemez olduk. Ekmemize örgüt engel oluyordu. Ektiğimiz zaman, ürünü alacağımız zaman ekinlerimizi yakıyorlar ya da ortak olmak istiyorlar. Artık bunlardan bir gelirimiz olmadığı için giderek yoksullaştık. Çiftçiliğimiz bitti, hayvancılığımız öldü. Bunların dışında tek gelir kapımız korucu maaşıdır. Yaylalarımıza ancak örgüte yakın olanların çıkmasına izin veriliyor. Onlardan da yüklü miktarda para alıyorlar. Biz bunlara boyun eğmediğimiz için her geçen gün yoksullaştık.

İhaleler, PKK zihniyetinde olanlara

Güneydoğu'da ihalelerin önemli bir bölümü PKK zihniyetinde olan müteahhitlere veriliyor. Bu durum, devlete bağlı olanları daha da üzüyor. Örneğin yol yapan müteahhitler, asfaltlanmadan önce yolların altına bölücü örgüt mensuplarının el yapımı patlayıcılar, mayınlar yerleştirmesine göz yumuyorlar. Bunun sorumluları, PKK zihniyetinde olanlara ihalelerin verilmesinden kaynaklanıyor. Hem devletten para alıyorlar hem de devlete ihanet ediyorlar.

Biz, sanki cezaevinde gibiyiz

Bugün ilçelerimizde tam anlamıyla kuşatılmış durumdayız. Evlerimizin etrafına hendekler kazıldı, patlayıcılar yerleştirildi. Terör örgütü militanları geceleri o yerlerde sabaha kadar nöbet tutuyor. Bizler de evlerimizden çıkamıyoruz, çarşıya inemiyoruz, hastaneye gidemiyoruz. Aynen durum böyledir. Bizler de evimize baskın yapılır endişesiyle nöbet tutuyoruz.

Vallahi utanma belasına evimizi barkımızı bırakıp gitmiyoruz. 'Kaçtı' dedirtmemek için direniyoruz. Çile, ıstırap içindeyiz. Memleketimizdeki halimiz tıpkı açık cezaevi şartlarıdır. Yaşantımızın cezaevindeki ortamdan hiçbir farkı yok. Yalnız bizler değil, çocuklarımızı okula gönderemez hale geldik. Çocuklarımızın da can güvenliği olmadığı için daha bir başka etkileniyoruz. Biz ne yapalım, nerelere gidelim?

Acemi yöneticiler gönderiliyor

Kaymakamın da, valinin de, emniyet mensubunun da en acemisi Güneydoğu'ya gönderiliyor. Bunların bizi anladığı, dinlediği yok. Üstelik bölge insanını da tanımıyorlar. Onlar da 'Bir an önce buradan gideyim' anlayışıyla bulunuyorlar. PKK terörüne karşı hep devletin yanında yer almış aşiretler, 'Çözüm Süreci' döneminde hep cezalandırıldı. Bu işler hep böyle gidecekse, terörle mücadele edilmeyecekse bizler de başımızın çaresine bakalım. Mücadele edilecekse biz devletimizin yanında yer almaya devam ederiz ve topraklarımızı terk etmeyiz. Eğer 'Çözüm Süreci'ndeki gibi anlayış devam ederse bize buralarda artık hayat hakkı yok. Terörle mücadelede biz daha çok askere güveniyoruz. Onlara yetki verilmeli."

10,5 saatlik görüşmenin özeti buydu.

İşte bunlar da sizin eseriniz

Yapılan açıklamalardan öğrendik ki, Güneydoğu'nun birçok yöresi, tam anlamıyla bölücü terör örgütünün kontrolüne geçmiş. Örgüt mağaralara yerleşmiş, nereden buldu, nasıl çıkardıysa 3 bin 500 metreye ağır silahlarını çıkarıp yerleştirmiş. Bunların gidişlerine, geçişlerine anlaşılıyor ki hep göz yumulmuş, "Geçin koçum size karşı operasyon yapılmayacak" denilmiş. İşte bugün o alanlara bayrağımız çekiliyor, askerlerimiz "O dağları yeniden kazandık" açıklaması yapıyor... Ülkenin haline bakın Allah aşkına...

Peki, bu kadar silahın geçmesine, o dağları teröristlerin mesken tutmasına seyirci kalanlar, bir gün o silahların güvenlik güçlerine, halka döneceğini bilmiyorlar mıydı? Bilmelerine rağmen askerin operasyon yapmasına niçin izin verilmiyordu? Cumhurbaşkanı, başbakan, önceki içişleri bakanı, bazı bakanlar "Valilere biz operasyon izni vermeyin demedik" söylemiyle işin içinden çıktı. Ama gerçek durum hiç de öyle değil.

Şimdi de "operasyon yapın" genelgesi

Hükümetin "Çözüm Süreci'ni buzdolabına koyması"ndan sonra, Başbakan Ahmet Davutoğlu imzasıyla valiliklere gönderilen genelge, bir yerde gerçeğin itirafıdır. Davutoğlu, askerin operasyon yapılmasına ilişkin taleplerinin yerine getirilmesini 5 Ağustos 2015 tarihli genelgesinde belirtiyor. Yani, o güne kadar "Aman operasyon izni vermeyin" diyenler, işin farklı boyutlara varmakta olduğunu görmeleri sonucu operasyon izinlerinin verilmesini istedi.

Dağları, alanı terör örgütüne bırakan yüce devletimiz, ilçeleri de terör örgütünün sözde "Gençlik yapılanması" denilen teröristlerine terk etmişti. Polisin mahallelere giremediği ilçeler oluyordu, bunun yanında hendeklerin kazılması, hendeklerin çevresine el yapımı patlayıcılar yerleştirilmesi, barikatlar oluşturulması, kimlik kontrollerinin yapılması da yine AKP döneminin eseridir. Hiçbir dönemde terör örgütünün şehir yapılanmaları bu kadar ileri gitmemişti.

Buna da seyirci kaldılar. "Aman dokunmayın, aman olay çıkmasın" diye terör örgütünün gençlik yapılanması adeta ilçeleri teslim aldı. Devlete yakınlığı ile bilinen aşiret mensupları evlerinden çıkamaz, işyerlerine gidemez hale getirildi. Devletin yanında yer alanlar bugün ekmeğe muhtaç duruma düşürüldü.

Başta Cizre, Silvan, Sur, Yüksekova olmak üzere Güneydoğu'da terör örgütünün etkili olduğu ilçelerde günlerce "sokağa çıkma yasağı" ilan edilmesi de olağan hale geldi. Peki sokağa çıkma yasakları ilan ediliyor da, ne yapılıyor? Ne bitmez, tükenmez yasaklarmış bunlar? Eğer sokağa çıkma yasağı ilan ediyorsanız, önceden belirlediğiniz teröristleri yakalamanız, ev ev arama yapmanız gerekiyor. Bunun da haftalarca sürmemesi, halkın bir an önce bu sıkıntılı süreçten kurtarılması beklenir.

Cizre'de konuştuğum bir vatandaşımız, "Daha önce Cudi, Nur, Sur mahallelerinde terör örgütünün etkinliği vardı. Şimdi Yasef başta olmak üzere diğer mahalleler de aynı duruma getirildi" diyor. Ardından da şunları ekliyordu:

"Olaylar bir anda başlıyor. Ellerinde silah, roketatar bulunan teröristler ortaya çıkıyor. Araçları yolu kapatacak bir biçimde **durdurtup kontak anahtarını alıyorlar. Böylece yollar kapatılıyor. Güvenlik güçleri bunlara hemen müdahale edemiyor. Dahası, örgüt elemanları** bir taraftan da Emniyet'in araçlarını hedef alıyor. **Anlayacağınız** bizim bu güzel memleketimizde yarına nasıl uya**nacağımızı** bilemez haldeyiz. Bizler kan ağlıyoruz."

"Yapmayın oğlum, etmeyin oğlum"

Cizre, ekonomisi en iyi ilçelerden biridir. Komşu ülkelerle ticaret hep Cizre üzerinden yürütülür. Ama olaylar esnafı da perişan etti. Çeklerini, senetlerini ödeyemez hale geldiler. İşyerleri üç gün açıksa, iki gün kapalı. Teröristler o kadar rahat hareket ediyor ki, nasıl olsa kendilerine kolay kolay müdahale edilmeyeceğini bildikleri için kazdıkları hendeklerin arkasında yeni hendekler kazıyor, oralara da patlayıcılar döşüyor. Adamlar sıkıldıkça Habur yolunu iki yönlü olarak kesiyor. Amaç polisin kendilerine müdahale etmesini sağlamak... İşte bu kadar rahat hareket ediyorlar.

Polisin esnek tutumunu da kendileri açısından fırsata çevirmek isteyen teröristlerin yaptıklarından birisi de cadde ve sokak lambalarına ateş edip kırmak oluyor. Kenti karanlıkta bırakıyor, böylece gece müdahale edilmesini de zorlaştırıyorlar.

Bir zamanlar örgütün dağ kadrosuna destek olan Cizreliler bile bugün ilçelerinde yaşananlardan dolayı çok sıkıntılı, hatta pişman. Bir baba, örgütün gençlik yapılanması içinde yer alan oğluna bu eylemleri niçin yaptıklarını sorduğunda, "Çözüm Süreci'ni bitirdiler. Çözüm Süreci başlayana kadar devam edeceğiz" cevabını aldığını aktardı. Oğluna sadece şunu söyleyebildi: "Yapmayın oğlum, etmeyin oğlum, bize de, memlekete de yazık ediyorsunuz."

Türkiye, El Kaide örgütüyle böyle tanıştı

Kahvehaneye kendilerini zor attılar. Sobanın yanındaki masada okey oynayanlar içeriye giren 4 kişiden 3'ünün yabancı olduğunu anlamıştı. Soğuktan donmuş vaziyette olan yabancılara yer gösterdiler. Garson yabancılara çaylarını uzatırken "İçin, için. İçiniz ısınır" dedi. Yabancılar garsonun ne söylediğini anlamadılar ama çaylarını aldılar.

Van'ın Gürpınar ilçesi sakindir. 3 yabancının bu kış kıyamette ilçeye gelmesini de yadırgadılar. Bazıları onları kaçakçı sandı. Kahvenin bir köşesinde gelen yabancıları göz ucuyla izleyen kişi, çayını içtikten sonra kalktı. Yabancıların yanına yaklaştı. Hiç konuşmadı. Yabancılara bakarken gözü çantalarına takıldı. Kim bilir içlerinde neler vardı.

Genç adam kahvehaneden çıktı, karakola gitti. Yabancılarla birlikte gelen Türk, bir şeyler olacağını tahmin etmişti. Onlara Arapça "ekmek almaya gideceğini" söyledi. Minibüsle polisler geldi. Az sonra, yabancılar minibüse bindiriliyordu. Ekmek almaya giden Türk, olanları uzaktan izledi. Ne yapacağını bilemedi. Çıktığı dükkâna yeniden girdi. Minibüsün gitmesini bekledi. Polislere birisi "Onlarla birlikte gelen genç, karşıdaki bakkalda" dedi. İki polis bakkala girdi, onun da kollarına girip minibüse doğru getirdiler.

Çantanın bir gözünde Türk ve yabancı şahıslar adına düzenlenmiş sahte pasaportlar, sahte nüfus cüzdanları, pasaport düzenlemekte kullanılan sahte mühür, kaşe ve harf klişeleri, irtibat olarak verilen telefon numaraları, bomba yapımının formüle edildiği değerlendirilen Arapça-Farsça bazı dokümanlar çıktı. Olayın boyutu Gürpınar polisini aşıyordu. Durum üst makamlara bildirildi.

İşte o yabancılar, onların sorgularından elde edilen bilgiler ve bunun üzerine başlatılan operasyonlar İmamlar Birliği örgütünün Türkiye ayağının ortaya çıkarılmasını sağladı. O yabancılar mı? Onlar da bir akşamüstü uçağa bindirildi ve Ürdün'e gönderildi...

Devlet otoritesi kaybolduğu için

Türkiye, El Kaide militanlarını ilk kez Van'da tanımıştı. Afganistan'da savaşlara katılmış çok sayıda yabancı uyruklu şahıs, 11 Eylül saldırılarının ardından ABD'nin Afganistan'a yönelik hava harekâtına başlamasıyla, Afganistan'ı terk edip İran'a, oradan da Irak, Suriye gibi ülkelere kaydılar. Bunların üzerlerinde kimlik ya da pasaportlarının olmaması nedeniyle adı geçen ülkelerden çıkış yolları aradılar.

Militanlar, değişik ülkelere çıkış yapabilmek için Afganistan'da eğitim aldıkları kamplarda ya da Çeçenistan, Afganistan, Bosna, Kosava gibi "Cihat Bölgeleri"nde bir şekilde tanıştıkları Türk vatandaşlarını para, sahte kimlik, pasaport temini ve naklinde kullandılar. Örgüt mensuplarının ülkemizden geçişi, ülkemizde barınması ve yapılanması için ortam hazırladılar. Örgütsel faaliyetler geniş bir alanda yürütüldü. Suriye, Suudi Arabistan, Ürdün, Lübnan, B.A.E., Katar, Yemen, Çeçenistan, Gürcistan, Bosna-Hersek, Almanya, Cezayir, Fas, İran, Pakistan gibi ülkelerde, "irtibat sağlayan" örgüt mensupları oldu.

O günlerde "çatı örgüt" El Kaide iken, şimdilerde "çatı örgüt" IŞİD. Eleman, para bulmakta zorlanmayan bu örgüt, Ortadoğu ve bazı Afrika ülkelerinde devletlerin dağılması, otoritenin kaybolmasını da fırsata çevirdi. Batı ülkelerine gidenlerin geçmişleri, bağlantıları konusunda ilgili ülkenin elinde bilgi olmaması da teröristlerin işini kolaylaştırıyor.

Teröristleri sarayda ağırlayanlar

Ülkemizde de kanlı eylemler gerçekleştiren IŞİD, sıradan bir örgüt değil. Terörist sayısı on binlerle ifade ediliyor. Ayrıca bu örgüte sempati duyan, aynı idealleri paylaşan değişik ülkelerde de sempatizanları var.

"Senin teröristin, benim teröristim" demeden terörle mücadelede ülkelerin ortak hareket etmeleri gerekiyor. Fransa'daki eylemin IŞİD tarafından gerçekleştirildiği değerlendiriliyor. Suriye'de bu örgüte destek olanlar, silahlandıranlar, gidiş gelişlerine yardımcı olanlardan bir gün bunların hesabı sorulur. "Din adına" eylem yaptığını öne sürenler, en büyük zararı Batı ülkelerinde yaşayan Müslümanlara verdiklerinin farkına ne zaman varacaklar acaba?

Komutanın mektubu sitem doluydu

Güneydoğu halkı terörden, teröristin yaptığından bıkmış usanmış. İsyan etse sesini duyacak bir makam yok. Dağdaki terör, boyut değiştirerek il ve ilçelere indi. Yöre halkı, terörün farklı yüzünü yaşayarak görüyor. Sokağa çıkması yasaklanıyor, acil durumu olsa bile hastaneye gidemiyor, gittiği zaman dönemiyor. Doktorların bazıları, can güvenliği nedeniyle rapor alıp ilçelerden ayrılıyor.

Hükümetin talimatıyla askerin kışlasından çıkışını yasaklayan, operasyona çıkmasına izin vermeyenler şimdi yapılan operasyonlarla ele geçirilen malzemelere şaşıyorlar. "Çözüm Süreci" teröristleri o kadar cesaretlendirmiş ki, yıllarca asker önlem aldığı için giremediği bölgelere yerleşmişler.

Genelkurmay Başkanlığı Basın ve Halkla İlişkiler Dairesi Başkanı Tuğgeneral Ertuğrulgazi Özkürkçü, gazetecilere yardımcı olabilmek için, samimiyetle söylemek gerekirse, canla başla çalışıyordu. Askerlere göre çok önemli operasyon ve bununla ilgili görüntülerin basında yeterince yer almaması hem operasyonu yapanları hem de karargâhı üzmüş olacak ki Tuğgeneral Ertuğrulgazi Özkürkçü de gazetecilerin samimiyetine güvenerek sitem dolu bir mektup gönderdi. Okuyalım:

"Güvenlik Kuvvetleri'nce, Tendürek Dağı bölgesinde icra edilen Şehit Tankçı Yarbay İhsan EJDAR-1 operasyonuna yönelik Genelkurmay Başkanlığı olarak siz değerli görsel ve yazılı basın mensuplarına, basın kuruluşlarına gönderdiğim açıklama, fotoğraf ve videonun yeterli ilgiyi görmemesi daire başkanı olarak beni üzmüştür. Gündemin yoğunluğu bahanesine sığınan bazı konuştuğum arkadaşların bu gerekçelerini de kabul etmediğimi kendilerine açıkça ifade ettim. İlgi gösterip kısa da olsa yayımlayan 5 gazeteye çok çok teşekkür ediyorum.

10 Saniye bile sürmüyor

Sıfırın altında 17 derecede 2 gün boyunca operasyona giden Özel Kuvvet unsurlarımız yıllardır girilmeyen bölgelere girip kış hazırlığı yapan teröristlerin inlerini yerle bir ediyor, hayatlarını riske atıyor, önümüzdeki yıl mağaralarda semirecek ve kendilerini Nisan 2016'dan sonraki kahpece girişecekleri eylemlere hazırlayacak teröristlere büyük bir darbe vuruyor ama kamuoyunun gözü kulağı olan basınımızdan yeterli desteği alamıyor.

Daha önce mağaraların içine kurulmuş 'soğuk iklim çadırlarını' gördünüz mü? Çadırların içine çok düzgün şekilde tahta zeminler döşendiğini kaç kere gördünüz? Bu kadar tertipli ve düzenli hazırlanmış mağaralar zincirine kaç kere rastladınız? Siz olsanız bir daha ki operasyona ne kadar hevesle gidersiniz?

Bu kadar 'yoğun' dediğiniz gündeminizde bu haberi televizyonların bazıları 10 saniye bazıları 40 saniye vermiştir. Ama vermiştir. Vermeyen arkadaşlar beni ararken lütfen bunları da göz önünde bulundurup arasınlar, bilgi talebinde bulunsunlar. Benim yerime (TSK'yı kast ediyorum) de 5 saniye empati yapsınlar. Yoğun gündeminizde başarılar diliyorum."

Yaralı gönüllere ve teröristlere

Gazeteciler de, "Ama haber internette geniş bir biçimde yayımlandı" dediler. Bunun üzerine komutan akşam saatlerinde mektubuna bir ek yapıp gönderdi:

"İnternet basınına burada bir teşekkürü de borç biliyorum. Ancak interneti detaylı olarak izleme imkânımız olmuyor. Anadolu'da terörle mücadelede canı yanan, evlatlarını, yakınlarını kaybeden ailelerin çoğu internetten oldukça uzak yaşıyorlar. Onların yaralı gönlüne bir nebze de olsa su serpmek, acılarını azaltmak için, 'Bakınız biz arazi, hava şartları, gece gündüz demeden mücadeleye devam ediyoruz. İnlerine giriyoruz, onlara rahat uyku uyutmuyoruz. Gönlünüzü ferah tutun ve bize güvenin' diyoruz.

Dağdaki teröristlere de 'Sırada siz de varsınız. Hiç beklemediğiniz anda oralara da geleceğiz, inlerinizi darmadağın edeceğiz. Bu dağlardaki varlığınız sona erinceye kadar bunu sürdüreceğiz. Ya gelin teslim olun, ya defolun gidin ve bu ülkeye ayak basmayın ya da ölmeye hazır olun' mesajını ancak sizinle verebiliyoruz."

Orası da olmuş Kobani

Irak'ın kuzeyinden akaryakıt taşıyan, önemli bir olay oldukça mutlaka beni arayan, benim de yolların durumu, geçtikleri ilçelerle ilgili Kuzey Irak'la ilgili gelişmeler konusunda "son dakika" bilgileri aldığım okuyucumuz, Aralık 2015'de "Nusaybin çok fena" diyordu. Sokağa çıkma yasağının uzun süreli uygulandığı bu ilçe, özellikle geceleri bölücü terör örgütünün adeta kontrolü altında. Akşam olunca ilçe karanlığa gömülüyor, sadece ve sadece silah, bomba sesleri geliyor. Sabah bir türlü olmuyor...

Nusaybin, o yörenin en zengin ilçelerinin başında geliyordu. 1956 yılından bu yana sulu tarım yapılıyor. Yaklaşık 77 bin dönüm sulanabilir arazisiyle, yıllarca Ege pamuğu kadar kaliteli ürün elde edildi. Efsane "Kaçakçılar Çarşısı" ise tüm Türkiye'nin bildiği açık hava *free shop* ve elektronik pazarıydı. Nusaybinli esnaflar, dil bilmemelerine rağmen dünyanın farklı pazarlarını keşfetmekte de hünerlidir. Örneğin, Ortadoğu pazarından sonra Çin pazarını ilk keşfeden de Nusaybinli esnaflardı.

Petrol yatağı olan ilçe

Olayların yoğun olduğu ilçelere bakın altından rant çıkacaktır. Nusaybin'i de bu yönüyle sakın yabana atmayın. İlçe Çamurlu ve İkiztepe mıntıkasında bulunan petrol ve doğalgazıyla da 1970'lı yıllardan bu yana gündemdedir. ABD Viking şirketi bu bölgede son 7 yılda geniş sismik çalışması yaptı, petrol alanlarını saptadı. Sınırın sadece 50 metre ilerisinde Suriye'nin günlük 14 bin varil petrol ve doğalgaz çıkardığını da hatırlatalım. Acaba bu ilçemizdeki olaylar da bunların bir sonucu değil mi?

Bugün resmi nüfusu 120 bin civarında olan bu ilçemizde, olaylar nedeniyle kalanların sayısı 60 bine kadar inmiş durumda. Abdülkadirpaşa, Yenişehir, Dicle ve Fırat mahallelerinde sokağa çıkma yasağı uygulanırken, diğer mahallelerde durumun "iyi" olduğunu sanmayın. Oradaki insanlar da "ne olur ne olmaz" deyip sokağa çıkmıyor, işyerlerini açmıyorlar. Bu ilçede devam eden olayları konuştuğum bir okuyucumuz, "Sanki Nusaybin işgal edilmiş de düşman güçleri çatışıyor sanırsınız" diye durumu anlatıyor, nisan ayından bu yana ticaretin tamamen durduğunu belirtiyor.

"Hepimiz cayır cayır yanacaktık"

O bereket yolu, İpek Yolu tam anlamıyla korku yolu haline gelmiş. O yolu mesleği gereği hemen her gün kullanmak durumunda olan sürücüden dinliyorum:

"O hale gelmiş ki o yollar, ölüm yolu olmuş. Geçerken her an havaya uçacakmış gibi hissediyorsunuz. Önümüzde asker, polis araçlarının olmasını hiç istemeyiz. Çünkü öncelikli hedef onlar. Önümde giden zırhlı askeri aracı görünce yaklaşmak istemedim. Ancak çok yavaş gittiği için yaradana sığınıp geçmek istedim. Aramızdaki mesafe 60-70 metreydi.

Birden öyle bir patlama oldu ki, zırhlı askeri araç havalardaydı. Yalnız araç değil, şiddetli patlama sonucu büyük asfalt parçaları üzerime üzerime geliyordu. Tankerim akaryakıt yüklüydü. Yangın çıkması halinde yalnız ben değil, askeri araçta bulunanların da kurtulması mümkün değildi. Hepimiz cayır cayır yanacaktık. Koca tanker de üzerimize asfaltlar yağdıkça bir inip bir kalkıyordu. Aracımı askeri araca yaklaştırmamak için tarlaya indirdim. Tankerimiz pert oldu ama önemli olan can kaybı olmamasıydı. Eğer yangın çıksaydı hepimiz cayır cayır yanacak, ne o askerler ne de bizler hayatta olacaktık."

Peki oralarda neler oluyor?

Bölücü örgüt, devletin güçlerinin ilçeye girmesini istemiyor. İşte o yüzden yollara hendekler açıyorlar, patlayıcılar yerleştiriyorlar. Kamyonlarla kayaları getirip kendilerine siper yapıyorlar. Yol ortasına örülen duvarlarla araçların geçişlerini engellemeye çalışıyorlar. Diğer bazı ilçelerde olduğu gibi Nusaybin de teröristlerden temizlenemiyor.

Günlerce sokağa çıkma yasağı ilan ediliyor ama polis özel harekât timlerinin o mahalleri kontrol altına alması da mümkün olmuyor. Polis uzaktan atışlarla duvarları yıkmaya çalışıyor. Gece karanlık çökünce, teröristler polisin yıktığı yerleri yeniden yapıyor. Artık sokağa çıkma yasakları son bulmayacağı, hatta durumun daha da kötüleşeceği kaygısında olanlar bu toprakları terk ediyor.

İlçenin durumunu telefonda anlatan okuyucumuz, "Buranın hali Kobani'yle aynı vaziyette. Durumu biraz iyi olan ilçeden ayrılıyor. Burada, gidecek yeri olmayan fakirler kaldı. Herkes bu olayların bir an önce son bulmasını istiyor istemesine ama durumun iyileşebileceğinin de şu an işaretleri yok" diyor.

Demek ki AKP yetkililerinin "Çözüm Süreci" dedikleri buymuş. İlçelerin silah deposu haline getirilmesine göz yumulacak, güvenlik güçlerinin mahallelere girişlerinin önlenmesi için örgütün gençlik yapılanmasının çalışmasına engel olunmayacak, yollarda teröristlerin kimlik kontrolleri yapmalarına, yolları kapatmalarına engel olunmayacakmış.

"Ülkeyi bu hale getirdik, başınızın çaresine bakın"

"Seminer" gerekçe gösterildi, Cizre, Silopi başta olmak üzere bazı ilçelerde 2015 yılının Aralık ayında öğretime resmen ara verildi. Öğretmenler bulundukları ilçelerden ayrıldılar. "İlçelerden" diyoruz, çünkü köylerde öğrenim zaten yapılamıyordu.

16 Eylül 2014'de bu köşenin okurlarına, Güneydoğu'nun eğitim manzarasını belgelere dayalı olarak şöyle aktarmıştık: Güneydoğu'da yüzlerce köy okulu "güvenlik" nedeniyle öğretime açılamadı. Terör örgütü PKK'nın köylerde oluşturduğu 8 kişilik "köy komiteleri", okullarda Türkçe öğretim yapılmaması yönünde kararlar aldı. Bayrağımız zaten köy okullarında artık dalgalanmıyor. Öğretmenlerin can güvenliğini tehlikeye atmamak için öğretmen olmayan kişiler "ücretli öğretmen" olarak köy okullarında görevlendiriliyor. Bunların önemli bir bölümü de örgütün isteği doğrultusunda faaliyet yürütüyor.

Bölücülük değil mi?

Yarıyıl tatiline girilmeden öğretmenlerin görev bölgesinin dışına gitmelerini telefon mesajıyla bildiren Milli Eğitim Bakanlığı, böyle bir kararı kendiliğinden alamaz. Başbakanlık'ın bilgisi dahilinde alınan karar ülke açısından bakıldığında tam anlamıyla bir "bölücülük" anlamına da geliyor. Siz öğretmenlere "bölgeyi terk et" diyorsunuz, peki o yöredeki diğer kamu görevlileri, o yörede yaşayanlar ne olacak? Bu ayrımcılık niye? Dün, Cizre'de konuştuğum bazı yurttaşlar, birkaç mahalle adını verip hendeklerin oralarda kazılı olduğunu, merkezdeki okulların önemli bir bölümünde geçen cuma gününe kadar eğitim ve öğretim yapıldığını anlattılar. Öğrenim devam ederken, öğretmenlerin ilçeden ayrılabileceklerini bildirmek, "Burada büyük olaylar olacak. Başınızın çaresine bakın" anlamına geliyor. Güvenlikse herkesin önceliğidir. Bir avuç eşkıya için o ilçelerde yaşayan, ülkesine, milletine, devletine yürekten bağlı insanların hepsini terörist görmek "başınızın çaresine bakın" demek, devletimize yakışır mı?

Eserinizle övünün bakalım!

Böyle bir ortamda, Cizreli'nin, Silopili'nin psikolojik durumunu varın siz tahmin edin. Orada yaşayanlar ilçelerinde büyük olaylar olacağını bekler duruma sokuldu. Nitekim valilik bir gece önce sokağa çıkma yasağı ilan etti. O insanların son dönemde yaşadıkları psikolojilerini hayli bozmuştu. Türk Tabipler Birliği'nin "Cizre Raporu"ndan bir bölüm:

"Olağan gündelik yaşamın bozulması, insanların sürekli öldürülme riskiyle karşı karşıya kalması, kişinin kendini en güvende hissedebileceği ortam olan evlerin, yaşayanlar içindeyken hedef alınması, sürekli silah seslerine maruz kalma, yaralanmalara ve ölümlere tanıklık etme, başta çocuklar olmak üzere toplumun ruh sağlığını olumsuz etkilemiştir. İlçede, sokağa çıkma yasağı konacağına dair yeni haberler halk arasında hızla yayılabilmekte, korkuların yeniden canlanmasına neden olmaktadır."

"Terörle mücadele" konusunda başarılı olmakla övünenler, bilsinler ki Güneydoğu'da 12 yıl uygulanan Sıkıyönetim, ardından 15 yıl devam eden Olağanüstü Hal (OHAL) uygulaması dönemlerinde bile öğretim yılı sürerken öğretmenler bölgeden hiç ayrılmamıştı... İşte, AKP ülkeyi bu hale getirdi. "Çözüm Süreci" adı altında ilçelerde ortaya çıkan yapı, tamamen olaylara göz yumanların, devletin valisi olduğunu unutup hükümetin valisi olanların eseridir. Şimdi övünün eserinizle...

Bu mesaj yargı mensuplarına

Yazar Ergün Poyraz, Cumhurbaşkanı Abdullah Gül hakkında "Musa'nın Gülü" isimli bir kitap yazdı. Cumhurbaşkanı tazminat davası açtı. Ankara 6'ncı Asliye Hukuk Mahkemesi Abdullah Gül'ün tazminat istemini reddetti ve temyiz aşamasında "karar düzeltme yoluna" gidildi. HSYK'nın yeni yapısı ve Yargıtay'a yapılan yeni atamalar sonrasında Poyraz 15 bin lira tazminat ödemeye mahkûm edildi. Kararı, bu köşede "Yargıtay'da 10 ayda ne değişti?" diye yorumlamıştım. Avukat Hüseyin Buzoğlu, kararın Anayasa ve Avrupa İnsan Hakları Sözleşmesi'ne aykırılığını öne sürdü ve Anayasa Mahkemesi'ne bireysel başvuruda bulundu. Mahkeme, yazarın tazminat ödemeye mahkûm edilmesinin Anayasal sözleşmeye aykırı olduğuna, yargılamanın yenilenmesine karar verdi.

Demokrasinin asıl işlevi

Kararda, yazar aleyhine tazminata hükmedilmesi, "ifade özgürlüğünü ihlal" olarak yorumlandı, Abdullah Gül'ün sert bir şekilde eleştirilmesinin Anayasal hak olduğu belirtildi. Kararda siyasetçileri de yakından ilgilendiren "Demokrasinin asıl işlevinin haber, bilgi ve eleştirilerin özgürce dile getirilmesi için uygun ortam yaratılmasıdır" değerlendirmesi yapıldı. "Ergenekon kumpası" uygulanan isimlerden birisi de Avukat Hüseyin Buzoğlu'ydu. Bu önemli davayı kazandıktan sonra Buzoğlu'yla konuştuk, "Bu karar, ülkemizde basın özgürlüğü ve demokrasi konusundaki yoğun tartışmalara katkı sağlayacağı gibi, Türk Milleti adına karar veren hâkimlerin, bağımsızlık ve tarafsızlıklarından asla taviz vermemeleri gerektiği hakkında da emsal niteliği taşıyor" dedi.

Yakalama kararından önce bombayı patlattı

Bakanların, bakan çocuklarının da isimlerinin karıştığı "17 Aralık Rüşvet ve Yolsuzluk Soruşturması"nın yıldönümü. 17-25 Aralık soruşturması nedeniyle tutuklanan emniyet mensuplarının sayısını öğrenmek için 17 Aralık soruşturmasını Mali Şube Müdür Yardımcısı olarak yürüten Emniyet Amiri Yasin Topçu'yu aradım. "Şu an ben de valizimi hazırlıyorum. Hakkımda yakalama kararı çıkarılmış" dedi. Cezaevine gidecek bir kişinin o andaki telaşına saygı duydum ve başka şey sormadım.

O günlerde çok sayıda polis müdürü yine gözaltına alınmış, cezaevinde bulunanların bir kısmı da aynı soruşturmanın şüphelisi olarak cezaevinden getirilip ifadelerine başvurulmuştu. Gözaltına alınmaları vatandaş H.K.'nin şu dilekçesi üzerine başlatılmıştı:

"17 Aralık yolsuzluk ve rüşvet operasyonları ile ilgili olarak operasyonu yapan emniyet müdürlerinden ve bu operasyonu yöneten, talimat veren cumhuriyet savcılarının tümünden davacı ve şikâyetçiyim. Bu kişiler siyasi çalkantılara sebep olan, hukuk dışı bir kesimin isteklerine uygun düşen işlemler yapmışlar ve ülke ekonomisine zarar doğurmuşlardır."

Polis müdüründen çarpıcı iddia

Hem dönemin Mali Şube Müdürü Yakup Saygılı'ya hem de yardımcısı Yasin Topçu'ya kişinin şikâyeti üzerine söyleyecekleri soruluyor. Yasin Topçu, "Bu kişiyi tanımıyorum. Bilmediğim kişinin suçlamalarına cevap vermeyi gereksiz görüyorum" diyor. Cezaevinden getirilen eski Mali Şube Müdürü Yakup Saygılı, H.K.'nin şikâyetini şöyle cevaplandırdı:

"Şikâyetçi vatandaş H.K.'yi tanımam. H.K. yalnız soruşturmada görev alan emniyet görevlilerini değil, soruşturmayı yürüten savcıları da şikâyet etmiş. Siz de soruşturmayı yürüten savcılardan birisisiniz. Dolayısıyla, şayet şikâyetçinin dilekçesi nazara alınarak soruşturma yapılaçaksa siz de bu soruşturmanın şüphelilerinden birisi olarak yer alacak durumdayken, bizim hakkımızda soruşturma yapmanızı öncelikle hukuka aykırı buluyorum."

İlk buluşmada bakana 1 milyon dolar

8 Aralık 2015 tarihinde Emniyet'te sorgulanan Yasin Topçu, İçişleri eski Bakanı Muammer Güler ve oğlu Barış, gizliliği ihlal ettikleri ve yanlı işlem yaptıkları iddiasıyla emniyet mensuplarından şikâyetçi. Suçlanan isimlerden Yasin Topçu, Emniyet'teki sorgusunda bu iddiayı şu çarpıcı bilgilerle cevaplandırıyor:

"Muammer Güler'i değil, örgüt lideri olduğu değerlendirilen ve dokunulmazlığı bulunmayan Rıza Sarraf ve elemanlarına yönelik yürütülen soruşturma kapsamında mahkemelerden tamamen usulüne göre alınmış dinleme ve izlemeye yönelik kararlar icra edilirken, İçişleri Bakanı Muammer Güler, Sarraf'a trafikte emniyet şeridi ayrıcalığı tanıdı, koruma polisi tahsis ettirdi, Sarraf'la ihtilaf yaşayan Emniyet Amiri Orhan İnce'yi sürgün niteliğinde tayin etti, Sarraf'ın bazı yakınlarının istisnai yoldan Türkiye Cumhuriyeti vatandaşlığına kabulünü sağladı. Sarraf'ın şirketi için İçişleri Bakanı sıfatıyla Çin resmi makamlarına referans mektubu yazdı. Sarraf'ın aleyhinde çıkacak haberleri engellemek için nüfuzunu kullandı."

Emniyet'te verdiği ifadede Yasin Topçu, Rıza Sarraf ile eski bakan Muammer Güler'in ilişkisini şöyle açıklıyor:

"Muammer Güler ile Rıza Sarraf'ın ilk teması İstanbul da 'Berber Yaşar' olarak bilinen, Yaşar Aktürk aracılığıyla oldu. Aktürk, Sarraf için Güler'den randevu aldı. Bu randevuya giden Rıza Sarraf, ilk tanışmasında yukarıda bahsettiğim işlerinden bazıları için Muammer Güler'e 1 milyon dolar ödedi.

Bakan, 1,5 milyon dolar istedi

İçişleri Bakanı Muammer Güler ise bu miktarı yeterli bulmayıp Rıza Sarraf'tan 1,5 milyon dolar talep etti. İki tarafın bazı işlerin hallolması için anlaştıklarına dair soruşturma dosyasında tape mevcuttur. Bu tape Muammer Güler'in, Rıza Sarraf'tan talepkâr olduğunu, zaten işlerinin hallolması karşılığında para vermeyi gözden çıkaran Rıza Sarraf'ın da buna baştan hazır olduğunu gördük.

Soruşturmanın ilerleyen safahatında Rıza Sarraf, Muammer Güler'in oğlu Barış Güler aracılığıyla Muammer Güler'e yukarıda belirttiğim miktar kadar menfaat temin ettiği delillendirildi.

Dolayısıyla Muammer Güler ile ilgili hiçbir önyargı ile hareket edilmedi."

Bunlar müthiş iddialardı. Bakanlar, çocukları iddialar için "hepsi hükümeti yıpratmaya dönük operasyondu. Bunların aslı astarı yok" deyip konuyu kapattılar.

Döneme göre örgüt, döneme göre rapor

Danıştay saldırısını gerçekleştiren ve Yücel Özbilgin'i şehit eden Alparslan Arslan'ı, dönemin hayali örgütü Ergenekon'a bağlamak gerekiyordu. Ergenekon soruşturmasını yürüten Savcı Zekeriya Öz'ün, gelişinde koruma verildiğini ve doğrudan cezaevine gidildiğini öğrendiğimde, Başsavcı Yardımcısı Bekir Selçuk'tan bunun doğru olup olmadığını sordum. Selçuk, "Böyle bir şey olsa mutlaka kendisinin haberinin olacağını" belirtti ama yine de araştıracağını söyledi. Bir gün sonra "Evet, ne yazık ki gelişini benden bile gizlemişler. Öğrendikleriniz doğru" dedi.

Danıştay sanığı Osman Yıldırım, ağırlaştırılmış hapis cezası aldıktan sonra mahkeme heyetine hakaretler yağdırmış, "Şeriat gelecek, bu düzen yıkılacak" demişti. Dosyasının temyiz amacıyla Yargıtay'a gönderildiği dönemde, Osman Yıldırım, savcılığa mektup yazdı, "Eylemi Ergenekon Terör Örgütü adına yaptıklarını" söyledi. İşin bir başka boyutu da, bu mektuptan önce kendisini ziyaret eden avukat, onu da yönlendiren İstanbul'dan gelen emniyet mensupları vardı.

Ergenekon Örgütü'ne "silahlı" diyebilmek için Danıştay saldırısının bu örgüt tarafından gerçekleştirildiği duruşmalarda gündeme getirildi. Sonuçta, hayali Ergenekon örgütü birden "silahlı terör örgütü"ne dönüştürüldü, hapis cezaları da buna göre verildi.

Karar verin hangi örgüt?

Atatürkçü, laik, çağdaş bilim adamı Dr. Necip Hablemitoğlu'nun 13 yıl önce öldürüldüğü günü çok iyi anımsıyorum. Olay yerine gittiğimde karanlıkta iki aracın arasında, karlar üzerinde yatıyordu. Eşi Şengül Hanım çırpınıyor ama eşini öldürenleri sevindirmemek için ağlamıyordu. Eşinin ambulansa konulup götürüldüğünde kızları daha küçücüktü...

Şengül Hanım, dönemin Başbakanı Abdullah Gül tarafından Başbakanlık'ta kabul edildi. Kendisine "Bu cinayeti çözmek, katilleri yakalamak devletin namus borcudur" dedi. Ancak o namus borcu bugüne kadar hiç ödenmedi.

Bu eylemi kimin gerçekleştirdiği konusunda sadece varsayımlara dayalı konuşuldu. Sonunda Hablemitoğlu için de bir örgüt bulundu: Ergenekon Terör Örgütü... Hablemitoğlu'nun bu örgüt tarafından öldürüldüğüne kamuoyunu inandırmaya çalıştılar. Elde hiçbir iz, hiçbir bulgu, şüpheli olmamasına rağmen ortaya atılan bu iddiaya kimse inanmayacaktı ama öyle bir hava oluşturulmuştu ki inanmayanlar da "Ergenekoncu" olarak ilan ediliyordu.

Dönem değişince örgüt de değişti

Döneme göre, olaylara göre hareket ediliyor ya, şimdi de hemen her eylemin sorumlusu olarak Fethullahçı Terör Örgütü (FETÖ) gösteriliyor. Şimdi, hükümete yakın yayın organlarında Danıştay saldırısının FETÖ tarafından gerçekleştirildiği gündeme getiriliyor. Artık, Dr. Necip Hablemitoğlu suikastının da kim tarafından gerçekleştirildiği tam olarak ortaya çıkarılsa, failleri yakalansa da gerçeği öğrenebilsek.

Peki nasıl oluyor bu işler? Döneme göre, bakıyorsunuz bir cinayetin örgütü bugün farklı, dönem değişip hükümetin hedefinde olan yeni örgüt adı açıklanınca bu kez aynı olayın örgütü de değiştiriliyor. Peki bu ülkede insanlar yargıya nasıl güvenecek?

Nerede bu 100 trilyon?

Vedat Ali Özışık, Türkiye'nin 58. büyük kuruluşu olan 80 bin üyeli Pancar Kooperatifi ile Yozgat'ın Boğazlıyan ilçesinde kurulan ve 3 bin kişinin çalıştığı şeker fabrikasının da yönetim kurulu başkanlığı görevini yürütüyordu. 4 Aralık 2010 tarihinde fabrikaya operasyon yapıldı. Başkan Vedat Ali Özışık ve üç kardeşinin yanı sıra 21 kişi tutuklandı. Özışık 32 ay cezaevinde tutuldu. Tahliyesinden sonra hakkında devam eden tüm davalardan beraat etti, dosyaları şimdi Yargıtay'da...

Mali Suçları Araştırma Kurulu (MASAK), Özışık'la ilgili mal varlığında orantısız bir gelişme olduğuna ilişkin rapor düzenlemişti. Savcılığın elindeki belgeye göre, Vedat Ali Özışık'ın HSBC banka hesabında 100 trilyon lirasının bulunduğu belirtiliyordu. Özellikle cemaate yakın yayın organlarında da Özışık'ın, fabrikanın, üreticinin paralarını kendi hesabına aktardığı yazılıyordu.

Böyle bir hata olur mu?

Operasyondan tam 5 yıl sonra Vedat Ali Özışık, MASAK raporunda 100 trilyonu olduğunu öğrendiğinde, hesabının bulunduğu öne sürülen HSBC bankasına başvurdu, "MASAK raporuna göre bankanızda, 100 trilyon liram olduğu yazılı. Paramı verin" dedi. Bu dilekçeye karşılık, bankadan şöyle bir özür yazısı geldi:

"Belirlenen tarihler arasında bankamızda 100 trilyon liralık bir bakiyeniz bulunmayıp 30.12.2010 tarihinde MASAK tarafından raporlanan tutar sistemsel hata nedeniyle bankamızda oluşmuştur. Hesabınızda oluşan bu hatadan dolayı özür dileriz."

Cezaevinden çıktığı gün "Paralel yapı tarafından kendisine kumpas kurulduğunu" söylemişti. Bankadan alınan "Özür yazısı" Özışık ve ailesine kaybettirilen itibarı, ailece yaşanan sıkıntıları giderebilecek mi? Ya kandırılan çiftçilerin hesabını kim soracak, kim verecek?

Taktik şu: Önce suça ortak ediyorlar

Saat 01.00 civarında öyle büyük bir çatışma başladı ki. Sanki kendilerini Bosna-Hersek'te, Kobani'de çatışmaların içindeymiş gibi hissettiler. Sabahleyin her tarafın dümdüz olacağını sanıyorlardı. Çatışmalar sabah 07.00'ye kadar devam etti. 11 günlük sokağa çıkma yasağı sürecinde ilk kez bu kadar mühimmatın, ağır silahların kullanıldığına tanık oldular.

Bu sözleri Cizre'de konuştuğum kişi anlattı. Bir başkasıyla konuştuğumda, "Aslında devlet teröristleri bırakın 11 günde, bir günde temizler. Ancak halkın zarar görmemesi için çok dikkatli davranıyorlar. Ne kadar dikkatli olunursa olunsun, ister istemez vatandaşlar da olup bitenlerden büyük zarar görüyor" diyor.

Kurşuna dizdiler

AKP hükümeti döneminde teröristler öylesine dokunulmaz olmuş, öylesine bazı ilçelere yerleşmiş ki her ev, her işyeri sanki onların karargâhı... Evlerden evlere geçitler kurulmuş, yer altından geçiş yolları yapılmış. Bakıyorsunuz ateş eden terörist şu evde, bakıyorsunuz görüntü vermeden yer altından on ev ötesine geçmiş.

Yıllarca devleti yanında göremeyen vatandaş, örgüte boyun eğmiş bir kere. Onları da suçlarına ortak etmişler. Onların de eline silah verip ateş ettirmişler. Dolayısıyla vatandaş kanun önünde kendisinin de suçlu olacağına inanmış. O yüzden, örgüte kafa tutmak, meydan okumak ne hadlerine?

Evleri, sanki babalarının evi gibi kullanıyorlar. Cumhurbaşkanı Recep Tayyip Erdoğan, Başbakan Ahmet Davutoğlu, yurttaşlara terör örgütüne karşı dik durmalarını öneriyor. Ama yıllarca devleti yanında göremeyenler o dik duruşu gösteremiyor. Çünkü hem canından hem de malından oluyorlar. 75 yaşındaki Selahattin Bozkurt, evine girmek isteyen silahlı teröristlere "Girmeyin" diyor. Onlara karşı direniyor. "Sen misin bunu diyen" deniliyor ve Selahattin Bozkurt'u kurşuna diziyorlar. Vatandaşın durumunu anlamanız için bu gerçek olayı aktardım.

Tuzak için ihbarlar yapılıyor

Jandarma, polis çok dikkatli hareket ediyor. Barikatlar, hendekler, yolun devamı görünmesin diye bezlerle, kilimlerle kapatmalar örgütün bir taktiği. Ama onların isteği burada çok sayıda vatandaş ölsün, onlarca asker şehit edilsin, insanlar cenazelerini toprağa veremesin ve tam anlamıyla devlet düşmanı olsunlar.

Merak ediliyor, "İlçede top atışları niçin yapılıyor?" diye. Dün, Cizre'de konuştuğum kişilerden birisi, "Hendekler, barikatlar el yapımı patlayıcı ve mayın dolu. O mayınları etkisiz hale getirmek için top atışı yapılıyor. Yoksa askerin insanları topa tutmak gibi bir çabası asla yok. Sokağa çıkma yasağının 11. günü bazı marketler açtırıldı. İnsanlar ihtiyaçlarının bir bölümünü alabildi. Güvenlik güçleri ellerinden geldiğince halka yardımcı olma çabasında. Bunu da kimse inkâr edemez" dedi.

Teröristlerin öyle tuzakları var ki, bu ülkenin gencinin, bu ülkenin güvenlik güçlerine karşı haince davranışlar içine girişine şaşarsınız. Televizyonlarda görüyorsunuz, evlerin çatısı yok. Çatılarda beyaz renkli, yuvarlak depoları görürsünüz. Bunlar su deposudur. Ama şimdi, o depoların içine yerleşen teröristler, uzun namlulu silahlarıyla oradan açtıkları deliklerden güvenlik güçlerine ateş ediyor. Futbol topunu patlamaya hazır bombaya dönüştürüyorlar. Bazı ihbarlar, güvenlik güçlerine "tuzak" için yapılıyor.

Sınırın ötesinde

Son seçimde HDP, Cizre'de oyların yüzde 91'ini, Silopi ve Nusaybin'de de oyların yüzde 85'ini almıştı. Ancak bugün yaşanan olaylar o insanların HDP'ye oy vermelerinden değil, tamamen ilçenin teröristlerin kontrolü altına alınmasına hükümetin seyirci kalmak istememesinden kaynaklanıyor. Bugün örgütün yörede gücü önemli ölçüde kırıldı ve kırılmaya da devam edecek gibi gözüküyor.

Olaylarla ilgili farklı düşünen, farklı yorumlar yapanlar da var. Hükümetin yeni bir "Çözüm Süreci" için masaya güçlü oturması için etkili bir mücadele yapılıyor. Hatta, "Görüyorsunuz çözülemiyor, o zaman isteklerini yerine getirilelim" anlayışının yerleştirilmesi için bu kadar silahın, mühimmatın gelişine önceden seyirci kalındığını öne sürenler bile var.

İnsanların can ve mal güvenliği kalmamış. Günde ortalama 8 bin civarında araç giriş çıkışı yapılan Habur Sınır Kapısı 11 gündür kapalı. Irak tarafında tam 7 bin civarında Türkiye'ye ait araç, gümrük kapısı kapatıldığı için giremiyor. Onların da perişanlığını düşünün. Sınır ötesine mal götürmesi gerekenler de Türkiye'den çıkamıyor. Kaybeden hep ülkemiz ve yöre insanı oluyor.

Tehlike görüldü, o eğitim başlatıldı

HDP'lilerin "Camileri havadan bombalıyorlar" iddiasına dönemin Başbakan Ahmet Davutoğlu "Allah korusun bırakın camileri havadan bombalamayı, Türk Silahlı Kuvvetleri (TSK) bu ülkede camileri korunacak mekân olarak görür. 'Mehmetçik' adını Peygamber'den alan bir asker, camiye zarar verir mi?" karşılığını veriyordu. Tabii ki bu sözlerinden dolayı da hararetle alkışlanıyordu.

Tabii ki askerimiz camiyi bombalamaz. Bilerek kendi uçağını düşürmez. Ama gelin görün ki Türk askerinin İstanbul Fatih Camii'ni havadan bombalayacağı, kendi uçağını düşüreceğine bu ülkenin yurttaşlarının büyük bir bölümü inandırıldı, onlar konuştukça vatandaş da alkışladı.

O da cami, o da cami

Askerin asla böyle bir şey yapmayacağını söyleyen Başbakan Ahmet Davutoğlu, Cumhurbaşkanı Recep Tayyip Erdoğan, "Askerler Fatih Camii'ni bombalayacak" yalanı ortaya atıldığı zaman çıkıp da "Türk askeri asla böyle bir şey yapmaz. Bırakın bombalamayı, her zaman camileri korunacak mekân olarak görürler" demedi.

365 askerin tutuklandığı ve yıllarca cezaevinde tutulduğu dönemden "kandırılmışız" deyip sıyrılmaya çalıştılar. Kandırdığı öne sürülenler de şimdi cezaevinde. Bunların, mahkemede söyleyecek çok önemli sözleri, sunacakları belgeleri, hangi olayın içinde hangi siyasetçinin olduğuna ilişkin iddiaları olacaktır. Dileriz,

o duruşmalara "yayın yasağı" getirilmez de kamuoyu bir de olayın farklı yönünü öğrenmiş olur.

Asker, olacakları önceden gördü

"Kalkışma"ya karşı, İçişleri Bakanlığı ile Genelkurmay Başkanlığı arasında Emniyet Asayiş Yardımlaşma (EMASYA) protokolü imzalanmıştı. Olağanüstü durumlarda asker olaylara müdahale edecek, müdahalede bulunacak olanlar önceden toplumsal olaylara karşı eğitilecekti. Ancak, AKP hükümeti bu protokolü "darbeye zemin hazırlamak" olarak değerlendirdi ve iptal etti.

Öyle bir dönem geldi ki, askeri kışlasından çıkarmadılar, ilçelerin silah ve mühimmat deposu olmasına seyirci kaldılar. Bugün, ilçelerde günlerce süren çatışmalara rağmen teröristlerin mühimmatı bir türlü bitmiyorsa, bunun sorumlusu onlara dokunulmasını, müdahale edilmesini yasaklayan hükümet yetkilileri ve devletin valisi olduğunu unutup hükümetin valisi gibi davrananlardır.

Örgütün "yandaşları"nı silahlandırma, ilçeleri patlayıcı ve mühimmat deposu haline getirilmesine valiler seyirci kalırken, operasyonlar engellenirken, "kurtarılmış ilçeler" oluşturulması planlanırken, asker bazı şeyleri önceden gördü ve buna göre bir planlama yaptı.

Toplumsal olay görünümlü

Bu kadar silahlanan, mühimmat yığınağı yapan teröristlerin amaçlarının ne olduğu bellidir. Necdet Özel'in genelkurmay başkanlığı döneminde, bu yılın ocak ayında önemli bir plan yürürlüğe konuldu.

Merkezi Malatya'da bulunan 2. Ordu Komutanlığı ile merkezi Erzincan'da bulunan 3. Ordu karargâhlarında askerler "Terörizmle Mücadele Harekâtı", "Toplumsal Olay Görünümlü Terör Eylemleri", "Hudut Güvenliği" konularında eğitime alındı. Bununla sınırlı kalınmadı, diğer birlikler de sokak çatışmaları konusunda eğitildi.

Sokak çatışmaları, ev aramaları gibi konularda eğitilen asker, jandarma ve polis özel harekât timleri bugün ilçeleri teröristlerden arındırmak için çaba gösteriyor. Ama bu işler kolay değil. Çünkü teröristlerin adeta rehin aldığı, önce suça karıştırıp sonra saflarına çektiği vatandaşlara zarar verilmemesi önemli bir öncelik. O yüzden gerekirse asker şehit oluyor ama halka zarar gelmemesi konusunda da alabildiğine duyarlı davranıyor. Bilinmeli ki o yurttaşlar aksi halde "Devlet düşmanı" olup çıkar.

Tuzaklanmış cesetler

Güvenlik birimlerinin değerlendirmelerine göre yaklaşık 300'ü dağ kadrosundan olmak üzere 2 bin civarında terörist Cizre'yi denetimi altına almıştı. Bugün çoğunluğu örgütün dağ kadrosundan olmak üzere 700 civarında terörist kaldığı belirtiliyor. Aileler, örgütün gençlik kanadında olanları sokağa çıkma yasağından önce olaylara karışmasın diye ilçeden adeta kaçırdı. İşte kalanlar hastaneye roket atıyor, okulları, kütüphaneleri yakıyor, yıkıyor. Bunlarla mücadele eden güvenlik güçlerinin açtığı ateş, ister istemez bazı evlerin hasar görmesine de yol açıyor.

Teröristlerin cesetlerini evlerden almak da sanıldığı gibi kolay değil. Çünkü cesetlerin altına "tuzaklama" yapılıyor, güvenlik kuvveti teröristi kaldırmaya çalıştığında patlama meydana geliyor. O yüzden bazı cesetler evlerden alınamazken, bazıları da teröristler tarafından götürülüyor.

İlçelerin teröristlerden kurtarılması daha zaman alacak. Mart ayından sonra ise daha kritik bir dönem başlayacak. Anaların gözyaşından, örgütün bu kadar güç kazanmasına seyirci kalanlar sorumludur.

"Ucu açık operasyon" dönemi

Vatandaş 155 Polis İmdat Hattı'nı arıyor, "Cizre'den ayrılmak istiyorum" diyor. Polis "Yürüyerek mi, araçla mı?" diyor. Araçla gidilecekse plakası soruluyor, köprüye doğru gelirken ellerinde bir "beyaz bez" sallamalarını istiyor. Bu konuşmalar 19 gündür sokağa çıkma yasağının devam ettiği Cizre'de, Silopi'de sıkça duyuluyor. İnsanlar köylerine, komşu il ve ilçelere gitmek istiyor. Terör örgütü militanlarının "Sakın ilçeyi terk etmeyin" baskılarına rağmen insanlar yağmur, çamur dinlemeden kaçıyor. Zorlu kış koşullarının kendini gösterdiği Güneydoğu illerinde, terör örgütü yüzünden olan yöre halkına oluyor.

Havai fişekler atılırken orada...

Yılbaşı akşamı havai fişekler atılıp gökyüzü rengârenk olurken, Cizre'deki dostlarımızla konuşuyordum. Saat 22.30 civarında öyle bir çatışma başladı ki izli mermiler sanki Cizre'yi aydınlatıyordu. Günlerdir elektriğin, zaman zaman suyun olmadığı, silahların kol gezdiği Cudi, Sur, Nur ve Yasef mahallelerinde silah seslerine alışmış olan vatandaşlar bu kadar büyük çatışmada neler olduğunu merak ediyorlardı. Sabah öğrendiler. Bir polis memurumuz şehit edilmiş, 12 terörist öldürülmüş. Yeni yılın ilk gününde de devam eden çatışmada bir askerimiz daha hayatını kaybetmişti. 120 binin üzerinde nüfusu olan Cizre'de herkesi terörist görmek yanlış. Bugün eğer o yörelerimizde bu kadar ağır silahlar getirilmişse, hendekler kazılmışsa, haftalardır çatışmalar olmasına rağmen teröristlerin mühimmatı bir türlü bitmiyorsa, roketatarları eksilmiyorsa bunun sorumlusu bu kadar yığınak yapılmasına bilinçli olarak göz yuman, "Aman onlara dokunmayın" diye emir verenler, operasyon yaptırmayan kamu görevlileridir. Vatandaşlar mı söyledi "İmralı'ya gidip örgütün başı Abdullah Öcalan'la görüşün" diye. Onlar mı söyledi "Sakın silahlı PKK'lılara karşı operasyon yapmayın" diye...

Hep bugünlerin hazırlığıydı

En çok merak edilen, teröristlerin bu kadar mühimmat kullanmalarına, o kadar roketatar atmalarına rağmen bunların niçin bitmediğidir. Bitmez çünkü örgüt "Çözüm Süreci" dönemini "Devrimci Halk Savaşı"na hazırlık yapmakla geçirdi. Bunun için silah, mühimmat, el yapımı patlayıcılar, mayın lazım. İşte o yığınaklar, birbirine bağlı tüneller hep bugünlere hazırlık içindi. Terör örgütü Kobani'de yaşanan olayları fırsata çevirdi. Mürşitpınar Sınır Kapısı'ndan hem sığınmacılar hem de teröristler rahatlıkla giriş çıkış yaptı. Binlerce araç girdi. Ne bir arama ne de bir kayıt... Başta ABD olmak üzere değişik ülkelerin yaptığı silah ve mühimmat yardımları da PKK'nın eline geçti.

İki kolordu, Jandarma'nın emrinde

Cizre'nin 10 mahallesi var, bunlardan Nur, Cudi, Sur ve Yasef mahalleleri sorunlu. Diğer mahallelerde büyük sıkıntı yok. Operasyonların ne zaman biteceği sorusuna karşılık yetkililer "ucu açık" cevaplar veriyor, yani ne zaman biteceğinin belli olmadığını belirtiyorlar. İnsanlar, denetimli olarak birkaç gün yasağın kaldırılmasını istiyor. Jandarma ve polis vatandaşa elinden gelen yardımı yapıyor, saygılı da davranıyor. Ancak çatışma ortamında halk yine de zarar görüyor. İlçelerdeki olayları bir an önce sonlandırmayı devlet de istiyor. O yüzden Elazığ'da bulunan 8'inci, Erzurum'da bulunan 9'uncu Kolordu Komutanlıkları'ndaki askerler, "teröristle mücadele harekâtı"na katılmak üzere Jandarma Genel Komutanlığı emrine verildi. Devlet, teröre bulaşmayan, ekmeğinin peşinde olan ve 20 gündür Irak topraklarında perişan bir durumda bekleyen vatandaşını güvenlik nedeniyle yurduna alamıyorsa, hiç değilse onların ihtiyaçlarını karşılamalı.

Hâkimin yeni yıl mesajı

Mehmet Yılmaz daha önce hâkimlik, müfettişlik yaptı. Hâkimler ve Savcılar Yüksek Kurulu (HSYK) seçimi sonucunda 2. Daire Başkanlığı'na seçildi. (Halen yeni adıyla Hâkimler ve Savcılar Kurulu'nun Başkanvekili.) Geldiği yerleri hiç unutmadı. Yeni yıl nedeniyle meslektaşlarına gönderdiği mesajında şu dileklerde bulundu: "Yeni yıl bilerek yapılacak haksızlıkların olmayacağı, yapanların en şiddetli olarak ayıplanıp cezalandırılacağı, her ferdin kendini mutlu hissedeceği, Anayasa'da tanımlanan kişi hak ve özgürlüklerinin gerçek anlamda hayat bulacağı, geçmiş yıllardaki hukuksuzlukların bir daha tekerrür etmemesi için hiç unutulmadığı, Adliye kapısından güvenle girilip huzurla ayrılındığı, hâkim ve savcılarımızın mesleki dayanışmasının, hâkimlik edep ve tavrının güçlendiği, 'hak değince akan su durur' anlayışının yeniden baş tacı edildiği, hangi sebep ve amaçla olursa olsun kul hakkı yemenin bizim dinimizce büyük günah sayıldığının daima hatırlandığı, adaletin hızlı ve adil işlediği, birlik ve beraberliğimizin güçlendiği, fitnenin yok olduğu, barışın, kardeşliğin, huzurun kıymetinin bilindiği, birliğimizi parçalamaya çalışan hainlerin niyet ve oyunlarının sezilip kıymet verilmediği, üzüntü, karamsarlık ve sağlık endişelerinden uzak, güzel bir yıl olur inşallah."

"Özerklik" diyenlerin abarttığına bakmayın

Bölücü terör örgütü, AKP hükümetinin "Çözüm Süreci" adını verdiği o dönemi öyle bir değerlendirmiş ki, mühimmat yığınağı bir türlü bitmiyor. Tabii ki o göz yumulan silahlar, mühimmatlar askerimizi, polisimi şehit ediyor, vatandaşı öldürüyor. Üstelik yalnız çatışmakla da yetinmiyorlar. Bir de "özerklik", "özyönetimi" gündeme getirmekten de geri durmuyorlar. Bunun için petrol başta olmak üzere zengin olduğu sanılan enerji kaynaklarına güveniyorlar. Ama sakın güvenmesinler. Durum, onların bildiği gibi değil. "Demokratik Toplum Kongresi-DTK" adı verilen yapının bildirisinde "demokratik özerk bölgeler"in oluşturulması gerektiği belirtildi, "demokratik özerklik" isteminde bulunuldu. İstenilen özerkliğin gerçekleşmesi için yerine getirilmesi gereken koşullar 14 maddede sıralandı. Bu koşulların 11. maddesinde, "bölgedeki enerji kaynakları üretiminden, özerk bölge yönetimine pay verilmesi" yer aldı. Aslında bu söylem, daha önce de gündeme getirilmişti.

Resmi rapora göre durum

İçişleri Bakanlığı Mülkiye Başmüfettişi Mahmut Esen, özerklik kavramının açıklığa kavuşturulmasına katkı bağlamında; enerji kaynakları üretiminden özerk bölge yönetimine pay alınması konusunda, "Üretilen Ham Petrolden Yerel Yönetimlere Pay Ayrılması" başlıklı araştırma raporunu 2012 yılında hazırlamıştı. Raporu son gelişmelere göre güncelleyen Mülkiye Başmüfettişi, bilinenin, söylenenin aksine gelişmelere dikkat çekiyor. İşte o rapordan bir özet: 2012 yılı itibarıyla yurtiçi üretilebilir petrol rezervi 43,2 milyon ton. Yeni petrol yatakları bulunmadığı takdirde, bugünkü üretim seviyesi ile yurtiçi toplam ham petrol rezervinin 18 yıllık ömrü bulunuyor. 2012 yılında 2,3 milyon ton ham petrol üretildi. Bu, ülkemizdeki ham petrol talebinin ancak yüzde 9'una karşılık geliyor. Türkiye'de petrol bulunan sahaların yüzde 93'ünün rezervi küçük saha (25 milyon varilden az), diğerleri ise orta saha sınıfında. 2012 yılında ülkemizde 2,3 milyon ton (15,7 milyon varil) ham petrol üretildi. 2012 yılı uluslararası petrol piyasası fiyatları üzerinden bunun brüt tutarı yaklaşık 2,9 milyar lira. Petrolün 2015 yıl sonu fiyatı dikkate alındığında bu miktar 1,7 milyar liraya geriliyor. Türkiye ham petrol üretiminin 1,7 milyon tonu (yüzde 73'ü) Türkiye Petrolleri Anonim Ortaklığı (TPAO) tarafından gerçekleştiriliyor. Bunun yüzde 72'si Batman, yüzde 27'si Adıyaman ve yüzde 1'i ise Trakya yöresinden karşılanıyor. 2012 yılı itibarıyla yurtiçi üretilebilir doğal gaz rezervi 6,84 milyar metreküp. Yeni doğalgaz yatakları bulunmadığı takdirde, bugünkü üretim seviyesi ile yurtiçi toplam doğalgaz rezervinin 10 yıllık ömrü bulunuyor. Doğalgazın yüzde 96'sı Trakya, yüzde 3'ü Batman, yüzde 1'i Adıyaman'dan karşılanıyor.

Diyarbakır'ın gelir-giderine bakalım

Aynı raporda, 2013 yılı Diyarbakır ili bazında merkezi yönetim bütçe gelir-giderlerin gerçekleşme durumuna bakalım: - 2013 yılında Diyarbakır ili bazında merkezi yönetim bütçesi (genel, özel ve düzenleyici/denetleyici kurumların bütçeleri toplamı) 1,16 milyar lira gelir, 4,46 milyar lira gider olarak gerçekleşmiş. - İlde genel bütçe gelirlerinin tahsilât/tahakkuk oranı yüzde 54 olup bu vergi gelirlerinin ülkemizdeki genel bütçe vergi gelirleri toplam tahsilâtı içerisindeki payı ise yüzde 0,29. - Diyarbakır ilinde merkezi yönetim bütçe gelirleri, giderleri karşılayamıyor. Gelirlerin giderleri karşılama oranı yüzde 25 olarak gerçekleşiyor. - 2013 yılında Diyarbakır, il bazında merkezi yönetim bütçesi 3,34 milyar lira açık vermiş.

O gelirler bir şehre bile yetmiyor

"Doğu ve Güneydoğu Anadolu bölgelerimizde zengin yeraltı ve yerüstü kaynakları bulunduğu, bu kaynakların bölgede kalması

halinde, bölgenin tüm ekonomik sorunlarının çözümlenebileceği-
ni" öne sürenler var. Mülkiye Başmüfettişi Mahmut Esen'in raporunda ise "Mevcut sorunları çözecek oranda, zengin enerji kaynakları, ülkemizde maalesef bulunmamaktadır. Ülkemizde üretilmiş ham petrol ve doğalgaz satışlarından sağlanmış olan tüm gayrisafi gelirler toplamı, aynı yılın merkezi yönetim bütçe gelirlerinin sadece yüzde 1'ine, merkezi yönetim bütçesinden yapılmış karşılıksız giderlerin de yüzde 2,6'sına denk geliyor" deniliyor. Resmi belgelere göre; Güneydoğu'daki enerji kaynaklarından elde edilecek tüm gelirlerle, bölgenin ekonomik sorunlarının tümünün çözümlenmesi bir yana, sadece Diyarbakır ili bazında genel yönetim bütçesinin cari giderlerinin dahi karşılanmasının mümkün olmadığı net olarak görülüyor. Güneydoğu kendi kendine yeter diyenlerin biraz hesap-kitap yapması lazım...

Sur'u, bir de operasyon yapanlardan dinleyelim

Diyarbakır'ın merkezinde bulunan Sur ilçesinde yaşananlar, Cizre'de, Silopi'de yaşananlardan daha çok ses getiriyor. Devlet bu yöreleri teröristlerden temizlemeye kararlı.

Diyarbakır Kalesi'nin surlarını aşmak hiçbir dönemde kolay olmadı. Hz. Süleyman ve 40 sahabe, Diyarbakır'ı fethetmek için günlerce uğraştı. Ramazanda Hz. Süleyman için Hevsel Bahçesi'ne iftarlık bırakılıyordu. Ancak Hz. Süleyman iftarlığın konduğu yere her gelişinde yerinde olmadığını gördü. Görüldü ki bir köpek gelip iftarlığı alıyor ve ardından da kaleye gidiyordu. Köpeğin kaleye girdiği bir delik olduğunu fark ettiler. İşte, Diyarbakır'a girişleri de o delikten oldu.

Hiç hazırlık yapılmadan

Sur'da yürütülen mücadelede yalnız Türk vatandaşları yok. Teröristlere sağlık, teknik, taktik desteğinde bulunan 2 Rus ve 7 Alman olduğu da güvenlik güçleri tarafından biliniyor. Asker, jandarma ve polis timleri arasında uyumlu bir çalışma yürütülüyor. Köy korucuları da çevre emniyetinde görev yapıyor. Başlangıçta ilçede 300 civarında terörist olduğu tahmin ediliyordu. Bugün sayının 60 civarında olduğu belirtiliyor. Peki, bu nasıl bir ilçeymiş ki, 10 bin civarında güvenlik görevlisi bunlarla başa çıkamıyor. İşte bunu da yetkilisinden dinliyorum:

"Bu kadar tahkimat, engel sistemi yapılmasına başta biz de hayret ettik. Başlangıçta o engellerin hemen yok edileceğini düşündük. İlk gün 8 arkadaşımızın yaralanması işimizin çok zor olduğunu ortaya koydu. Eksiğimiz operasyon öncesi geniş kapsamlı bir hazırlık yapılmamasıydı. Önce siyasi, ekonomik, kültürel, psikolojik ve sosyolojik düzenlemeler yaparak içeriye girilmesi gerekirdi. O zaman askeri birlikler daha rahat savaşabilir, teröristin de direnci kırılmış olurdu. Halk, kendisine destek olan askere sempatiyle bakardı.

Teröristler sıfırlanıncaya kadar...

"Karşınızdaki terör örgütü, bugünler için yıllarca hazırlık yaptı. Biz, yeterli hazırlık yapmadan ilçenin içine dalmaya çalıştık. Buna rağmen kimsenin geri adım atmışlığı yok. Asker, jandarma, polis uyum içinde, kahramanca, fedakârca mücadele ediyor. Şundan herkes emin olmalı: Orası teröristten arınıncaya kadar mücadele devam edecek. Bu mücadele iki gün mü, iki hafta mı, yoksa iki ay mı sürer bilemiyorum ama örgüt bitinceye kadar buradan geri adım atılmayacak. "İlçeleri silahlı teröristlerden temizledikten sonra ne olacağı önemli. O yüzden şimdiden devletin ilgili birimleri ne yapılacağının kararını almak ve bunu hemen uygulamaya koymak için hazırlıklı olmalı. Eğer bu kararlar alınmazsa operasyonlar sadece bu anı kurtarır. TOKİ ev yapacaksa şimdiden hazırlık yapmalı. Belediye, oranın yıkılacağını anladı, şimdi müteahhitlerin Diyarbakırlı olmasını şart koşmaya başlıyor. Yani, Diyarbakırlı olmayan müteahhit istenmiyor.

Sur'un altı da üstü de sorun

"Sur'un altında devasa tüneller var. İki atlının içeriye girip yan yana gidebileceği genişlikteki tünellerin ucu bucağı yok. Bu tüneller surların dışına da çıkıyor. Yeraltını en iyi defineciler bilir. O yüzden, güvenlik birimleri definecilerden de yeraltıyla ilgili bilgiler alıyor. Açıkçası Sur'un üstü ayrı, altı ayrı bir dert. "Sokaklardan araç geçemiyor. Barikatlar, ardında hendekler, evler arasında yeraltında ve üstünde geçiş yerleri var. Güvenlik güçleri bir eve giriyor, 'Temiz' deniliyor. Ertesi gün aynı eve girdiklerinde o yerlerin 'tuzaklandığına' tanık oluyorlar. O yüzden, güvenlik güçleri yavaş ilerliyor, mahalle patlayıcılardan, tuzaklardan arındırılıyor.

Zırhlı araçların, iş makinelerinin de giremediği alanlarda bu çalışmaları yürütmek kolay olmuyor. Araç sürücüleri de hedef oluyor.

Operasyon neden bitmiyor?

"Sur'da 8 bin civarında bina var. 'Orada asker çok' deniliyor ama her bir evin korumasını bir askere verseniz, en az 8 bin asker olması gerekiyor. Operasyonun gecikmesi kendi personelimizin ve ailemizin değeri, sivillerin zarar görmemesi için gösterilen özendendir. Muharebelerin en zorlusu, kendi meskûn mahallinizde yapılandır. Yabancı bir ülkede olsa dümdüz eder gidersiniz. Ama bunu kendi ülkenizde yaptığınızda devlet, 'kendi halkını vuran asker' konumuna düşer. Samimiyetle söylüyorum, hiçbir ülkenin askeri bizim kadar duyarlı davranmaz. Biz halkla, teröristi ayırmak için büyük çaba içindeyiz. "Örgütün, devleti 'masum insanları vuruyorlar' konumuna getirip propagandasına da özenimiz sayesinde fırsat verilmiyor. İşte, teröristler sivil halk vurulsun diye terörle ilişkisi olmayan insanları kalkan, kamuflaj olarak kullanıyor. Sur'dan giden aileleri devlet sahipsiz bırakmaya devam ederse akan kanlar, verilen emekler hep boşa gitmiş olacak."

O silah ve kayıp cesetler

Kendilerinden önce iki ilde "son kez" uzatılmış Olağanüstü Hal (OHAL) uygulamasını süresi dolduğunda uzatmadıkları için AKP yetkilileri 13 yıldır övünüyor. OHAL'in koşulları ortadan kaldırıldığı için zaten bunun uzatılmasına ihtiyaç yoktu. AKP yetkilileri de, Genelkurmay Başkanlığı'nın olumlu görüşü üzerine OHAL'i kaldırdı. 2002 yılının Kasım ayında Türkiye'de terörün sıfırlandığını da hatırlatalım. Çok gerilere gitmeyelim. 7 Haziran 2015 seçimlerinden sonra Güneydoğu'da hava değişti. 7 Haziran seçiminden 31 Aralık 2015 tarihine kadar 123 asker, 91 polis, 4 korucu olmak üzere 218 güvenlik görevlisi şehit edildi. 2016 yılının ilk 8 gününde 2 askerimiz, 5 polisimiz, 1 korucumuz olmak üzere 8 günde 8 şehit verildi. Ya vatandaş? Açıkçası onun çetelesini tutan bile yok...

Büyük tazminata hazır olun

Önceleri askerimiz dağlarda, yollarda şehit edilirken, şimdi bakıyorsunuz Diyarbakır'ın merkezinde bulunan Sur ilçesinde, Cizre'de, Silopi'de şehit ediliyor. Güvenlik güçleri hem şehit olmamak hem de sade vatandaşa zarar gelmemesi için alabildiğine dikkatli, özenli hareket ediyor etmesine ama teröristlerin üs olarak kullandığı evlerden ateş edildiğinde bunun karşılığını da veriyor. Vatandaşı kalkan olarak kullanmaktan çekinmeyen teröristler gibi sade vatandaşlarımız da hayatını kaybediyor. Operasyonu yapanlardan öğrendiğim, bu konuda en büyük üzüntüyü de onlar duyuyor. Vatandaş evini terk ettiğinde bu evlere hemen teröristler yerleşiyor. Evleri yağmalıyor, oradan güvenlik güçlerine ateş edildiğinde o ev yoğun ateş nedeniyle kullanılamaz hale getiriliyor. Olayların bütün sorumluluğu devletin üzerine kalıyor. İnsanlar evlerini terk etmedikleri zaman da yine teröristler o evlere giriyor, oradan ateş ediyor. Dolayısıyla teröristler, suçlarına sade vatandaşı da katmış oluyor. Ne olursa olsun o yıkılmış, harabeye dönmüş evlerin sahipleri "Evimi bu hale güvenlik güçleri getirdi" deyip devletten tazminat isteyecektir. Terör örgütünün başı Abdullah Öcalan, yıllar önce "halkı kazanmak için bezdireceksin" demişti. Bugün bezdirildiği için kimisi de yıllarca devleti yanında göremediği için terör örgütünün çarkına girmiş durumda...

Teröristlerin taktiği

Her şeyi bırakmışsınız askerin, polisin üstüne... Peki, devlet olarak siz ne yapıyorsunuz? Bu kadar insan kışta, kıyamette evlerini terk etti. Onlar ne yiyor, ne içiyor, nerede barınıyor, bilen var mı? Suriye'den gelenler için kamplar kuran devlet, acaba kendi vatandaşına bu zor gününde, dar gününde niçin yardım yapmaz, niçin ortada sersefil bırakır? Arazide operasyon yorucudur ama ilçelerde olduğu kadar riskli değildir. İlçelerde her yerden güvenlik güçlerine karşı ateş edilebiliyor. Örgütün stratejisi şu: Direnebildiğin kadar diren ki, devlet sokağa çıkma yasağını kaldırdığı zaman zafer senindir. İlçede iki terörist kalsa bile "Zafer bizimdir" diyeceklerdir. O yüzden, devlet iki terörist bile bırakmamaya kararlı bir şekilde operasyonlarını yürütüyor. İşte, operasyon sonrası için de devlet gerekli hazırlığı şimdiden başlatmalı ki, akan kanlar, emekler boşa gitmemiş olsun. "Operasyonlar niçin bitmiyor, sokağa çıkma yasağı niçin kaldırılmıyor?" sorularını sıkça duyuyoruz. Örneğin tarihi Sur ilçesinin sokakları öylesine dar ki, buralara zırhlı araçlar, iş makineleri giremiyor. Güvenlik güçlerinden yaralanan olduğunda bunlar çekilemiyor. Aynı durum kuşkusuz vatandaşlar için de geçerli. Yaralanan yurttaşın hastaneye kaldırılmasını teröristler mümkün oldukça engelliyor. Güvenlik güçlerinin de, sade vatandaşların da zarar görmemesi için acele edilmeden operasyonlar yürütülüyor.

Peki nerede bu teröristler?

Operasyona katılan bir yetkiliden dinledim, "Asker, jandarma, polis olarak bizim mühimmatımız bitiyor ama teröristlerin mühimmatı hiç bitmiyor" dedi. İşte bu duruma en çok vatandaş isyan ediyor. "Eyy AKP yetkilileri, eyy devletin valisi olduğunu unutup hükümetin valisi gibi davrananlar, teröristler bunca silahı, mühimmatı, patlayıcıyı yığarken siz ne yaptınız? Niçin bunlarla mücadele etmediniz?" diyenler haksız mı? Çatışmalarda çok sayıda teröristin öldürüldüğüne ilişkin açıklamalar yapılıyor. Bu kadar terörist öldürüldüyse hiçbirinin de mi cesedine ulaşılamıyor? Yetkililere göre cesetleri teröristler kaçırıyormuş. Peki, kaç terörist öldürüldüğü neye göre açıklanıyor? Onlar da teröristlerin telsiz ve telefon konuşmaları ve yerel kaynaklardan elde edilen bilgilere göre tespit ediliyormuş. Güvenlik güçleri, "suikast silahı" olarak bilinen Karas'ı kullanan kadın teröristlerden çekiniyor. Bunlar, erkeklerden daha etkili silah kullanıyor. Nedeni de, silahın dipçiğini göğsünün üzerine dayayıp ateş ettiklerinde silah daha az oynadığı için hedefi daha kolay vuruyorlar. Geçenlerde kurşun bir komutanı yalayıp geçti. Ona "Şanslıymışsınız ki, kadın terörist atmadı. Yoksa kurtulma şansınız yoktu" dediler. Devlet, her şeyi güvenlik güçlerine bırakmış. Böyle de olur mu? Hükümetin bir şey yapmaya niyeti yok mu?

İşte Güneydoğu gerçeği:
Bir tek tankları yok

Cizre'de, Sur'da, Silopi'de, Nusaybin'de yaşananları herkes merak ediyor. Orada neredeyse sadece yargı, emniyet mensupları, kaymakam kalmış. Diğer memurların çoğu ilçeden ayrılmış. O yüzden, aynı meslek mensupları o ilçelerdeki arkadaşlarını arıyor, moral veriyor, durumu soruyor.

10 Ocak 2016'da Ankara Adliyesi'nde bir yargı mensubu, "sorunlu ilçenin" yargı mensubuyla telefonla konuşurken içeriye girdim. Karşı tarafın sesini de duyabiliyordum. O ilçelerde kamu görevlilerinin ne zor koşullarda çalıştığını, kısa bir konuşmaya tanık olduğunuzda da öğrenebiliyorsunuz. Sayfalar dolusu yazmak yerine onların konuşmalarını sizlere duyurmak herhalde daha doğru olur. İşte o yargı mensubunun konuşması:

Temkinli operasyon sürüyor

"Etraf nasıl, adliyeye gidiyor musunuz? Yoksa evde misiniz?"
"Gidemiyoruz, evdeyiz. Her yerde çatışma var. Buralar güvenli değil. Operasyon ve sokağa çıkmama dışında sıkıntımız yok."
"Adliyede işler nasıl yürüyor?"
"Kâtipleri gönderiyoruz bir iş var mı diye. Varsa gidiyoruz."
"Gerçekten haberlerdeki kadar PKK'lı vuruluyor mu?"
"Vuruyorlar da ceset alamıyoruz pek. Kaçırıp gömüyorlar."
"Peki, nasıl başladı bu iş?"
"Valla dayanılmaz bir hal almıştı. Bu hendek olayı aslında geçen senenin işi. Üç aydan beri de güçlerini ikiye katladılar. Bunların var olmadıkları yer yok. Belki adliyede bile varlar. Bizimle il-

gili de haber uçuruyorlar. Geçen benim morgda olduğumu birileri uçurmuş olacak ki hiç atmadıkları yere roket attılar."

"Geçmiş olsun kardeşim. Alışveriş falan nasıl yapıyorsunuz?"

"Aldırıyoruz Emniyet'in kantininden, marketten. Şükür erzak ihtiyacımız yok. Zaten sokağa çıkma yasağının geleceğinden önceden haberimiz olduğu için epey stok da yapmıştık."

"Durumlar nasıl? Temizlendi mi ilçe biraz?"

"Daha yeni başladı gibi bir şey. Burada örgüt kuvvetliydi. Yavaş yavaş, temkinli olarak gidiyorlar. Ucu açık bir operasyon. Adamlar üç yıldır yığınak yapmış, kolay kolay vazgeçmeyecekler."

"Adliyeye nasıl gidiyorsunuz?"

"Mecbur kalmadıkça gitmiyoruz. Duruşmalar da yapılamadığı için tutanak düzenleniyor. Mahallelere göre nöbet uyguluyoruz. Herkesin nöbet görevi var. Bir kişi sadece otopsilere bakıyor."

Barut izi kalmasın diye

"Öldürülenler hep PKK'lı mı, yoksa siviller var mı?"

"Genelde PKK'lı. Onların da üzerinden kimlik çıkmaz. Hatta ne kimliği, giysi bile yok. Adamların elbisesinde, ellerinde barut izi kalmasın diye yıkıyorlar, soyuyorlar."

"Vay be, kimsesizler mezarlığına mı gömülüyorlar?"

"Yok, kimlik tanıkları var, kimlikleri belli oluyor."

"Onların soruşturmaları nasıl oluyor?"

"Şu an ciddi sıkıntı çünkü morglar doldu. PKK'nın da vurduğu var. Örgüt içinde infazlar bilmem neler var."

Bir tek tankları yok

"Bulunduğunuz yerler güvenli mi?"

"Değil. Hiçbir yer güvenli değil. Adamlarda bir tek tank yok. Docka, havan, ağır makineli tüfek, roketatar her şey var. Güvenlik güçlerinin dağılması için çatışmaları her tarafa yaymak istiyorlar. Böylece kuvvet bölünmüş olacak. Hainler sırf yığınak yapmış."

"Neyse size bir şey olmasın da, bir şeye ihtiyacınız var mı? Buradan yollayayım."

"Yollasan da gelmez. Giriş çıkış yasak ilçeye. Hastaneye ancak zırhlı araçla gidiyoruz."

Şu konuşmaları duyduktan sonra fazla yazmaya gerek yok.

İlçe halkı, Kızılay yardımına muhtaç

Sokağa çıkma yasağının uygulandığı ilçelerdeki durumu sıkça gündeme getiriyor, bu insanların ne yediği, ne içtiği, nasıl barındığı konusunda devletin duyarlı olması gerektiğini sıkça vurguluyoruz. Kışta kıyamette perişan olan vatandaşlarımıza devlet sahip çıkmalı, onların sıkıntısını hafifletmeli. Evet, marketler, fırınlar açılıyor, güvenlik güçleri vatandaşa elinden geldiğince yardımcı olmaya da çalışıyor çalışmasına ama onların olanakları da sınırlı. Aylardır işyerini açamayan vatandaşın, güvenlik güçlerinin denetimi altında açık olan marketlerden bir şeyler alacak parası var mı acaba? Dün, Cizre'deki bir arkadaşımla konuştum, "Vallahi para yok" dedi. Kızılay, 350 yardım paketi getirmiş. Bundan alabilmek için en az 2 bin kişi kuyruğa girmiş. Tabii yardım alandan kat kat fazlası, hiçbir şey alamadan evlerine dönmek zorunda kaldı. Durumlar böyleyken böyle...

Operasyonlar ne zaman bitecek?

Diyarbakır'a giden CHP Muğla Milletvekili Prof. Dr. Nurettin Demir, "Arkadaşlarımızla birlikte uçaktan indiğimizde askeri hastanede 2 şehit için tören yapılıyordu. Şehitlerimizden birisi Kürt kökenli Diyarbakırlı, diğeri ise Hataylı askerdi. Çok dramatik bir tablo vardı" diyor, izlenimlerini ilginç konularla sürdürüyordu.

Diyarbakır'ın Çınar ilçesinde bölücü terör örgütü tam anlamıyla bir katliam planlamış. Güvenlik güçlerinin gücünü dağıtmak, dikkatleri başka ilçelere çekmek, Sur'da bulunan teröristlere nefes aldırmak için huzurlu bir ilçe olan Çınar ilçesi hedef seçildi. Yapmak istedikleri de tam anlamıyla bir katliamdı. Bebekler öldü. O yüzdendir ki teröristler için "bebek katili" yakıştırması boşuna değil.

Böyle iddialar var

CHP heyetine öyle şeyler anlatıldı ki, bazı hastanelerde polislerin tedavisi yapılmıyormuş, o yüzden güvenlik birimlerinin kendi 112 servisini oluşturdukları, dışarıdan 10 bin lira maaşlı doktor, 5 bin lira maaşlı hemşire çalıştırıldığı bile öne sürülmüş. Bu tür söylentiler, o yörelerde canla başla çalışan doktora, hemşireye büyük haksızlıktır, ayıptır ve onları hedef göstermedir. Nitekim, CHP heyeti de bu tür söylentilerden sağlık çalışanlarının hayli etkilendiğini belirledi. CHP'nin bu saptamalarını, Diyarbakır'daki yetkiliye sorduğumda şunları dinledim:

"Böyle bir tespitimiz olsa o an gereğini yapar ve hemen açığa alır, devletin gücü neyse onu gösteririz. Hastanelere yaralı polisin, askerin gönderilmediğine ilişkin söylentiler de şuradan kaynaklanıyor: Sokağa çıkma yasağının devam ettiği Sur ilçesi, asker hastanesinin hemen bitişiği. Silahlı yaralanmalarında kan kaybından ölünmemesi için beş dakika bile çok önemli. Hastane oraya yakın olduğu için yaralı asker, polis, siviller önce askeri hastaneye götürülüyor. O hastanenin imkânları aşılıyorsa o zaman üniversite hastanesine sevk ediliyorlar. Nitekim, bugün üniversite hastanesinde de polislerimiz tedavi görüyor."

Yetkililerde, vatandaşa, güvenlik görevlilerine farklı uygulamalar yapıldığına ilişkin bir kanaat yok. Hastaneye gelenler için farklı muamele yapılması Hipokrat Yemini'ne, etik kurallara da uyan bir şey değil. Konuştuğum yetkili, "Doktorlara 'terörist bile gelse, eğer silahı alınmışsa bu artık vatandaştır. İnsani cezası varsa buna yargı karar verir. Onları tedavi etmeme gibi bir durum olamaz. Böyle bir durum insan haklarına, temel hukuk ilkelerine, etik kurallara aykırıdır' diyoruz. Böyle bir şey kimsenin lüksü olamaz" diyor.

Bu soru, onları zorluyor

Sur ilçesinin yüzde 70'i terör örgütü militanlarından, onların yerleştirdikleri patlayıcılardan, tuzaklardan temizlendi. Ancak daha yapılacak çok iş var. Sur'un sokaklarının dar olması, zırhlı araçların, iş makinelerinin girememesi, şehit vermemek, sivil yurttaşların zarar görmemesi için çok dikkatli ilerleniyor.

Terör örgütü başta bütün ağırlığı Silvan ilçesine vermişti. Güvenlik güçleri Silvan'ı temizlemeye uğraşırken, teröristler de Sur'da yığınak yaptı. Aslında Sur'un çok kolay temizleneceği hesaplanıyordu. Ama yığınağın fazla yapılması, yolların durumu işleri zorlaştırdı. Konuştuğum yetkili şunları söyledi:

"Zor bir mücadele sürdürüyoruz. Bir an önce ilçeyi teröristlerden temizlemeye kalkışırsak, çok acele edersek şehit verme riskiniz daha yüksek oluyor. 'Ne zaman bitiyor?' sorusu bazen güvenlik güçlerimizde baskı yapıyor. Dikkatli bir biçimde, tabii ki mümkün olan en kısa zamanda oraları temizlemek bizim de arzumuz. Ama süre veremiyoruz."

Güvenlik güçlerinin kararlı tutumu karşısında teröristlerin kırılma noktaları oluyor. Ama kırsal bağlantılı olan ve sokak açmalarına karşı dirençli bir grup var. Dolayısıyla mücadele devam ediyor. Konuştuğum yetkililerden "Zor bir mücadele ama bitecek, temizlenecek" sözlerini sıkça duydum. Diyarbakır'da son derece deneyimli, insan haklarına, etik kurallara alabildiğine bağlılığıyla bilinen Vali Hüseyin Aksoy'un bulunması da bir şanstır.

O kentlerden ne farkı var?

CHP içinde mülki idarede görev almış milletvekili yok. Önceki dönem milletvekili eski Vali Ali Serindağ'la Güneydoğu'da yaşananları konuşuyorduk. Hükümetin işine gelmeyen konularda sorumluluğu hemen valilere yıktığına dikkat çekiyor ve meslektaşlarını şöyle uyarıyor:
"Hükümet, sorumluluğu üstlenmemekte, tam tersine valileri ve mahalli makamları sorumluluk altına sokuyor. İl İdaresi Kanunu'nun sokağa çıkma yasağıyla ilgili 11. maddede yapılan değişiklik, daha çok ilde emniyet ve asayişin bozulduğu durumlara dönük bir düzenlemedir. Oysa şimdi Güneydoğu'da meydana gelen olaylar İl İdaresi Kanunu'nun 11. maddesinin kapsamını aşıyor. Bu nedenle hükümetin sorumluluğu üstlenmesi lazım. Hükümet, sorumluluk üstlenmiyor, zamanı gelince de sorumlunun valiler olduğunu belirtiyor. O nedenle valilerin, hukuktan ayrılmaması son derece önemli."
İllerimizi, ilçelerimizi Irak'ın, Suriye'nin kentlerine çevirenler eserleriyle övünsünler...

Bölücü örgütün "3Ç" planı

1 Kasım seçim sonuçlarının belli olduğu geceden başlamak üzere CHP içinde bir kaynama başladı. 2 Kasım sabahı adaylıklarını açıklayanlar, "Kemal gitsin" diyenler kurultay günü hiç ortada yoklar. Adaylıklarını önceden açıklayanlar alacakları oyu tahmin ettikleri için "Bu kez aday olmuyorum ama ileride olabilirim" deyip adaylıktan çekildi. CHP Genel Başkanlığı asıl bu dönem zor. Çünkü ülkenin birliği, bütünlüğünün tartışılır noktada olduğu şu günlerde CHP'nin sorumluluğu kat kat artmış durumda...

Bölücü terör örgütü PKK yetmiyormuş gibi, Türkiye'nin başına bir de IŞİD belasını sardılar. Ülkemizde "Kara bela"nın görüşlerini benimseyen geniş bir kesim var. "Cihad bölgesi" olarak adlandırdıkları Afganistan'da, Çeçenistan'da, Bosna-Hersek'te, Irak'ta, Suriye'de değişik ülkelerin vatandaşları bir araya gelip savaştılar. Bu örgütün hemen birçok ülkede yandaşı olduğu için teröristler o ülkelerde yandaşları tarafından korunup kollanabiliyor. Bugün, yabancı ülkenin teröristleri Türkiye'de bu kadar rahat hareket edebiliyorsa, bunun dayanağı "Cihad bölgesi" arkadaşlığına dayanıyor.

O kimlik, "silici" olarak mı kullanıldı?

Suriye'de, Irak'ta canlı bomba eylemlerinde çok sayıda kişi hayatını kaybetse bile bunlar "her zamanki sıradan, rutin olay" gibi değerlendirildiği için basında yer bile almıyor. Eğer, Suriyeli olduğu belirtilen "canlı bomba" Güneydoğu illerinde bu eylemi yapsa, Batı ülkelerinde haber değeri görülmeyen bir patlama

olarak değerlendirilecek ve yine istenilen etkiyi yapmayacaktı.
Sultanahmet'i her yıl 12 milyon turist dolaşıyor. IŞİD militanı, turistlerin arasında kendisini patlatıp eyleminin dünya basınında yer almasını sağlamış oldu. Türkiye'ye ekonomik baskı yapmak, turizme darbe vurmak isteyenler böyle bir eylemi yaptırarak kendilerince amaçlarına ulaşmış, Türkiye'yi "güvensiz ülke" olarak göstermek istemişlerdir.

Türk güvenlik birimleri "canlı bomba" eylemini önleyemedi ama teröristin kimliğini 3 saat sonra açıkladı. Alman turistler hayatını kaybettiği için Türkiye'ye gelen Almanya İçişleri Bakanı'na, teröristin kimliğinin olay yerinde bulunduğunu söylediler. Olay yerinde bulunan bir kimlik gerçekten o eylemi o kişinin yaptığı anlamına gelir mi? Gelmez. Belki de "izini kaybettirmek" için bilinçli olarak o kimlik, eylemi gerçekleştiren kişiye teslim edilmiştir. Bu konuda soru işaretleri çok. Yetkililer, "gerçek kimliğinden kurtulmak", geçmişini "silmek" isteyen teröristin kimliğinin bu eylemde kullanılmış olabileceğini, o kişinin de diğer kimlikle eylem yapabileceğini göz ardı etmiyor.

Amaç teröristlere nefes aldırmak

Diyarbakır'ın Çınar ilçesinde gerçekleşen eylemi CHP İlçe Başkanı Cengiz Öztürk'ten dinliyorum:

"Kahvehanelerin açık, halkın dışarıda olduğu bir saatte öyle bir patlama oldu ki yer yerinden oynadı. Ne kapı kaldı ne pencere. Elektrikler kesildi, büyük bir panik yaşandı. Yalnız çocuklarımız değil, herkes karanlıkta olanların etkisinden kurtulamadı. Hasar görmeyen yer kalmadı. Ama keşke can kaybı olmasaydı da cana gelen mala gelseydi.

"Bölücü örgüt tam anlamıyla bir katliam planladı. Bomba yüklü aracın patlatılmasıyla yetinmiyor, roketatar ve uzun namlulu silahlarla polis ailelerini hedef alıyordu. Üç ay önce terör örgütü yine polisi hedef almış ve bir polis memuru şehit edilmişti. Diyarbakır'ın başta Sur, Silvan, Lice, Kulp gibi ilçeleri adeta ateş topuna dönerken, aynı ilin Çüngüş, Çermik ve Çınar ilçeleri ise diğerlerine göre alabildiğine sakindi. "3Ç" yani Çüngüş, Çermik ve Çınar ilçelerinden Çınar'ın hedef alınmasının nedeni, örgütün "alan genişletme", "eylemlerine katılmayanları bu yolla cezalandırma" taktiği olarak da görülebilir.

"Sur ilçesinde sıkışan teröristlere nefes aldırmak, güvenlik güçlerinin yeni eylem alanına gitmesini sağlamak, böylece teröristlerin etrafındaki çemberi kaldırmak da örgütün planı arasındadır.

Hedef, polisler ve aileleri

"Polislerin, eşlerinin, çocuklarının hedef alınması, örgütün 'buradan gidin' bildirilerinin bir sonucudur. Aileleri katledilen polisleri, hukuk dışı uygulamalara yöneltmek, şiddetlerini artırmalarını sağlamak için polis lojmanları hedefti. Böylece gerilim daha da tırmandırılacak, halkla güvenlik güçlerinin karşı karşıya gelmesinin yolu açılacaktı."

Bakıyorsunuz bir eylem PKK'dan, bir eylem IŞİD'den. Terör örgütleri eylemlerde yarışıyor. Bu eylemler gerçekleşirken hükümet yetkilileri "Vallahi istihbarat zafiyeti yok, billahi istihbarat zafiyeti yok" demeyi sürdürüyor. Eğer, "istihbarat zafiyeti yoksa" Sultanahmet bombacısının da, Çınar ilçesindeki katliamı gerçekleştirenlerin de bu hainliklerinin önlenmesi gerekirdi. Eğer önlenemiyorsa, ne derseniz deyin, gerisi hikâye...

Aşiret reisi Cizre'yi anlattı

Kamil Atağ, Cizre'de Tayan Aşireti'nin reisidir. Cizre Belediye Başkanlığı yaptı, Albay Cemal Temizöz'le birlikte "Cizre'deki faili meçhul cinayetler"le ilgili davada yargılandı, beraat etti. "Çözüm Süreci"nde devlet aşiretleri, korucuları "yok" saydığı" döneminde de, aşiretiyle birlikte terör örgütüne karşı hep dik durdu. Babası, iki yeğeni, aşiretinden 50'yi aşkın kişi teröristler tarafından öldürüldü. Kamil Atağ, aşiretinin büyüklüğü nedeniyle bölgede olup biten her şeyden haberdar. Önceki gece saat tam 20.48'de Cizre'deki okurumuzla telefonla konuşurken, "Saygı Bey duyuyor musun?" diyor, silah seslerinin arasında tanklarla yapılan atışların sesini dinletiyordu. Aman Allahım... Sanki savaş var. Gerçekten Cizre'de olmak, Cizre'de yaşamak zor. Hele Nur, Sur, Cudi ve Yasef mahallelerindeyseniz her an ölümle burun burunasınız demektir.

Peki Cizre, bu hale nasıl geldi?

Cizre köklü bir geçmişe sahip... Şırnak, bir zamanlar Cizre'ye bağlı köydü. Şırnak'ın önce ilçe, sonra il yapılması Cizrelileri kızdırmıştı. Terörün yoğun olduğu Şırnak, konumu da dikkate alınıp askerin önerisiyle il yapılmıştı. Şimdi Cizre'nin ve Hakkâri'ye bağlı Yüksekova'nın il yapılması gündemde... Cizre, terör örgütünün geçmişten beri "laboratuvarı"dır. Her şeyi buradan başlatırlar. Aşiret reisi ve eski Belediye Başkanı Kamil Atağ'a, "Cizre bu hale nasıl geldi?" diye sorduğumda şunları anlattı: "Çözüm süreci başladı, bölgedeki vatandaş tamamen PKK'nın himayesine bırakıldı. Bunu kimse inkâr edemez. Terör örgütü militanları askeri birliğin önünden geçip askere güle güle yaparken onlara dokunulmaması gerektiğini dönemin başkan yardımcısı açıklıyordu. Çözüm süreci döneminde vatandaşın haraca bağlanmasına, her aileden bir gencin KCK'ya kaydedilmesine, örgütün şehir yapılanmasına seyirci kalındı. Kürt ve Türk işadamlarından haraçlar alınmasına, esnafın mali gücüne göre her aybaşında örgüte 'vergi' adı altında para vermesine seyirci kalındı. Bunlar olurken devletin güvenlikle ilgili birimleri neredeydi?

Kanalizasyon diye tüneller açıldı

"Belediyenin iş makineleriyle vatandaşa değil örgüte hizmet verildi. Hendekler açıldı, büyük kayalarla yollar kapatıldı. 'Kanalizasyon' yapılıyormuş gibi örgüt için yeraltı geçitleri açıldı, üzeri betonla kapatıldı. Açıkçası her şeye göz yumuldu. Askere, polise niçin seyirci kaldıkları sorulunca yetkilerinin olmadığını söylüyorlardı. İşte, silah, mühimmat yığınakları da kimsenin onlara karışmadığı dönemde yapıldı. "Bir seçilmiş belediye başkanı var, bir de Kandil'in görevlendirdiği 'eş başkan' denilen belediye başkanı var. Asıl başkanlığı, Kandil'in görevlendirdiği eş başkan yapıyor. Bunların hepsine şahit olduk. Devlet seyrederken vatandaş ve esnaf olarak biz ne yapabiliriz? O yöredeki insanların hepsini terörist gibi görmek çok yanlış. Devlet, maalesef vatandaşını korumadı, teröristin kucağına teslim edip bıraktı. "'Onca silah, mühimmat nasıl geldi?' deniliyor. Gelir. Silahlar, mayınlar, roketatarlar kamyonlarla, otomobillerle getirildi. Çünkü bunların gelişlerine göz yumuldu. Eğer bugün alınan tedbirlerde bir gevşeme olmazsa mühimmatları tükenmek üzere... El yapımı patlayıcılar herhangi bir ülkenin üretimi değil, terör örgütünün kendi imalatıdır.

Direnişin nedeni polisin dikkati

"Şunu çok iyi biliyoruz ki, terör örgütü elemanları Cizre'den kaçmak istiyor. Ama Cemil Bayık Kandil'den onlara, 'Eğer ayrılırsanız sizi biz kurşuna dizeriz' diyor. Ayrıca ilçenin çevresi de sarılı olduğu için teröristler çıkamıyor ve direniyorlar. "Bu bölgede yaşayan biri olarak şunu herkesin bilmesini isterim, halkın yüzde 99'u ayaklanma istemiyor. Halk silah zoruyla, baskıyla bunların yanında gözüküyor. Devletin kendilerine sahip çıkmamasından dolayı örgütün yanında görünüyorlar. PKK Kürt değil, PKK Kürt'ün düşmanıdır. Emir hep örgütün karargâhı olan Kuzey Irak'tan Kandil'den geliyor. Kandil ne diyorsa onu uyguluyorlar. "Örgüt çok kuvvetli olsa Silopi'den kaçmazdı. Bugün Silopi büyük ölçüde temizlenmiş durumda. Cizre'den kaçmamaları için örgütün tehditlerine rağmen teröristler kaçmaya devam ediyor. Örgütün bugüne kadar direnebilmesinin nedeni vatandaşın zarar görmemesi için güvenlik güçlerinin dikkatli davranmalarından kaynaklanıyor. Can kayıplarının yanı sıra özellikle 4 mahallede hasar görmeyen ev ve işyeri kalmadı. Örneğin benim de 5 katlı otelim havaya uçuruldu.

Bundan sonrası daha da önemli

"Yöre halkı devletten kopmak istemiyor. Teröristlere halkı ayaklandırmaları için emir verdiler. Halk ayaklandı mı? Hayır. Olaylar bittikten sonra devletin vatandaşın hasarını, zararını gidermesi lazım. Yöreye halka tepeden bakmayan, halkın içine girebilecek yöneticiler gönderilmeli. Güvenlik birimleri yenilerden değil, deneyimli kadrolardan oluşturulmalı."

Aşiret reisi bunları anlatırken derin bir "aahh" çekiyor ve son sözü de "Yaşamayan, bizim orada ne çektiğimizi bilemez" oluyor.

Kenan Evren,
bu zalimliği gerçekten yaptı mı?

12 Eylül 1980 darbesinin lideri Kenan Evren'e televizyonlarda, köşelerinde atıp tuttuklarına bakmayın. Bunların önemli bir bölümü Kenan Evren'in alkışçılarıydı. O yüzden, şu anda yönetimde olanlar, etrafındakilerin şakşaklarına, dolduruşlarına gelmesin.

Bugün o yakın çevresinde bildikleri arasında onu hançerleyen çok olacaktır.

12 Eylül 1980 öncesinde "sağ-sol çatışması" sonucu 5 bin 200 kişi öldürüldü. 12 Eylül darbesinden sonra yaygın tutuklamalar, işkenceler yaşandı. İdamlar gerçekleştirildi. 1982 Anayasası'na halkın yüzde 92'si "evet" oyu vermiş, o güne kadar Evren'in yaptıklarını onayladığını ortaya koymuştu. Bugün yüzde 10 seçim barajından şikâyet edenler, işine gelen maddeleri değiştirip 33 yıldır bu maddeyi değiştirmemişlerse Evren ne yapsın?

Bazı siyasiler, yazarlar, 12 Eylül 1980 darbesine ilişkin eleştirilerini ortaya koyarken, "Erdal Eren'in yaşını büyütüp astılar" diyor. İdamlara karşı olmak ayrı, bir kişinin yaşının büyütülerek idam edilmesini gündeme getirmek çok farklı konular. Ya da bir askeri şehit eden bir gencin idam edilmesi gerekir miydi?

Eğer, 17 yaşındaki bir kişiyi idam edebilmek için yaşını büyütüyorlarsa, bundan büyük suç olabilir mi? İddianameyi hazırlayan dönemin Sıkıyönetim Askeri Savcısı, kararı veren mahkeme heyeti, idamı onaylayan Askeri Yargıtay Daireler Kurulu'nun üyelerinin tamamı zan altında bırakılıyor, hepsi 17 yaşındaki genci idam ettirmek için yaşının büyütülmesi olayının zanlısı haline geliyor.

Ankara: 2 Şubat 1980

30 Ocak 1980 tarihinde, Ortadoğu Teknik Üniversitesi (ODTÜ) öğrencisi Mehmet Sinan Süner, bir çatışmada polis tarafından öldürüldü. Halkın Kurtuluşu Örgütü mensupları da 2 Şubat 1980'de Süner'in öldürülüşünü protesto için Hoşdere Caddesi'nde toplanmıştı.

Asteğmen Murat Kılıç komutasındaki 12 kişilik askeri tim olay yerine geldi. Araçtan inen askerler, slogan atan topluluğu dağıtmak ve kişileri yakalamak için harekete geçti. Kalabalık sağa sola dağılmaya başladı. Askerler, Reşat Nuri Sokak'a doğru slogan atarak giden grubun peşine düştü. Gerisini mahkeme belgesinden aktarıyorum:

"8 numaralı Ayyıldız Apartmanı'nın bahçesinde, sanık, elindeki tabancayla inzibat erlerine 3 veya 4 el ateş etti. İnzibat eri Zekeriya Önge yaralanıp yere düştü.

Kalaslar arasında gizlenen sanık Erdal Eren, etrafının çevrilmesi üzerine ellerini havaya kaldırarak teslim oldu. Kalaslar arasında yapılan aramada tabanca bulundu. Er Zekeriya Önge, hastaneye kaldırılırken yolda vefat etti. Yapılan otopsisinde, sırtından mermi giriş deliği tespit edildi. Merminin, sanık Erdal Eren'in tabancasından atıldığına dair tereddüde yer verecek hiçbir durum bulunmadığı kanaatine varıldı."

12 Eylül 1980 darbesi öncesi gerçekleşen bu olayın davası devam ediyordu. Erdal Eren, 17 Mart 1980 tarihinde mahkeme heyetine sunduğu ve dava dosyasının 86. dizininde yer alan elyazısında "öldürme kastı bulunmadığını" belirtti, bunun siyasi inancına da ters olduğunu kaydetti.

Yaşı büyütülmedi

İdam cezası verilinceye kadar yaş konusu gündeme getirilmemişti. Temyiz aşamasında iddia şöyle gündeme getirildi:

"Erdal Eren'in nüfustaki doğum kaydı 25 Eylül 1961'dir. Ancak, fizyolojik yapısı itibarıyla 18 yaşından küçük olduğu, bu nedenle gerçek yaşının tespiti için kemik grafilerinin çekilerek tıbbi tespit yapılmasının gerekli olduğu."

Askeri Yargıtay Daireler Kurulu da, Eren'in "doğum tarihinde bir ihtilaf olmadığı" gerekçesiyle bu iddiaya itibar etmedi ve idam cezasını onayladı. Eren hakkında Sıkıyönetim Mahkemesi idam cezasını 19 Mart 1980 tarihinde, yani darbeden aylar önce vermişti.

Söylenenin aksine, Erdal Eren'in yaşı büyütülmediği gibi suç tarihinde de 18 yaşını 4 ay 7 gün geçmişti. Bunlar, Askeri Yargıtay'ın 1980/111 esas ve karar sayılı dosyasında da yer alıyor.

Birilerini incitme pahasına da olsa sadece gerçekleri yazmak gazetecinin görevidir. Evren'in eleştirilecek çok yönleri bulunabilir. Ama "yaşını büyüttürüp Erdal Eren'i idam ettirdi" denilirse bu belgelenmeli. Aslında Evren Ailesi'nin söyleyecekleri çok şey var. Ama kimseyle polemiğe girmek istemiyorlar. Sonuçta onlar bir baba kaybetmenin acısını yaşıyorlar.

Melih Gökçek gözaltındayken onu kim serbest bıraktırdı?

25 Mart 2015'te "Recep Tayyip Erdoğan, cumhurbaşkanı seçildi ama AKP'nin içinden elini çekmemeye de kararlı" demiş, dönemin Başbakan Yardımcısı Bülent Arınç ile Ankara Büyükşehir Belediye Başkanı Melih Gökçek arasındaki "atışma"dan çok şey beklenmemesi gerektiğini vurgulamıştık.

Melih Gökçek'in en büyük özelliği, sözlerle sindiremediklerini bilmem kaç milyon liralık tazminat davaları açarak yıldırmak, susturmaktır. "Türkiye'de en çok davayı hangi büyükşehir belediye başkanı açıyor" diye bir araştırma yapılsa, Melih Gökçek'in açık ara ile önde olduğu görülür. Ama Gökçek'in açtığı davaların önemli bir bölümü aleyhine sonuçlanır. Çünkü dava açma amacının karşı tarafı yıldırmaya dönük olduğunu, suç unsuru bir şey bulunmadığını Gökçek de bilir.

Melih Gökçek'le ilgili geçmişte de önemli iddialar gündeme getiriliyordu. O zaman biraz geriye gidelim ve Emniyet'te sorguya götürülüşünü anlatalım:

Bir gazeteci telefonla, dönemin Ankara Emniyet Müdürü Cevdet Saral'ı aradı. "Büyükşehir Belediye Başkanı Melih Gökçek'in gözaltına alınış nedenini" sordu. Saral, "Çok gizli tutuyorduk. Gözaltına alındığını nereden öğrendin?" diye sordu. Gazeteci, tabii ki nereden öğrendiğini söylemedi.

Cevdet Saral, hemen yardımcısı Osman Ak'ı telefonla aradı. "Melih Gökçek'i gözaltına mı aldınız?" diye sordu. Osman Ak'ın da haberi yoktu. Saral, bu kez, Terörle Mücadele Şube Müdürünü aradı. Şube Müdürü, "Şu anda DGM Savcısı Nuh Mete Yüksel ile birlikteyiz. Gökçek'i gözaltına almak için konutundayız" dedi.

Emniyet Müdürü, Melih Gökçek'in gözaltına alındığını, gözaltı işlemi başladıktan sonra öğrenmişti. Böyle bir operasyondan, haberi olmadığı için üzüldü, kızdı ama asla o şube müdürünü görevden almayı düşünmedi. Melih Gökçek'in, sabah saatinde karşısında polisi görünce bayıldığına ilişkin haberler yayımlanmıştı. Konuyu araştırdığımda bayılmadığını, ancak o saatte polisi karşısında görünce doğal olarak çok heyecanlandığını öğrendim.

Gökçek o telefon üzerine serbest bırakıldı

Melih Gökçek gözaltına alındığında hücreye konmadı. Şubenin "misafir odası"nda tutuldu. O gün, Emniyet Genel Müdürü Necati Bilican Almanya'daydı. Genel müdür ile birlikte Almanya'da bulunan gazeteciler, en sıcak bilgileri Bilican ve birlikte olduğu Emniyet yetkililerinden alıyordu.

Gökçek'in serbest bırakılması için Cumhurbaşkanı Süleyman Demirel'in devreye girdiği söylendi. Ama bu iddia doğru değildi. O soruşturmayı yürüten Savcı Nuh Mete Yüksel, "Serbest bırakılması için devreye giren Adalet Bakanlığı Müsteşarı Arif Yüksel'di" dedi. DGM Savcısı Yüksel, Gökçek'in serbest bırakılması için gece yarısı Emniyet'e sözlü talimat verdi. Ancak Emniyet Müdürü Cevdet Saral, Gökçek'i bir türlü serbest bırakmıyor, yazılı talimat istiyordu. O belge geldikten sonra Melih Gökçek serbest bırakıldı.

Gökçek, gözaltına alınması konusunda hep sessiz kaldı ve "gözaltı edebiyatı" yapmadığı gibi o konuyu hiçbir zaman açmadı. O günlerde, suçlandığı konular, Bülent Arınç'ın yıllar sonra gündeme getirdiklerinden farklı değildi.

Herkese dava açan Melih Gökçek, "Ankara'yı parsel parsel satıyor" diyen ve hakkında önemli suçlamalarda bulunan Arınç'a dava açamadı. Ve öyle bir dönem geldi ki, Cumhurbaşkanı ve AKP Genel Başkanı Recep Tayyip Erdoğan, Gökçek'in başkanlıktan istifa etmesini istedi. Gökçek'i yeni dönemde zor günler bekliyordu.

Vefatından önce Kamer Genç'i sevindiren yargı kararı

TBMM'de AKP'lileri hop oturup hop kaldıran belki de tek isim CHP'li Kamer Genç'ti. Terör örgütlerinin önemli bir güç haline geldiği Tunceli gibi bir ilimizde her seçimden başarıyla çıktığı gibi terör örgütünün simgelerini dağlarda görünce, "Nerede bu devlet, nerede bu hükümet?" diye isyan ediyordu. Merak etmesinler, artık Tunceli için bunları söyleyecek milletvekili olmayacak. Kamer Genç vefat etti.

Tarih 25 Nisan 2013'ü gösteriyordu. TBMM Genel Kurulu'nda Aile ve Sosyal Politikalar Bakanlığı tarafından hazırlanan bir tasarı görüşülüyordu. Kamer Genç, Bakanlık binasına verilen yüksek kiradan tutun diğer şeylere kadar, bakana değişik sorular yöneltti. Bu bakanlığın yayınladığı dergide, Çanakkale Savaşları'ndan söz edilirken Atatürk'ün adının yer almaması, CHP Milletvekili Kamer Genç'i kızdırdı. Genel Kurul salonunda bakanı şöyle eleştirdi:

"...Ama Atatürk kelimesini ağzına almıyorsunuz. Atatürk kelimesini ağzınıza almak sizi çok mu rahatsız ediyor? Acaba bu cumhuriyeti kurmasaydı, siz hangi devletin vatandaşıydınız? O makamda oturacak mıydınız? Otursaydınız hangi tarikat mensubu kitlenin, bilmem kaçıncı hanımı durumuna düşerdiniz. Atatürk'ün getirdiği nimetleri inkâr etmeyin."

Bu sözler ortalığı karıştırmaya yetti. Fatma Şahin çok sinirlendi. Genç'e, "Sizinle bu çatı altında bulunmaktan büyük utanç duyuyorum. Atatürkçülüğü sözde yapmıyoruz. Ülkenin çağdaşlaşmasına gövdemizi koyuyoruz. O yüzden haddinizi bilin, ağzınızdan çıkanı kulağınız duysun. Aile ve Sosyal Politikalar Bakanı olan birine 'kaç eşli' olabileceğini soracak kadar hadsiz ve terbiyesizsiniz. Herkes haddini bilecek" dedi.

Tazminat davası açtı

Kamer Genç'e yapılan bu hakaretler yetmemiş gibi, bu kez AKP Grup Başkanvekili Ayşe Nur Bahçekapılı aldı sazı eline. Söyler bakalım ne söyler:

"Bu salonda adı Kamer Genç olan bir kişi var. Bütün işi gücü, gelip burayı karıştırmak ve sonra kaçmak. Yok olan itibarını herhalde canlı tutmaya çalışıyor. Kendisini lanetliyorum, protesto ediyorum."

AKP'liler öylesine bastırdı, öyle bir gürültü çıkardı ki, Kamer Genç'e bu sözlerinden dolayı "kınama" verildi. Kınanmasının ardından Fatma Şahin de parlamentonun duyarlılığına teşekkür ederken, o gün Genel Kurul'da bulunmayan Kamer Genç için ise "Genel Kurul'a gelemeyecek kadar korkak ve yüreksiz" dedi.

Kamer Genç aleyhine bir hava oluşturuldu. Fatma Hanım da, Genç aleyhine 100 bin liralık tazminat davası açtı. Ankara 4. Asliye Hukuk Mahkemesi de, Genç'i 20 bin lira tazminat ödemeye mahkûm etti. Kamer Genç kararı temyiz etti. Yargıtay 4. Hukuk Dairesi Başkan Vekili Kamil Kancabaş, üyeler Sadık Demircioğlu, Selma Bellek, Ali Akın, Hüseyin Kulaç bütün siyasetçilere ders niteliğinde olan şu kararı verdi:

Siyasetle uğraşıyorsan katlanacaksın

"Gerek dairemizin, gerekse Avrupa İnsan Hakları Mahkemesi'nin (AİHM) istikrar kazanmış uygulamalarında, siyasetle uğraşan kişilerin kendilerine yönelik sert, ağır ve hatta incitici eleştirilere dahi katlanması gerektiği vurgulanmış ve bu durum demokratik toplum hayatının vazgeçilmez unsurlarından biri olarak kabul edilmiştir.

AİHM'nin anılan davada belirttiği gibi Avrupa İnsan Hakları Sözleşmesi'nin (AİHS) 10. maddesinin sadece zararsız ve ilgilenmeye değmez olarak görülen bilgi ve fikirlere değil, aynı zamanda rahatsız eden, şaşırtan ve gücendirenlere de uygulanabileceği belirtilmiş ve bu ifadeler var olmadan demokratik bir toplumun söz konusu olamayacağı, bunların çoğulculuk, hoşgörü ve geniş fikirliliğin talepleri olduğu vurgulanmış.

Fatma Şahin'in açtığı davada 18 Mart Çanakkale Zaferi nedeniyle davacının hazırlatmış olduğu derginin önsözünde Atatürk kelimesinin hiç geçmemesinden hareketle davalı milletvekili Kamer Genç, TBMM Genel Kurulu'nda konuşmuş, davaya konu edilen sözleri sarf etmiştir. Bu sözlerin Atatürk'ün olmaması halinde tarihin gelişim seyrinin değişeceği, davacının bir kadın olarak konumunun daha kötü olabileceğine dair kanaat açıklamasından olması tarafların siyasi kişilik olmalarının yanında, konuşmanın TBMM Genel Kurul konuşmaları sırasında yapılmış olması da göz önüne alındığında, sarf edilen sözlerin düşünce açıklaması ve siyasi eleştiri olarak kabul edilmesi gerekir."

Bu karar, siyasetçilere ders olsun. Özellikle AKP'liler haklarındaki en küçük eleştiriyi bile "iftira, hakaret" diye yargıya taşımayı âdet haline getirdi. Bu karar hoşlarına gitmemiş olabilir ama en azından saygı duysunlar.

Gelelim Kamer Genç'e. Kararı tedavi gördüğü ABD'de öğrenen Genç, telefonda "Daha ülkemizde yargı bitmemiş. Buna sevindim. Atatürk'le ilgili o gün söylediklerimin sonuna kadar arkasındayım. Atatürksüz bir Çanakkale olur mu? İşte o yüzden Çanakkale ile ilgili filmlerde, dergilerde Atatürk adını siliyorlar. Buna yalnız ben değil, hepimizin tepki göstermesi gerekirdi" diyor. Kamer Bey'le bu konuşmayı 19 Nisan'da yapmıştım.

Sürgünlere uğradı, devletine küsmedi ve "hain" sayısını açıkladı

Bitlis'in Hizan ilçesine bağlı Gayda köyünde doğdu. Ailesiyle birlikte tam yedi kez sürgün yaşadı. Gönderildikleri yerler arasında Kastamonu, Diyarbakır, Bursa da vardı. Uğradıkları haksızlıklara rağmen Türkiye Cumhuriyeti Devleti'ne hiç küsmedi, Devlet aleyhinde hiç konuşmadı.

Merak etmişsinizdir, Kamran İnan ile yeğenleri olan eski Devlet Bakanı Edip Safter Gaydalı ve HDP Bitlis Milletvekili Mahmut Celadet Gaydalı'nın soyadları niçin farklıdır diye. Safter ve Celadet Beylerin babası Abidin İnan Gaydalı, Gayda köyünün adının değiştirilmesine üzülmüş. Sürgünler devam edince, "Köyümüzün adını hiç değilse soyadımızla yaşatalım, ata toprağımızın adı unutulmasın" demiş ve soyadına "Gaydalı"yı eklettirmiş. Kamran Bey soyadını değiştirmediği için iki kardeşin soyadları da farklı olmuş.

Hainliğin prim yaptığı ülke

Kamran İnan, vefatına kadar yabancı basını da yakından izliyor, ben de ondan siyasi yorumlarını dinliyordum. 1987-1991 yılları arasında ANAP'tan Devlet Bakanı olarak görev yaptı. Diplomat ve TBMM Dışişleri Komisyonu Başkanı sıfatıyla da yurtdışında önemli toplantılara katıldı. Vefatından kısa süre önce ondan ilginç gözlemlerini dinliyorum:

"Türkiye'de hainler devletin muhatabı oldu. Devlete küfredenler, devlete el işaretleriyle hakaretlerde bulunanlar bugün makbul kişiler olarak devletin üst düzey yetkilileri tarafından makamlarında ziyaret ediliyor. Ülkemizde hain olmak, öne çıkmanın, yükselmenin neredeyse ilk koşulu haline geldi. Bunlar makbul kişiler oldu.

205 bin hain nereden çıktı?

Bakanlar Kurulu'na güvenlik birimleri brifing veriyordu. Ben, devlet aleyhine faaliyet gösterenlerin sayısını sordum. Bakanlar Kurulu'na verilen brifingde 205 bin rakamı telaffuz edildi. Bu sayıyı da bir kitabımda açıkladım ve 'resmi bilgilere göre 205 bin hainimiz olduğunu' belirttim. Birkaç yıl sonra karşılaştığım dönemin Genelkurmay Başkanı, 'O zaman verilen rakamlar şimdikilerin yanında çok mütevazı kalıyor' demişti.

Türkiye'nin insanı, yabancılara devletini gammazlıyor. Siyasetçilerin, bürokratların bile haberi olmayan çoğu bilgi yabancılara ulaştırılıyor. Yabancı ülkelerden gelecek gazetecilerin kimlerle görüşmesi gerektiği bile belli çevreler tarafından ayarlanıyor ve özellikle devlet aleyhine konuşacaklarla görüşmeler ayarlanıyor.

Bana göre devlet aleyhine faaliyet gösterenler haindir. Devleti dışarıya jurnalleyen, yabancı kamçısıyla devletini dövmeye çalışanlar, bu yaptıklarının karşılığını da fazlasıyla alıyorlar. Ne kadar etkili olurlarsa ona göre prim alıyorlar, ona göre terfi ediyorlar, önemli noktalara gelmeleri sağlanıyor. Bunları çok üzülerek anlatıyorum. Bakanlık yaptığım dönemde resmi verilere göre 205 bin hain varken, bugün bu sayının defalarca katlandığını düşünüyorum. Çünkü olup bitenleri gördüğümüzde sayının katlandığı da ortaya çıkıyor."

Geçmişe kan gütmeyin

Sürgünlere uğramış bir ailenin ferdi olarak Kamran İnan'ın devletine küskün gittiğini düşünebilirsiniz. Konuştuğumuz günlerde dönemin başbakanı Recep Tayyip Erdoğan, "Dersim Olayları"nı gündeme getiriyor, İsmet İnönü'yü, CHP'yi eleştiriyordu. Kamran İnan'dan o gün şunları dinlemiştim:

"Ülkeyi yönetenlerin, kendi geçmişine kan gütmeye hakkı yok.

Tarihi temiz olan hiçbir toplum da yoktur. Olayların meydana geldiği dönemin şartlarını yaşamadan, bunların nasıl geldiğini bilemezsiniz. Hepsinin kökeninde hatalar, yanlışlıklar vardır. Yeni yaralar açılması bu ülkeye yakışmıyor. Düşmanımız bol. Şimdi onlara kendi ellerimizle yeni malzemeler, kaşınacak konular veriyoruz. Geçmişte adaletsizlikler, haksızlıklar, keyfi uygulamalar yapılmıştır. Ancak, o gün hayatını kaybedenleri bugün getiremezsiniz. Yapılması gereken yaşayanlara sahip çıkmaktır.

Sürgünlere rağmen devletime küsmedim

Aile olarak biz de sürgünler yaşadık. Ancak uğradığım haksızlıklara rağmen devletime hiçbir zaman küsmedim, olanlardan devleti sorumlu tutmadım. Ceza yolunda nimet de gördüm. Bitlis'ten bizi Bursa'ya sürgüne gönderdiler. Bitlis'te kalsaydım belki ortaokula kadar okurdum. Oysa, sürgün olarak Bursa'ya geldiğimde harika okullarda öğrenim gördüm. Devletime sadakatle hizmet ettim.

Sizi rahatsız edici olayları, devlete, millete mal etmemeniz, bazı ekip ve kişilerin yanlışlığını da devletimize yüklemememiz gerekiyor. Aslında, bu ülkede adaletsizlik yaşamamış kimse yoktur. Çünkü, sistemimiz bu. Adeta birbirimizi yemekten zevk alıyoruz."

Sürgünlere, haksızlıklara uğramış Kamran İnan'dan, devletini her fırsatta şikâyet eden siyasetçilerin alacağı çok ders var. Lüksün, şatafatın zirve yaptığı ülkemizde, Bakanlık döneminde bile bunlarda uzak duran Kamran İnan, devlete kırgınlığından, küskünlüğünden değil, gösterişinden uzak olduğu için TBMM'de yapılması gereken töreni de istememişti. O, sürgünlere tabi tutulduğu baba ocağı Gayda'da toprağa veriliyordu.

İlçeleri teröristlerden temizlemek için operasyonlar devam ederken bir taraftan da "sinsi bir yapılaşma"ya gidiliyordu. İşte, darbe planlarının altyapısı da hazırlanıyordu.

DK'da yayımlanmış kitapları

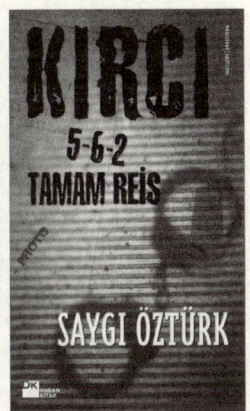

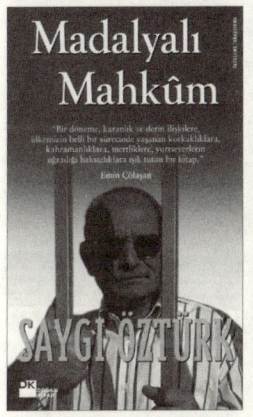

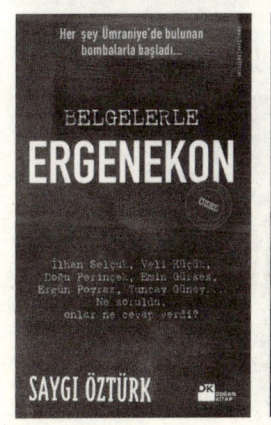

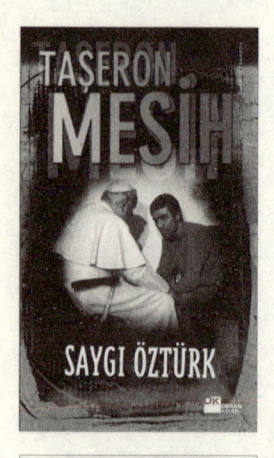

TAŞERON MESİH
SAYGI ÖZTÜRK

SON BABALAR
Yeraltı dünyasında değişen yapı, değişen kimlikler
SAYGI ÖZTÜRK

MGK
Dünü ve Bugünüyle Milli Güvenlik Kurulu
SAYGI ÖZTÜRK
KEMAL YURTERİ

OKYANUS ÖTESİNDEKİ VAİZ
Resmi belgeler ve "çok gizli" damgalı raporların ışığında, MİT-Emniyet-Yargı üçgeninde Fethullah Gülen gerçeği...
SAYGI ÖZTÜRK

BELGELERLE 28 ŞUBAT
DÜNDEN BUGÜNE
SAYGI ÖZTÜRK

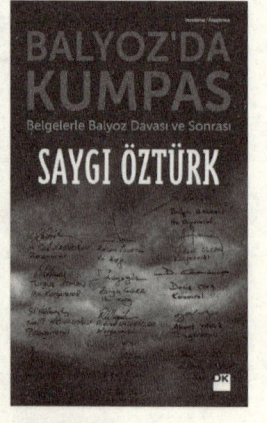

BALYOZ'DA KUMPAS
Belgelerle Balyoz Davası ve Sonrası
SAYGI ÖZTÜRK

SAYGI ÖZTÜRK
KIRMIZI KLASÖR
Kozmik Odadan İmralı'ya

SAYGI ÖZTÜRK
KOD ADI MÜRTED
Tanıklıklar, ifadeler ve belgeler ışığında
15 Temmuz